工程建设理论与实践丛书

DITIE GONGCHENG SHIGONG JISHU
YU SUIDAO ANQUAN GUANLI

地铁工程施工技术
与隧道安全管理

陈 刚 张兆元 余 浩 主编

华中科技大学出版社
http://www.hustp.com
中国·武汉

图书在版编目(CIP)数据

地铁工程施工技术与隧道安全管理/陈刚,张兆元,余浩主编. —武汉:华中科技大学出版社,2022.10

ISBN 978-7-5680-8551-9

Ⅰ. ①地⋯　Ⅱ. ①陈⋯　②张⋯　③余⋯　Ⅲ. ①地铁隧道-隧道施工-安全管理　Ⅳ. ①U231.3

中国版本图书馆 CIP 数据核字(2022)第 185694 号

地铁工程施工技术与隧道安全管理　　　　　陈　刚　张兆元　余　浩　主编
Ditie Gongcheng Shigong Jishu yu Suidao Anquan Guanli

责任编辑：陈　忠
封面设计：王　娜
责任校对：周怡露
责任监印：朱　玢

出版发行：华中科技大学出版社(中国·武汉)　　电话：(027)81321913
　　　　　武汉市东湖新技术开发区华工科技园　　邮编：430223
录　　排：华中科技大学惠友文印中心
印　　刷：武汉科源印刷设计有限公司
开　　本：710mm×1000mm　1/16
印　　张：21
字　　数：377 千字
版　　次：2022 年 10 月第 1 版第 1 次印刷
定　　价：98.00 元

本书若有印装质量问题,请向出版社营销中心调换
全国免费服务热线：400-6679-118　竭诚为您服务
版权所有　侵权必究

编 委 会

主 编 陈　刚（贵阳市城市轨道交通集团有限公司）
　　　　张兆元（中交第二公路工程局有限公司）
　　　　余　浩（中铁十二局集团第二工程有限公司）

副主编 张东升（中国建筑西南勘察设计研究院有限公司）
　　　　龚选波（北京城建勘测设计研究院有限责任公司）

编 委 李立功（北京市轨道交通建设管理有限公司）
　　　　魏明垒（中国水利水电第七工程局有限公司）
　　　　贺伟民（中国水利水电第八工程局有限公司）

前　言

自 20 世纪 80 年代以来，尤其是进入 21 世纪以后，我国隧道及地下工程事业得到了迅猛发展，以地铁工程为首的地下工程成为稳固国民经济重要前提的基础建设工程。地铁已成为当下颇受欢迎的交通工具，不仅解决了城市人口剧增和急剧增长的人口流动性带来的交通压力，同时响应了国家节能减排的环境友好型社会建设的目标，为城市建设和居民生活水平的改善作出了巨大的贡献。但是，地铁工程施工面临着地形结构、城市线路规划、施工技术、工程管理等方面的挑战，我们需要对突如其来的挑战进行实时调整，创造更为科学合理的系统布局，保证工程施工过程中管理措施的不断更新。为适应国内地铁建设新形势，满足地铁工程土建专业工程技术与管理人员培训的需要，编者编著了此书。

本书注意结合我国地铁和隧道工程建设的特点，着重阐述技术成熟、贴合现场实际的明挖法和盖挖法等施工方法，以及简捷、有效的盾构法和新奥法等施工工艺，同时对隧道病害整治及施工安全管理进行探讨。基于地铁工程施工技术理论与实践并重的特点，本书在编写时遵循理论联系实际的原则，以交通运输部最新颁布的有关工程技术标准、规范为依据，在总结多年行业成果的基础上，紧密结合工程实践。本书实践性强、内容翔实、涉及面广，融知识性、实践性于一体。

由于本书包罗内容较多，涉及知识较烦琐，各章节内容的深度和广度可能并不一致，且谬误不可避免，敬请广大读者批评指正。

目　　录

第1章　地铁车站施工 (1)
- 1.1　钻孔围护排桩施工 (1)
- 1.2　地下连续墙施工 (3)
- 1.3　SMW桩施工 (10)
- 1.4　明挖法基坑开挖 (13)
- 1.5　暗挖法车站开挖 (17)
- 1.6　地铁盖挖顺作法 (25)
- 1.7　地铁盖挖逆作法 (31)
- 1.8　洞桩法施工技术 (35)

第2章　盾构法施工 (40)
- 2.1　盾构隧道端头加固施工 (40)
- 2.2　盾构运输吊装 (45)
- 2.3　盾构调试、始发与到达 (55)
- 2.4　管片预制技术 (64)
- 2.5　盾构隧道掘进 (69)
- 2.6　盾构调头、过站和空推 (88)
- 2.7　盾构操作技术与换刀技术 (95)
- 2.8　特殊地质条件下盾构掘进 (107)
- 2.9　特殊环境条件下盾构掘进 (124)

第3章　新奥法施工 (139)
- 3.1　超前支护 (139)
- 3.2　初期支护 (142)
- 3.3　全断面注浆加固 (147)
- 3.4　防水层施工 (149)
- 3.5　衬砌施工 (153)
- 3.6　附属结构施工 (159)
- 3.7　地质预报 (163)

第4章 隧道工程施工 (168)
4.1 超前小导管(含超前锚杆)施工 (168)
4.2 大管棚施工 (172)
4.3 帷幕注浆施工 (178)
4.4 钻爆法开挖施工 (183)
4.5 喷射混凝土施工 (190)
4.6 隧道锚杆施工 (193)
4.7 隧道防排水施工 (200)
4.8 不良地质条件下隧道施工 (207)

第5章 隧道常见病害及整治 (223)
5.1 隧道水害及整治 (223)
5.2 衬砌裂损及整治 (231)
5.3 隧道冻害及整治 (237)
5.4 衬砌侵蚀及整治 (241)
5.5 隧道震害及整治 (243)
5.6 隧道防灾与整治 (246)

第6章 隧道施工安全管理 (252)
6.1 隧道施工安全的特殊性 (252)
6.2 传统安全管理的不足与应对 (253)
6.3 安全评价的内容与特点 (255)
6.4 安全评价指体系的建立 (257)
6.5 隧道施工安全管理系统 (260)

第7章 城市下穿隧道工程安全管理 (266)
7.1 下穿隧道工程相关理论 (266)
7.2 安全管理现状分析 (270)
7.3 安全风险管理流程 (273)
7.4 安全管理制度制定和优化 (282)

第8章 地铁工程施工与管理实例分析——以成都轨道交通30号线为例 (288)
8.1 工程项目基本概况 (288)
8.2 主要施工工艺与方法 (295)
8.3 质量管理与安全管理 (308)

8.4 环境保护与文明施工 …………………………………………（317）
参考文献 ……………………………………………………………（324）
后记 …………………………………………………………………（326）

第1章　地铁车站施工

1.1　钻孔围护排桩施工

1.1.1　钻孔围护排桩概述

自20世纪70年代开始,在深基坑支护中用钢筋混凝土灌注桩形成排桩式挡墙的施工方法在各地得到广泛应用。钢筋混凝土灌注桩作为支护结构,刚度较大,抗弯能力强,变形相对较小,作为悬臂式围护结构,开挖深度可达7 m,增加内支撑后,开挖深度更大,既用作结构受力桩又兼作支护桩,经济效益较好。尤其是采用正反循环施工时,无须锤击,施工时无振动,对周围邻近的建筑物、道路和地下管线不会造成危害,造价也较低,有一定优越性。但在基坑回填后,它就永久地保留在地基土中,可能为今后的地下施工造成障碍,且桩的施工速度慢,施工后需要养护一定时间才能承受荷载,因而工期较长。

1.1.2　钻孔围护排桩施工

1. 正循环钻孔灌注桩

(1) 施工准备

首先进行施工场地平整,查明地下管线的位置,定出管线改移或保护方案。

(2) 测量放线定位

根据各钻孔桩设计平面布置图,将各桩进行编号,计算出每根桩的坐标,现场测量定出每孔钻孔桩的准确位置。

(3) 钻孔

钻机就位,在孔口埋设钢护筒,以起到定位、保护孔口及维持水头的作用。开孔钻进应缓慢地进行,并反复校正钻头,如有偏斜及时纠正。

(4) 清孔

钻孔深度达到设计深度并报监理检查合格后,应立即清孔。清孔的目的是使孔底沉渣厚度、循环泥浆中含渣量和孔壁泥垢厚度符合规范要求。清孔的方法主要是采用正循环清孔和压风机清孔,清孔后各项指标由试验人员测定、检查合格并经监理同意后,方可进行钢筋笼的吊装工作。

(5) 钢筋笼的制作和安装

钢筋笼的制作在就近的场地上进行,采用焊接制作,先用主筋与内加强箍点焊形成笼架,然后安装外箍筋,外箍筋也须与主筋焊牢。将制作好的钢筋笼用汽车吊或钻机吊放入孔内,吊放时应垂直、缓慢下放,避免钢筋笼碰撞孔壁引起坍孔。

(6) 水下混凝土灌注

① 施工准备。

a. 用铁皮制作一个储料槽(漏斗),容量应能满足导管首次埋设深度($\geqslant 1$ m)。

b. 检查钢导管的强度,钢导管必须作水密和胀裂试验。

c. 检查球塞是否能顺利通过钢导管,球塞直径比钢导管内径小 1~2 cm。

② 灌注前的准备工作。

a. 仔细调整下料钢导管的高度,导管底至桩基底面的距离为导管内径加 10 cm 左右,使球塞顺利从管底排出。

b. 悬吊于储料槽(漏斗)颈口处的球塞必须用绳子或铁丝缚牢,开始灌注前在漏斗内装满混凝土。

c. 商品混凝土的准备量为能灌注整根桩的混凝土量,灌注工作一经开始必须连续不断地进行,不得中断。

③ 混凝土灌注。

a. 开始灌注混凝土时,用快刀将绳子砍断或用钳子将铁丝剪断,同时开动振动器。当储料槽(漏斗)内混凝土开始下降时,立即向储料槽(漏斗)源源不断地输送混凝土。当球塞顺利地通过导管并确认已排出导管时,可将导管下降 20 cm,使导管下混凝土尽快扩散和升高,可靠地埋住导管底。

b. 灌注混凝土过程应经常用测锤探测混凝土面的高度,推算钢导管埋入混凝土的高度。一般要求导管埋入深度为 2~4 m,随灌随提升和拆除钢导管,上提的原则是少提、勤提。

c. 混凝土的灌注应高出设计高度 50 cm。

2. 反循环钻孔灌注桩

反循环施工过程与正循环施工过程基本相同,但应注意以下事项。

①反循环施工是在静水压力作用下进行钻孔作业的,故护筒埋设保持孔内水头压力是反循环施工作业中的关键,护筒的直径一般要比桩径大 15 cm 左右。护筒的顶部应打入黏土层或粉土层中,一般不应在填土层或砂层或砂砾层中,以保证护筒不漏水。护筒内的水位要高出自然地下水位 2 m 以上,确保孔壁的任何部位均保持 0.02 MPa 以上的静水压力,以保持孔壁不坍塌。

②开始钻进时,应先轻压慢转,待钻头正常工作后,逐渐加大转速,调整压力,并使钻头吸口不发生堵浆。钻进参数应根据地层、桩径、砂石泵的合理排量和钻机的经济钻速等加以选择和调整。

③钻进时应认真仔细观察进尺和砂石泵的排浆出渣情况。排量减少或出浆中含钻渣量较多时,应控制跟进速度,防止因循环液比重太大而中断反循环。

④起钻时应注意操作轻、稳,防止钻头拖、刮孔壁,并向孔内补入适量泥浆,稳定孔内水头高度。

1.2 地下连续墙施工

1.2.1 地下连续墙概述

地下连续墙是利用一定的施工设备和机具,在化学泥浆的护壁作用下,向地下钻挖具有一定厚度、长度和深度的沟槽,并在沟槽内吊放加工制作好的钢筋笼,然后灌注水下混凝土筑成一段钢筋混凝土墙段,并逐段连接起来形成一道连续封闭的地下墙体。

1.2.2 地下连续墙的特点

1. 地下连续墙的优点

①施工振动小,噪声低,非常适合在城市施工。
②墙体刚度大,目前国内地下连续墙的厚度可达 1.3 m(国外已达 2.8 m)。
③墙体防渗性好。由于墙体接头形式和施工方法的改进,地下连续墙几乎

不透水。

④可采用逆作法施工。地下连续墙刚度大,易于设置埋件,很适合采用逆作法施工。

⑤适用于多种地基条件。地下连续墙对地基的适用范围很广。

⑥可作刚性基础,代替桩基础、沉井或沉箱基础,承受更大的荷载。

⑦工期短,工效高,质量可靠。

2. 地下连续墙的缺点

①在一些特殊的地质条件下,如很软的淤泥质土、含漂石的冲积层和超硬岩石等,施工难度很大。

②接头处理要求高,如果施工方法不当或地质条件特殊,可能出现相邻墙段不能对齐和漏水的问题。

③造价高。地下连续墙如果作为临时的挡土结构,比其他方法所花的费用要高。

④废浆的处理麻烦。特别是在城市进行施工时,废浆的处理比较麻烦。

1.2.3 地下连续墙施工工艺

1. 导墙施工方法

①导墙是保证连续墙精度的首要条件,因此,在施工放线前应做好技术交底,严格复核,保证定位放线准确。

②导墙施作时放宽 40~60 mm(沿中轴线向两侧,每边放宽 20~30 mm),是为了保证抓斗钻头及钢筋网片、锁口管进出较为顺利。

③为保证连续墙既满足成槽精度而又不侵入车站建筑界限,同时保证内衬墙结构厚度,在放线时将连续墙中轴线向外多放 120~130 mm(一般为连续墙内侧轮廓放宽 100 mm)。

④导墙垂直度控制在±7.5 mm 内,导墙内墙面平整度控制在±3 mm 内,导墙顶面平行,全长范围内高差控制在±5 mm 内,导墙轴线误差控制在±10 mm 内。

⑤导墙上口高出地面 100 mm,以防止垃圾和雨水冲入导槽内污染或稀释泥浆。

⑥导墙开挖土方时,如果外侧土体能保持垂直自立,则以土壁代替外模板,

避免回填土,否则外侧应设模板。混凝土强度达到设计要求后,墙背用黏土分层夯填密实,防止地表水渗入槽内,引起槽段塌方。

⑦导墙施工完成后,在槽底铺上40 mm厚M5水泥砂浆,在槽段未开挖前可作临时储浆或换浆沟用。

⑧拆模后每隔2 m设上下两道木支撑,木支撑采用80 mm直径的圆木。抓槽之前,不拆内撑,并及时回填土方,同时严禁重型机械在混凝土未达到设计强度之前靠近导墙行走,以防止导墙变形。

2. 成槽施工

(1) 软土成槽施工

在软土地基中,地下连续墙采用液压成槽机直接进行成槽开挖,开挖出的土方集中存放于场内的临时存土坑内,及时用槽车运至指定的弃土场。

①按槽段成槽划分,分幅施工,标准槽段(6.0 m)采用三抓成槽法开挖成槽,即每幅连续墙施工时,先抓两侧土体,后抓中心土体,防止抓斗两侧受力不均而影响槽壁垂直度,如此反复开挖直至设计槽底标高为止。异型槽段严格按分幅分段一次开挖成型。

②挖槽施工前,应先调整好成槽机的位置,对于无自动纠偏装置的成槽机,它的主钢丝绳必须与槽段的中心重合。成槽机掘进时,必须做到稳、准、轻放、慢提,并用经纬仪双向监控钢丝绳、导杆的垂直度。挖完槽后用超声波测壁仪进行检测,确保成槽垂直度不大于1/300。

③异型"T"字形或"L"形槽段,采用对称分次直挖成槽,即先行开挖一短幅,开挖一段深度后,再挖另一短幅,相互交替施工。不足两抓宽度的槽段,则采用交替互相搭接工艺直挖成槽施工。

④挖槽时,应不断向槽内注入新鲜聚泥浆,保持聚泥浆面在导墙顶面以下0.2 m,且高出地下水位0.5 m。随时检查泥浆质量,及时调整泥浆,使其符合上述指标并满足特殊地层的要求。

⑤转角处异型槽段严格按规定的几种形式开挖,挖槽施工时一旦发现异常情况应立即停止,分析原因并采取相应措施后再继续。

⑥雨天地下水位上升时,及时加大泥浆比重和黏度,雨量较大时暂停挖槽,并封盖槽口。

⑦在挖槽施工过程中,若发现槽内泥浆液面降低或浓度变稀,要立即查明是否因为地下水流入或泥浆随地下水流走所致,并采取相应措施纠正,以确保挖槽

继续正常进行。

(2) 岩层施工

液压成槽机抓斗挖到岩面即停,并使槽底基本持平,在导墙上标出钻孔位置。在地下连续墙转角部位向外多冲半个孔位,保证连续墙的完整性。入岩施工分为如下几步。

① 采用冲击钻机冲击主孔,泵吸反循环出渣,钻头大小和主孔中心距根据墙厚进行调整,主孔间距一般为 1.5 倍墙厚,充分利用冲击钻机冲频高、出渣快、进尺快的特点。

② 采用冲击钻冲击副孔(主孔间剩余的岩墙),泥浆在槽内采用循环出渣,减少重复破碎,这样可以减少冲击面积较小时冲击锤的摆动,保证槽壁垂直。

③ 以冲击钻配以方锤(目前常用的为 800(600)mm×1200 mm),修整槽壁联孔成槽,冲击过程中控制冲程在 1 m 以内,并防止打空锤和放绳过多,减少对槽壁的扰动,成槽后辅以液压成槽机抓斗清除岩屑。

④ 冲击钻钻入岩层成孔时,勤松绳、勤掏渣,防止锤环磨损过大造成斜孔和吊锤。施工过程中每 0.5~1 m 测量一次钻孔垂直度,并随时纠偏。变化处采用低锤轻击、间断冲击的方法小心通过。

⑤ 针对入岩部分,另须配备冲击钻机进行修槽,配备方锤。

3. 钢筋笼制作及吊装

(1) 钢筋笼加工

① 钢筋加工。

a. 主钢筋尽量不要采用搭接接头,以增大有效空间,有利于混凝土的流动。

b. 有斜拉钢筋时,应注意留出足够的保护层。

c. 主筋应采用闪光接触对焊或锥形螺纹连接。

d. 钢筋应在加工平台上放样成型,以保证钢筋笼的几何尺寸和形状正确无误。

e. 拉(钩)筋两端做成直角弯钩,点焊于钢筋笼两侧的主筋上。

② 钢筋笼的制作。

a. 按图纸要求制作钢筋笼,确保钢筋的位置、根数及间距正确,焊接牢固。

b. 为保证混凝土灌注导管顺利插入,纵向主筋放在内侧,横向钢筋放在外侧。

c. 纵向钢筋搭接采用对焊连接,钢筋轴线要保证在一条直线上;同一截面的焊接接头面积不能超过50%,且间隔布置。

d. 钢筋笼除结构焊缝需满焊及四周钢筋交点需全部点焊外,中间的交叉点可采用50%交错点焊。

e. 钢筋笼成型后,临时绑扎铁丝全部拆除,以免下槽时挂伤槽壁。

f. 制作钢筋笼时,在制作平台上预安定位钢筋桩,以提高工效和保证制作质量;制作出的钢筋笼须满足设计和现行规范要求。

g. 施工前准备好对焊机、弧焊机、点焊机、钢筋切断机、钢筋弯曲机等,且钢筋应经过复核合格。

h. 主筋间距误差±10 mm,箍筋间距误差±20 mm,钢筋笼直径误差±10 mm,钢筋笼长度误差±50 mm,预埋件中心位置偏差±10 mm。

i. 钢筋笼制作完成后,按照使用顺序加以堆放,并应在钢筋笼上标明其上下头和里外面及使用槽段编号等。当存放场地狭小需要钢筋笼重叠堆放时,为避免钢筋笼变形,应在钢筋笼之间加垫方木,堆放时注意施工顺序。

(2)钢筋笼吊放

①水平移位和吊装入槽。

当钢筋笼加工场距槽孔较远时,可用特制平台车将其运到槽孔附近。水平吊运钢筋笼时,必须吊住4点。吊装时首先把钢筋笼立直,为防止钢筋笼起吊时弯曲变形,常用两台吊车同时操作。为了不使钢筋笼在空中晃动,可在其下端系上绳索用人力控制,也有使用1台吊车的两个吊钩进行吊装作业的。为了保证吊装的稳定,可采用滑轮组自动平衡重心装置,以保证垂直度。

大型钢筋笼可采用附加装置——横梁、铁扁担和起吊支架等。钢筋笼进入槽孔时,吊点中心必须和槽段中心对准,然后缓慢下放。此时应注意起重臂不要摆动。

如果钢筋笼不能顺利入槽,应马上将其提出孔外,查明原因并采取相应措施后再吊放入槽。切忌强行插入或用重锤往下压砸,否则会导致钢筋笼变形,造成槽孔坍塌,更难处理。

在吊放入槽内过程中,应随时检测和控制钢筋笼的位置和偏斜情况,并及时纠正。

②钢筋笼分段连接。

当地下连续墙深度很大、钢筋笼很长而现场起吊能力又有限时,钢筋笼往往分成2段或3段,第一段钢筋笼先吊入槽段内,使钢筋笼端部露出导墙1 m,并架立在导墙上,然后吊起第二段钢筋笼,经对中调正垂直度后即可焊接。焊接接头的方法有两种:一种是上下钢筋笼的钢筋逐根对准焊接,另一种是用钢板接头。第一种方法很难做到逐根钢筋对准,焊接质量没有保证而且焊接时间长。后一种方法是在上下钢筋笼端部将所有钢筋焊接在通长的钢板上,上下钢筋笼对准后,用螺栓固定,以防止焊接变形,并每隔 300 mm 设置一根附加钢筋与主筋点焊以加强焊缝和补强,最后将上下钢板对焊,即完成钢筋笼分段连接。

4．混凝土灌注

①清槽完毕,泥浆经检查合格后(相对密度小于等于1.15,含砂率小于等于4%,pH 值为 7~9,黏度小于 25 s),4 h 内开始灌注混凝土。

②为保证水下混凝土的灌注能顺利进行,灌注前应拟定灌注方案,主要机具应留有备用,灌注前应进行试运转。

③灌注前应复测沉渣厚度,办理隐蔽工程检查,合格后及时灌注,其间歇时间不宜超过 4 h。

④开始灌注时,隔水栓吊放的位置应邻近水面,导管底端到槽底的距离为 0.3~0.5 m。

⑤开灌前储料斗内必须有足以将导管的底端一次性埋入水下混凝土中 0.5 m 以上深度的混凝土储存量,即 $V \geqslant 3.6 \text{ m}^3$。

⑥混凝土灌注的上升速度不得小于 2 m/h,每个单元槽段的每个导管灌注间歇时间不得超过 30 min,灌注宜连续,不得中断。

⑦随着混凝土的上升,要适时提升和拆卸导管,导管底端埋入混凝土面以下 1.5~3.0 m,严禁将导管底端提出混凝土面。提升导管时应避免碰挂钢筋笼。

⑧设专人每 30 min 测量一次导管埋深及管外混凝土面高度,以此判断两根导管周围混凝土面的高差(要小于 0.5 m),并确定导管埋入混凝土中的深度和拆管数量。

⑨在一个槽段内同时使用两根导管灌注时,其间距应不大于 3 m,导管距槽段端头不宜大于 1.5 m,槽内混凝土面应均衡上升,各导管处的混凝土表面的高差不宜大于 0.5 m,终浇混凝土面高程应高于设计要求 0.5 m,凿去浮浆及墙顶 0.5 m 高混凝土后使设计标高内的混凝土质量满足设计要求。

⑩在灌注作业时,若发现导管漏水、堵塞或导管内混入泥浆,应立即停灌并进行处理,做好记录。

⑪灌注混凝土时,每个单元槽段应留置一组混凝土抗压试块、一组混凝土抗渗试块。

⑫灌注混凝土时,槽段内的回收泥浆全部抽回泥浆池,经沉淀和处理后,符合要求的继续使用,不符合要求的按规定弃掉。

5. 锁口管下放及顶拔

(1) 锁口管施工工艺

①锁口管的结构。

锁口管通常是用无缝钢管制作的,钢管的壁厚 8~15 mm,每节长度 5~10 m。

锁口管的外径通常等于设计墙厚,也有比墙厚小 1~2 cm 的。

锁口管的连接方式主要有以下三种:内法兰螺栓连接;销轴连接;螺栓-弹性锥套连接。

②锁口管的起拔。

目前比较常用的有顶升架与吊机配合起拔,连续墙混凝土开始灌注后 4 h 用吊机或液压顶升机上提一次锁口管,第一次上提 0.2~0.3 m,马上放下,以后每间隔 3 h 上提一次,提高 0.5~1 m 再放下,如此往复进行。当墙顶混凝土灌完 6 h(混凝土全部初凝后),将锁口管拔出槽后,清洗干净,放在平整的地面上。为了准确地掌握锁口管起拔的时间,应在施工前及时掌握该槽段混凝土采用水泥的初凝情况,并在浇筑混凝土时做现场试件初凝试验。

(2) 锁口管施工方法

①当槽段开挖、清槽完成后,吊放锁口管,然后吊装钢筋笼,最后将锁口管背与未开挖土体间所留空隙用粗砂和小碎石填满,锁口管与导墙间的空隙用木楔塞紧。如不用锁口管,则吊放钢筋笼时位置必须相当准确,下放不宜太快,防止钢筋笼在混凝土灌注过程中摆动以及串浆后影响下个槽段的成槽。

②槽段混凝土灌注过程中每 3 h 松动一次(每次上拉 0.5~1.0 m 再放下)锁口管,混凝土灌注完成 6 h 后拔出锁口管,进行二期槽段开挖,完成后刷壁、下笼,灌注二期槽段混凝土。

(3) 锁口管顶拔方法

①锁口管吊装就位后,随即安装液压顶管机。

②为了减小锁口管开始顶拔时的阻力,在混凝土开浇以后 4 h 或混凝土面上升到 15 m 左右时,启动液压顶管机顶动锁口管,尽量减少顶升高度,不使管脚脱离插入的槽底土体,以防管脚处尚未达到终凝状态的混凝土坍塌。

③开始顶拔锁口管的时间,以开始灌注混凝土时做的混凝土试块达到终凝

状态所经历的时间为依据,如没做试块,开始顶拔锁口管时间应在开始灌注混凝土 6 h 以后,如商品混凝土掺加过缓凝型减水剂,开始顶拔锁口管时间还须延迟。

④在顶拔锁口管过程中,根据现场混凝土灌注记录表计算锁口管允许顶拔的高度,严禁早拔、多拔。

⑤锁口管由液压顶管机顶拔,履带吊协同作业,分段拆卸。

1.3 SMW 桩施工

1.3.1 SMW 桩的定义

SMW 是 soil mixing wall 的缩写。SMW 工法以多轴型钻掘搅拌机在施工现场按照设计深度进行钻掘,同时在钻头处喷出水泥系强化剂与地基土自上而下、自下而上反复混合搅拌,在各施工单元之间采取重叠搭接方法使之连接,然后在混凝土混合体未固结之前插入 H 型钢或钢板桩作为应力补强材料,直到混凝土硬结,便形成一道具有一定强度和刚度的、连续完整的、无接缝的地下墙体。

1.3.2 SMW 桩的特点

1. 对周围地基的影响小

SMW 工法桩通过多轴型钻掘搅拌机进行钻掘,施工中不进行挖土作业,钻头喷浆就地与土混合搅拌,其作用影响范围除去每个单元搅拌的范围,不扰动邻近土体,故不致产生相邻地面沉降、房屋倾斜、道路破裂、地下设施位移等危害。

2. 高止水效果

SMW 工法多轴型钻掘搅拌机具有螺旋(推进)翼和搅拌翼相间设置的特点,搅拌随着钻进和提升过程反复进行,可使水泥系强化剂与土体充分均匀地搅拌,而且墙体全长无接缝,从而可使它比钢筋混凝土地下连续墙、钻孔灌注桩等具有更可靠的防水性,其渗透系数 K 可达 $10^{-10} \sim 10^{-8}$ cm/s。

3. 大壁厚、大深度

SMW 桩成墙厚度为 550~1300 mm,最大深度已达 65 m,视地质条件尚可施工更深,并安装随时可对垂直度进行检测的装置,一旦垂直度出现偏差,立即将钻杆向上适当提升进行纠正,所以成桩垂直度高,安全性好。

4. 工期短、造价低

SMW 桩采取就地加固原状土一次成墙,成桩速度快,墙体构造简单,施工效率高,省去安放钢筋笼、灌注混凝土等工序,在一般地质条件下,每一个机械台班可成桩 70~80 m³,与地下连续墙施工相比,工期可缩短一倍,与灌注桩相比,单机功效为前者的 15~20 倍。SMW 桩中型钢、钢板桩芯材可以回收重复利用,大大节省造价,SMW 桩造价为 800~1000 元/m³,比地下连续墙节省 30%~40%。

5. 环境污染小

SMW 桩机采用电力作为动力,噪声小;机械操作平稳、无振动;水泥浆与土体原位混合搅拌,无挖槽钻孔,无泥浆护壁,弃土少。

1.3.3 SMW 桩施工工艺

1. 导沟开挖

测放施工桩位中心线后,沿桩位中心轴开挖导沟,清除地表障碍物,同时,在搅拌时作为泥水沟,防止混凝土浆液外流。

2. 导向架架设

导沟开挖完成后,为确保 SMW 桩位准确,保证桩位中心轴线和重叠部分搭接长度满足设计要求,确保 SMW 桩施工防水效果,应设置 SMW 桩导向架。导向架由导轨和导轨横撑组成,在开挖导沟两侧设置导轨,导轨与桩位中心线平行,沿桩位中心线平行两侧对称布置。为防止导轨发生位移,导轨下方两头使用导轨横撑固定,导轨与导轨横撑采用焊接,可有效防止导轨在施工过程中发生位移。固定好导向架后,在导轨上按照桩位间距设置施工标志,达到控制桩位、确保施工定位精度的目的。

3. 搅拌机搅拌施工

搅拌施工采用"二次喷浆、二次搅拌"工艺,施工机械采用三轴式搅拌机。具体施工步骤如下。

(1) 搅拌机就位

为确保施工工期,加快施工进度,施工场地平整后应立即组织施工机械进场。搅拌机到达现场后,按照导向架标记桩位准确就位,桩位与设计图偏差不得大于 50 mm,同时严格调整好搅拌机的垂直度。垂直度可通过机械本身的铅垂线和经纬仪进行校正,误差控制在 0.5% 内,并不得超过 50 mm。

(2) 预搅下沉

搅拌机运转正常后,启动搅拌机电机,放松起重机钢丝绳,使搅拌机导向架切土搅拌下沉,下沉速度控制在 0.8 m/min 左右,可由电机的电流监测表控制。预搅下沉时不宜采用冲水下沉,钻头到达设计桩底标高后,停止下沉。

(3) 提升喷浆搅拌

深层搅拌机下沉到设计深度后,开启灰浆泵,水泥浆压入地基土中,此后边喷浆、边旋转、边提升搅拌机,直到设计桩顶标高。注意喷浆速率与提升速度相协调,以确保水泥浆沿桩长均匀分布,并使提升至桩顶后集料斗中的水泥浆正好排空,搅拌提升速度不宜大于 1.0 m/min。

(4) 沉钻复搅

再次沉钻进行复搅,复搅下沉速度控制在 0.5～0.8 m/min。

(5) 重复提升搅拌、复喷浆

搅拌机再次下至设计桩底标高后,边旋转边提升搅拌机,同时喷水泥浆。重复搅拌至桩顶设计标高后,将钻头提出地面,以便移机施工新的桩体。

4. 型钢焊接加工

SMW 桩芯材较长时可采用多根进行焊接,焊接接头可采用部分焊透的对接焊,也可以采用侧面角焊。无论采用哪种焊接方法,焊缝强度都必须满足一定的强度要求,根据型钢回收时顶拔力的大小,调整焊接形式和焊缝长度、深度。焊接时,应在专门的焊接平台或平整的地面进行,保证焊接后的型钢直线性良好,减少插入时的阻力。

5. 型钢插入

① 型钢就位后,通过桩机定位装置控制,靠型钢自重或借助一定的外力将型钢插入搅拌桩内,插入时保证型钢的平整度和垂直度,不允许有扭曲现象。型钢对接接头应位于开挖面以下 2 m。

②型钢起吊前在型钢顶端 15 cm 处开一中心圆孔,孔径 5 cm,装好吊具和固定钩,根据现场定位型钢标高选择合理的吊筋长度及焊接点,控制型钢顶标高误差小于 50 mm。

③当使用的型钢较长时,型钢起吊可用多台吊车配合工作,保证型钢在起吊过程中不变形。

④在导向架上设置型钢定位卡,固定插入型钢的平面位置。型钢定位卡必须牢固、水平。而后将型钢底部中心对准桩位中心并沿定位卡徐徐垂直插入混凝土搅拌桩内,使用经纬仪或铅垂线控制型钢插入垂直度。

⑤型钢插入过程中随时校正型钢的纵横向误差和垂直度,确保型钢偏差不大于 $H/200$(H 为型钢插入深度)。

6. 型钢回收

基坑内部结构施工完成达到设计强度后,可以回收围护结构 SMW 桩型钢。回收型钢时,影响型钢回收起拔的主要因素有两个:型钢与混凝土之间的摩阻力以及基坑开挖造成的 SMW 桩墙围护结构变形引起的型钢弯曲。前者可以通过在型钢表面涂刷减摩材料来降低,并要求减摩材料在 SMW 桩工作期间有良好的黏结力,提高混凝土与型钢的复合作用。后者必须采取有效减少型钢变形的技术措施。

型钢与混凝土之间的黏结强度,主要和混凝土的抗压强度有关,而混凝土的抗压强度又和龄期有很大关系,所以严格控制工期,对型钢的顺利回收能够起到重要作用。

1.4 明挖法基坑开挖

1.4.1 明挖法基坑开挖概述

明挖法基坑开挖分为基坑放坡开挖和在基坑周边设置围护结构后垂直开挖两大类。

放坡开挖的基坑视地质情况确定合理的边坡坡率,一般还需要对边坡采取如钢筋网、锚杆(管)、喷射混凝土、加劲肋等加固措施来保证基坑的安全、稳定。该法施工简单,造价低。

设置围护结构的基坑开挖是预先在基坑周边设置竖向的围护结构,在围护结构的保护下进行基坑开挖。开挖时,视基坑深度一般需要设置数道内支撑,以达到控制围护结构的变形和保持稳定的目的。目前,根据地质情况,一般采用的围护结构有钻(挖)孔排桩、连续墙、SMW桩、咬合桩等。

1.4.2 明挖法基坑开挖施工工艺

放坡开挖的基坑采用在端头设运输坡道,视基坑尺寸和边坡支护情况分层、分段、分块开挖和支护,施工简单,在此不做赘述。

城市地铁基坑开挖为了控制变形一般都设有围护结构,土方开挖及内支撑是基坑的主要施工工序,对工程工期、质量、安全具有重大影响。土方开挖根据工程结构基坑规模、几何尺寸、围护情况、内支撑体系的布置,地基加固和施工条件等要求,严格按照"时空效应"规律,采用分段、分层、分块、对称、平衡、限时支撑的原则进行施工,并确定各工序的时限,保证基坑和周边建筑物安全。

①分段、分层。

分段:对于地铁基坑,每一开挖小段的分段长度大约为6.0 m。

分层:土方开挖分层厚度与内支撑竖向间距一致。

②对称、平衡、限时。

对称、平衡:基坑土方每小段开挖由中心向两侧对称进行,两侧的开挖高度应一致,起到使两侧基坑开挖平衡的作用,保证围护结构均匀受力和方便及时架设支撑。

限时:基坑每开挖层段开挖时间一般不超过10 h,随即在6 h以内安装支撑(斜撑段总时间控制在20 h内),并及时施加支撑预应力。

1. 工艺流程

(1)基坑开挖竖向顺序

竖向开挖遵循"分段分层、由上而下、先支撑后开挖"的原则,每段从上到下分层开挖,开挖步骤如下:

①开挖至第一道钢支撑下一定位置,一般为50 cm,架设第一道内支撑;

②依次开挖至第二层,架设第二道支撑,如此反复;

③开挖至基坑底,人工检底30 cm,并及时处理基底。

(2)基坑开挖纵向顺序

纵向开挖顺序与基坑完成时间要求、基坑开挖现场条件有关,一般分为:从两端向中间开挖;从中间向两端开挖;从一端向另一端开挖。

2. 前期准备

基坑开挖前须完成下列准备工作。

①按设计技术标准、地质资料以及周围建筑物和地下管线资料等,做好基坑施工组织设计和施工操作规程,制定出开挖步序,并严格遵照执行。

②对基坑周边30 m范围内的建筑物进行调查,并对基坑、周围建筑物、地面及地下管线等编制详细的监控和保护方案,预先做好监测点的布设、初始数据的测试和检测仪器的调试工作。

③对开挖中可能遇到的渗水、边坡失稳、涌泥、流砂等现象,提出应急措施预案并提前进行相关的物资储备。

④按设计要求备足支撑,并为出土、运输和弃土创造条件,确保连续开挖。

⑤配备足够的开挖及运输机械设备,做好机械的检测、维修保养等工作,确保机械正常作业。

⑥地基加固达到强度要求,在基坑开挖前15~30 d提前预降水,并准备好地面排水及基坑内抽排水系统。

⑦采用爆破作业时,应事先编制爆破施工组织方案,并报城市主管部门及公安部门批准。

3. 土方开挖

(1)中间段土方开挖

①开挖方法。

挖土时采用盆式开挖,每段开挖时先挖中间土,最后挖两侧土,每挖出一根支撑位置,及时安装支撑,待支撑安装好后,再开挖下一段土体。

第一层土方开挖:根据场地情况,合理布置开挖及运输设备,按照施工顺序进行开挖,每挖完一小段立即安装该段支撑,直至第一层土挖完。

第二、三层土方开挖:在基坑外布置挖掘机挖土装车,并安排挖掘机下入基坑配合翻挖土,挖深不低于该层支撑的底面。待支撑安装结束后,再施工下一段。

第四层及以下土方开挖:当挖掘机在基坑顶部不能进行挖装作业时,采用基坑内挖掘机翻挖土方,在基坑顶部布置吊车带抓斗或可伸缩式挖掘机进行装土。

②土方开挖要点。

做好坑内排水,按照规定步序开挖,避免超挖,按规定随挖随支撑,减少基坑暴露时间。

坑顶堆载符合规定及计算要求,适当隔离振动荷载。

在设计坑底标高以上 20～30 cm 的土方采用人工开挖。开挖时,集中劳动力和配套设备,开挖一片,铺设一片垫层,及时封闭坑底。对局部超挖处按规定填实。

(2) 端头井开挖

①采用岛式开挖法施工时,端头井土方开挖按"先角边,再中间"的原则进行。

②采用盆式开挖法施工时,即先撑好标准段内的 2 根对撑,然后依次对称分层开挖斜支撑区域的土体,并按照分层及时施工斜支撑。

4. 石方开挖

中风化、微风化石方开挖采用浅眼松动微差控制爆破。

爆破前,必须进行爆破方案设计。根据基坑周边环境对爆破振动的要求,结合类似工程实际经验,采取"多打孔、少装药、短进尺、弱振动"的浅眼松动微差控制爆破的方法。在靠近坑壁部位进行预留控制,同时沿基坑轮廓线布设减振孔,以取得良好的爆破效果,减少爆破对基坑和围护结构的伤害。

由于爆破过程中部分炸药能量转化为地震波,同时产生一定飞石、冲击波、爆破毒气和噪声,影响建筑物、工业设施及生命财产的安全,必须采取严格的防范措施,确保爆破安全。

5. 基坑排水

(1) 地面排水

基坑顶部沿围护结构设排水沟,用于承接基坑抽排水及地面雨水,经过沉淀池后,排入下水道。在围护结构边缘修筑挡水缘,防止地表水倒灌入基坑内。

从基坑内抽出的水,含有一定量的泥沙,故在基坑两侧设置沉淀池。沉淀池一般由三个小池组成,小池尺寸可采用 2.0 m(宽)×1.5 m(长)×2.0 m(深),三个小池分别为进水池、沉淀池、出水池。及时清理沉淀池沉渣,防止将泥沙带入下水道,造成堵塞。

(2) 基坑内排水

基坑开挖期间一般采用了降水措施,但必然会存在一定的地下水和地表降水,开挖时需要设置坑内排水沟,汇入集水井后抽出。

6. 基坑监测

基坑开挖至回填完成期间,需要对基坑及周边影响带进行监测。结合基坑地质情况、施工方法、围护结构类型及基坑周边环境状况,一般监测的项目有围护结构水平位移、围护顶部水平和垂直位移、内支撑轴力、基坑四周地表沉降、坑底隆起、地下水位、周围建筑物沉降倾斜、地下管线安全等。

1.5 暗挖法车站开挖

暗挖法是在特定条件下,在地面下进行开挖和修筑地下结构物的施工方法。暗挖法主要包括钻爆法、盾构法、掘进机法、浅埋暗挖法、顶管法、沉管法等,其中尤以浅埋暗挖法和盾构法应用较为广泛。

1.5.1 地铁车站暗挖法分类

地铁车站暗挖法主要有眼镜法、柱洞法、侧洞法或中洞法,经过不断总结和发展,衍生出了台阶法、中隔壁法、洞柱法、洞桩法等,不同的施工方法具有不同的特点。

1.5.2 暗挖法操作要点

1. 施工准备

①于施工前详细会审设计图,理解设计意图,并拟出存在的疑问,接受设计交底并质疑。

②根据明确的施工设计、水文、地质资料编制开挖施工方案,组织专家对施工方案进行论证,确保施工方案可行,做好施工技术交底和安全技术交底。

③复测(核)导线点(控制),布设车站开挖施工地面导线控制网。根据设计图纸资料,地面测量定出暗挖车站开挖轮廓线,为后续监测点布置、地下管线调查、周边环境调查等提供参照线。

④施作临时设施,进行机械设备、材料等的准备,编制施工围护以及排、降水方案。

2. 超前地层探测

(1) 地下管线调查

根据业主提供的既有地下设施资料,结合暗挖车站设计图纸,进行地下管线调查。采取雷达探测、打开管线检查井、咨询管线产权单位等方式确定管线位置,同时通过实测确定管线详细位置。管线调查后绘制详细的地下管线平面图和剖面图,图中应显示车站开挖结构线、地下管线详细位置、地下管线与暗挖车站结构线之间位置关系、地面主要参照物、管线产权单位、管线参数、管线铺设时间等。地下管线调查后,形成系统文件资料,同时提供给监理单位、业主和设计单位。通过分析或召开专家论证等方式,确定暗挖车站开挖施工对地下管线的安全风险,制定地下管线处理方案或保护措施。

(2) 周边环境调查

暗挖车站开挖前做好周边环境调查。通过摄像、拍照、检测等方法记录车站开挖施工影响区域的地面建筑物、构筑物、地上管线等的现状。通常需要调查暗挖车站底板开挖边线按45°扩散范围对应的地面区域。

(3) 地层、地表探测

车站开挖前采用雷达(必要时进行地质钻探并适当增加钻探密度)进行地层探测,收集暗挖车站对应地层内含水、空洞、地下管线、地质情况等资料,为实施开挖措施、优化施工方案提供基础资料。

3. 竖井开挖施工

暗挖车站竖井作为地下施工的通道,成型后通常作为风亭。通常在竖井口设厂棚,厂棚下设置竖井提升设备,便于提升开挖渣土、吊运材料,并在竖井口附近设屯土场,临时存放洞内开挖渣土。

(1) 施工围护设置

实施施工前,对拟施工区域设置安全围护,安全围护要符合设计要求,并满足安全施工等方面的相关要求。

(2) 设置监控量测点

在竖井开挖线周边建筑物、竖井锁口圈上设沉降监测点,监测沉降变形;开挖后竖井内按2 m间距分层设水平收敛点,监测竖井开挖洞室收敛变形。

(3) 施工竖井锁口圈

在竖井口部施作锁口圈,通常采用钢筋混凝土结构,锁口圈厚度大于竖井开挖初期支护结构厚度:竖井口上部开挖约 1 m 高度后,绑扎钢筋、模筑混凝土,确保竖井口部安全。

锁口圈顶部设高出地面 30 cm 左右的挡水圈,与锁口圈混凝土一起施工,避免地表水进入竖井。

(4) 分层开挖

锁口圈施作后从上往下分层开挖,开挖步距按竖井初期支护格栅钢架或型钢间距控制,开挖后及时施作初期支护结构并封闭成环。

竖井开挖断面通常较大,为防止竖井收敛变形,在长边设水平支撑,该支撑与初期支护结构采用钢板和螺栓连接。必要时可在竖井初期支护四角增设斜支撑。

(5) 竖井封底

竖井开挖深度大于风道开挖底板,以便降水,竖井开挖至底板后,采用 C30 混凝土封底。

竖井开挖完成后及时进行二次衬砌施工。

4. 暗挖风道开挖施工

(1) 暗挖风道破口

① 施作口部超前支护。

通常在风道破口位置拱部设置超前小导管,采用风钻从竖井内在暗挖风道对应拱部范围按 30 cm 间距施作超前小导管并注浆。

② 破口安设口部钢架。

在竖井侧壁对应风道断面初期支护位置破除竖井初期支护,掏槽安设口部格栅钢架,该钢架外侧与竖井钢架焊接连接。

③ 口部加强。

按风道设计分块断面,分块从竖井侧壁破口开挖。风道破口位置并排安设 2 榀或 3 榀口部格栅钢架加强,以确保口部安全。

(2) 暗挖风道开挖

暗挖风道断面常采用分块开挖,中间设临时支撑。一般采用 CRD 法开挖,分块开挖时,洞室之间纵向错开距离开挖。

风道洞室内部采取预留核心土环形开挖,核心土长度 1~1.5 m,开挖后及时施作洞室底部支撑,封闭成环,维持洞室自身稳定。

(3)暗挖风道渣土运输

暗挖风道洞室开挖长度小于 15 m 时,用人力手推车运土至风道口,由梭槽卸土入料斗,竖井起吊设备提渣至地面临时屯土场。当侧洞开挖的长度大于 15 m 后,风道出渣采用低排放前倾式翻斗车转运土至风道口,再由梭槽卸土入料斗,屯土场采用装载机装渣,自卸式汽车运输至指定的弃渣场。

5. 暗挖车站主体结构开挖

(1)结合部开挖

暗挖车站开挖断面较风道大,在车站标准断面两端设结合部,连接风道、车站和区间。风道开挖至结合部时,应进行挑高处理。

①结合部抬高段开挖。

风道开挖至结合部,逐步抬高和加宽,中部竖向临时支撑设置位置与风道保持一致,便于顺接。抬高段拱部超前支护同样采用超前小导管,小导管纵向搭接长度大于 1 m。抬高段口部分块洞室内部分为上下层开挖,中部加设临时水平支撑。

结合部断面加高、加宽后,开挖同样采用 CRD 工法,上下分为 4 层,洞室开挖方法同风道。

②结合部区间破口。

结合部初期支护封闭成环,待变形基本稳定后,区间方可破口开挖。区间破口前,拱部开挖轮廓线外施作超前小导管,在结合部对应区间初期支护钢架位置破除结合部初期支护,掏槽安设区间格栅钢架。之后按上下台阶法开挖,在台阶分界位置设水平支撑、临时仰拱。

③结合部封堵墙。

结合部结构瘦高,采用 CRD 工法开挖,施工至封堵墙位置时,施作格栅钢架,网喷封闭,在封堵墙上设加强锚管并注浆预加固。

(2)超前支护及注浆

车站主体开挖断面大,破口开挖前在结合部内沿车站拱部开挖轮廓线外 20 cm 位置设超前长管棚、超前小导管。长管棚纵向宜贯通整个车站主体结构拱部,超前小导管间隔一榀钢架施作。

①超前长管棚施工。

超前长管棚施工采用非开挖水平导向钻进技术,以车站两侧风道与车站结合部为工作室。

从一端结合部向另一端进行导向孔钻进施工,导向孔钻进过程中采用膨润土泥浆护壁,并根据管棚埋深不同采用不同的导向系统进行导向控制。导向孔施工完成后,从另一端结合部进行回扩孔及回拖钢管作业,回扩孔及回拖钢管过程中均需采用膨润土泥浆护壁。回拖钢管完成后进行管棚浆液压注,形成超前长管棚。

长管棚非开挖施工包括施工准备、测量定位、钻机就位、回扩孔拖管、管棚注浆、泥浆处理等工序,长管棚环向间距小,为防止窜管,宜采取间隔跳槽施工。

长管棚钢管上设浆液扩散孔,注浆采用水泥、水、膨润土、铝粉等,注浆压力一般控制在 $1\sim2$ MPa。

②超前小导管施工。

超前小导管施工作业工序包括钻孔、清孔、布管、封孔、注浆等工序,其搭接长度一般大于 1 m。

小导管采用煤电钻成孔或高压风管吹孔,小导管孔口偏差不大于 50 mm,孔深偏差±50 mm,孔眼长度应大于设计钢管长度,钢管尾部焊箍,头部成尖锥状,采用锤击或钻机顶入,管上按梅花形布置小孔,间隔 20 cm,孔眼直径 8 mm,尾部与工字钢焊接。

小导管安设检查后,孔口处设止浆塞,之后进行注浆。采用注浆泵注浆,注浆压力为 $0.5\sim1.0$ MPa,普通地层浆液采用水灰比 1:1 的水泥浆,渗水地层压注水泥水玻璃双液浆;遇窜浆或跑浆时,则采取间隔 1 孔或几孔灌注浆液。

(3)车站破口开挖

①车站中洞破口。

车站口部在结合部侧为临空面,土体容易坍塌,进洞前在结合部范围内车站中洞对应位置设 I28a 工字钢环形框架。将车站口部 5 m 范围内加强加固,各分区内部开挖采用 CRD 工法,各分区开挖分为 4 个小洞,中间设临时型钢架支撑,喷射 C20 混凝土形成临时隔壁。

②车站侧洞破口。

方法 1:车站结合部圈梁二衬混凝土施工完成后,从结合部正面破口进洞。

方法 2:从车站中洞内中隔壁上破口进入侧洞开挖,破口前在中洞内设型钢门框,保持破口部位稳定。破口后掏槽开挖宽度 1 m,拱部径向按 30 cm 间距施作小导管,侧向开挖 1 m 立即挂网喷射混凝土封闭,逐步推进,形成操作空间后沿正线方向开挖侧洞。

(4) 车站分块开挖

车站分块开挖,上、下层纵向间隔长度宜控制在12～20 m,防止台阶过长或过短导致地层及初期支护结构变形过大。各洞室内部采用微台阶法开挖,上台阶高2 m,台阶长度2～3 m,台阶坡面坡度1∶0.3,开挖施工过程中,分区洞室必须及时封闭成环,保证洞室稳定。暗挖地铁车站开挖施工必须严格遵循"管超前、严注浆、短开挖、强支护、早封闭、勤量测"十八字方针。

车站分块洞室开挖时,在掌子面采用洛阳铲或其他方式钻孔探测开挖前方地层,每个洞室内设3个探测孔,分析钻孔钻屑,观察是否渗漏,为制定开挖措施提供基础资料。

(5) 初期支护施工

①格栅钢架。

格栅钢架加工:在加工场按设计1∶1放大样分节加工,钢架焊接宜采用双面焊,焊接长度大于$5d$。钢架加工后试拼,检验合格后方可运至现场安装。

格栅钢架安装:钢架安装垂直度、间距等必须正确;钢架拱脚应垫实,采用加气块、钢板等材料铺垫;拱脚位置设锁脚锚管,锚管外插角往下;钢架节点采用螺栓可靠连接,节点连接顺直。

连接钢筋:格栅钢架纵向采用连接筋焊接,单面焊接长度大于$10d$。

钢筋网:制作成钢筋网片,钢筋网接头绑扎,搭接长度为$35d$。

②喷射混凝土采用湿喷工艺。

喷射混凝土原材料严格按试验室检验合格的厂家进料,进场检验合格后方可使用。

操作顺序:喷射时,先在喷浆机内加速凝剂,开风后再送料,喷射机工作风压控制在0.5～0.7 MPa范围内。喷射前,先将受喷面用高压风吹净,再用水湿润受喷面。

严格控制喷嘴与岩面距离和高度。喷嘴与岩面垂直,有钢筋时角度适当放偏30°左右,喷嘴与岩面距离控制在0.8～1.0 m范围内,钢筋网与开挖轮廓线的间隙应喷满。

喷射混凝土作业应分层、分段进行,喷射顺序自下而上,避免死角。料束呈旋转轨迹运动,一圈压半圈,纵向按蛇形前进。

初期支护背后超挖采用喷射混凝土回填密实,喷射混凝土表面应大面平整,符合设计、规范要求。

(6) 临时支护施工

临时支护采用格栅钢架或型钢支护形式,型钢拱采用冷弯机冷弯,节点同样采用螺栓连接。

临时支护施工要求同初期支护,支撑底部垫实、喷射密实。

6. 渗漏管线的处理方法

暗挖地铁车站地层内管线容易渗漏,尤其是老城区,污水管、雨水管、自来水管接头处理差,长期渗漏,软化车站拱部地层,加大车站开挖难度和风险。

洞内埋管引流:车站开挖过程中对地层渗漏水采取埋管引流处理,开挖后在初期支护背后预埋塑料软管,位于渗漏地层处的预埋管口位置设纱布包裹、堆放砂砾,防止水流动带走土体。

超前注浆:开挖前施作超前小导管,压注1∶1的水泥水玻璃双液浆。

径向注浆:初期支护施工后仍然存在渗漏,从初期支护表面径向施作注浆管,压入水泥浆或水泥水玻璃双液浆。

7. 开挖通过建(构)筑物的技术措施

城市暗挖地铁车站从建筑物下穿过,通常采取洞内加固和地面加固相结合的措施。

(1) 地面防护桩

紧邻开挖线外建筑物附近施作防护桩,桩内安设型钢加强(增强抗弯强度)。

(2) 地面注浆加固

在车站开挖边线建筑物附近,于地面钻孔预注浆加固。

(3) 洞内加固

① 加密格栅或型钢拱架。

在开挖通过建筑物段时,设置加密格栅或型钢拱架加强支撑。

② 超前注浆。

开挖洞室拱部每循环设注浆小导管,压注1∶1的水泥浆,对建筑物附近地层进行超前预注浆加固,注浆压力为0.5～1 MPa。

③ 拱背径向注浆。

初期支护施作后径向打设注浆管,注浆参数同超前注浆。

④ 架设临时支撑。

根据监控量测信息,开挖通过建筑物段洞室内架设竖向型架钢支撑。

8. 异常沉降处理技术措施

(1) 异常沉降原因分析

暗挖车站开挖过程中出现异常沉降时,应进行原因分析:

①分析地层内土体结构,是否存在管线渗漏软化土体,地层内是否有空洞等;

②车站开挖洞室结构形式是否合理,初期支护钢架节点是否设置在应力较大位置;

③开挖操作空间分析,洞室分块能否满足施工操作空间要求,对施工质量控制是否形成制约;

④施工过程控制是否到位,分块开挖洞室拱脚是否垫实,锁脚锚管设置是否到位。

(2) 处理措施

根据沉降原因分析资料,采取对策措施。一般采取的措施有:

①拱部纵向加密超前小导管并适当加大注浆量;

②在各分区中部每榀钢架上加设锁脚锚管,固定钢架;

③加强拱背回填注浆,初期支护开挖封闭成环到 5 m 后立即进行拱背回填注浆;

④在侧洞和拱部施作径向锚管并注浆,加固地层;

⑤异常沉降部位地层内施作石灰桩加固地层;

⑥分层开挖钢架底部采用钢板、加气砖回填垫实;

⑦分区内部开挖缩短微台阶长度,开挖后立即安设钢架及临时支撑,喷射混凝土封闭成环;

⑧地面铺设钢板,保证地面交通。

9. 地层渗漏处理措施

分析渗漏原因,采用雷达进行地层探测,分析地层内是否存在饱和水、管线渗漏等。

地层渗漏主要采取注浆处理措施。

地下管线渗漏:在渗漏管线内套塑料软管通水。

洞内初期支护背后埋设引流管,超前小导管注浆,径向注浆,压注 1∶1 的水泥水玻璃双液浆。

10. 初期支护背后回填注浆施工技术

初期支护封闭成环后进行拱背回填注浆,填充初期支护与开挖土体之间的间隙。

①拱背回填注浆管宜采用 $\phi 32 \times 3.25$ mm 钢管,钢管可不钻孔。

②回填注浆管不宜深入初期支护背后土体,仅深入土体 0.05~0.1 m 即可。

③回填注浆浆液首选水泥砂浆,当有渗水的情况下,可考虑采用水泥水玻璃双液浆。

④回填注浆压力不要太大,应控制在 0.2~0.3 MPa。

⑤拱背回填注浆应及时,当初支成环 3~5 m 时,就应进行第一次拱背回填注浆,同时应结合监测资料确定二次注浆时间。

⑥拱背回填注浆应反复进行,二次注浆必须重新打设注浆管。

⑦回填注浆管的布设可考虑纵向间距 3 m 左右,呈梅花形布置。

1.6 地铁盖挖顺作法

1.6.1 概述

1. 盖挖法原理

盖挖法施工技术是用连续墙、钻孔桩等作围护结构和中间桩,通过设置盖板,在盖板、围护保护下进行土方开挖和主体结构施工。

盖挖法结构施工有逆作与顺作两种施工方法。逆作法是指按土方开挖顺序从上层开始往下进行结构施工;顺作法是指在土方全部开挖完成后,从底板开始进行结构施工。

2. 工艺特点

①需要有必要的临时路面支撑体系,确保地面交通顺畅。

②施工进度较明挖法慢,较暗挖法快。

③钢支撑的架设和拆除需要临时起吊系统。

④端头部分土方开挖需要垂直运输。

⑤挖土和出土往往是决定工程进度的关键工序。

1.6.2 盖挖顺作法施工工艺

1. 施工方法

地铁车站如采用盖挖法施工,为不中断交通,应分幅倒边施作围护结构和临时路面。

土方施工采用"纵向分段,横向分幅、分块,竖向分层、分部"的方式进行。

地表层土方在临时路面系统施工时明挖施工,其余土方施工通过通道开挖运输。开挖至车站主体基坑后,从一端向另一端按12%左右的纵向坡度放坡开挖。开挖时先从基坑中部纵向放坡掏槽,每次开挖长度一般不超过10 m,开挖高度以内支撑分层位置确定。架设好内支撑后再开挖两侧土体,利用两侧预留土体土压力限制围护结构变形。

主体结构采用分段施工,通过合理的施工分段控制结构混凝土的收缩裂缝,提高结构抗渗性能。施工分段首先要满足结构分段施工技术要求和构造要求,同时结合施工能力和合同工期要求确定。

施工节段的划分原则如下:

①施工缝设置于两中间柱之间纵梁弯矩、剪力最小的地方,即纵向柱跨的1/4~1/3处;

②施工节段的划分要与楼层楼梯口、电梯口预留孔洞及侧墙上的人行通道和电力、电缆廊道位置错开;

③施工节段的长度一般控制在8~12 m,特殊地段除外。

2. 临时路面结构

临时路面结构的施工根据交通疏解情况分幅倒边施工,承重梁置于围护结构上,视围护结构跨度,一般采用贝雷梁、军用梁、钢梁、混凝土梁等作承重结构,其上按要求施作临时路面。

3. 钢支撑施工

(1) 钢支撑设计

基坑内支撑根据开挖深度一般竖向采用三层或四层钢支撑体系,临时路面军用梁可以作为围护结构的第一道钢支撑,其他横支撑一般采用钢管,端部及车站与风道的连接处采用斜撑。钢管横撑规格一般如下：直径ϕ为600～800 mm，壁厚δ为12 mm、14 mm、16 mm。钢管横撑与围护桩之间加设组合工字钢腰梁。

钢支撑结构设计采用一个固定端、一个活动端及中间多节不同长度的钢管通过法兰盘连接而成，分节长度根据具体情况确定，同时配备部分长度不同的短节钢管，以适应基坑断面宽度变化及斜撑长度要求。钢管在工厂分节加工，现场拼接。

（2）提升系统施工

钢支撑的架设和拆除通过提升系统完成。可采用在基坑两侧围护桩冠梁上设膨胀螺栓固定角钢牛腿支架，牛腿间距视围护桩间距确定，可采用I30a工字钢作走行轨道，电动葫芦作动力。

（3）钢支撑架设

钢支撑架设与基坑土方开挖是深基坑施工密不可分的两道关键工序。钢支撑架设极具时限性，钢支撑架设的时间、位置及预应力的大小直接关系到深基坑的稳定性。当土方竖向开挖至钢支撑位置下50 cm左右时，要及时架设该道钢支撑并按规定施加预应力，使围护结构提前接受支撑反力作用，减少围护结构的变形。

①土层开挖至支撑架设设计位置后，凿出孔桩的预埋钢板，焊接牛腿，安装围檩。

②用电动葫芦垂直起吊安装并固定钢支撑。

③钢支撑固定完成后，采用两台液压千斤顶在支撑活动端两侧逐级预加力，预加力达到设计支撑轴力的85%时，采用钢楔锁定支撑。

④端部斜撑与风道口交汇区的架设安装方法与标准段相同，但必须在围护桩预埋钢板上焊好端面与斜支撑轴线垂直的三角钢板撑座，并保证其强度可靠。

（4）钢支撑拆除

①为防止车站结构开裂，在对应板层结构混凝土达到设计强度后才能拆除钢支撑。

②钢支撑拆除时，用链条葫芦将钢支撑吊起，在活动端设250 t千斤顶，施加轴力至钢楔块松动，取出钢楔块，逐级卸载至取完钢楔，再吊下支撑。要避免预加应力瞬间释放而导致结构局部变形、开裂和发生安全事故。钢支撑分节拆除后转运至指定位置。

③在钢支撑拆除过程中,须对围护结构进行严密的监控量测,如出现异常,应及时处理。

4. 土方开挖及运输

(1)明挖层土方施工

第一层土方在临时路面施工时,采用机械一次开挖。第一层土方的竖向高度一般为 2 m 左右。随车站临时路面系统的便梁施工,纵向分幅开挖。

(2)盖挖土方施工

①开挖方法。

一般利用两端风道作运输坡道,小型机械开挖,小型运输车辆装车外运土方。有作业条件时采用挖掘机放坡开挖,直接装车运输;不能放坡开挖部分采用机械台阶后退法开挖,汽车外运;端头剩余部分采用小型机械开挖,人工配合,垂直起吊,再装车外运。

随开挖随人工拆除挖孔桩临时护壁,喷射混凝土填充桩间空隙,并及时架设钢支撑。

②临时道路。

为向车站内进料出渣,在两侧分别设置一条运输坡道,坡道纵坡根据现场条件一般为 8%～12%,设单侧排水沟。由于坡道使用时间较长,并且为盖挖施工生命线,道路须进行硬化处理。

③放坡开挖段施工。

施工时从两端引入临时施工便道至开挖层底部。然后用小型机械将土方挖除,作为会车场地和支撑临时存放场所。再从两端向中部掏槽开挖至钢支撑高度,然后利用大型挖掘机开挖两侧土方至分层底部,架设钢管支撑,再挖除两侧预留土体,如此层层循环至基底。

④台阶法开挖段施工。

不能放坡开挖部分采用台阶法施工,由一端向另一端分台阶后退施工,并随开挖进度分别架设钢支撑。开挖时采用机械传递的方式将下台阶的土方传递到上台阶的顶部,运输车辆在上台阶装车。

⑤端头垂直提升段土方施工。

端头不能直接用机械开挖外运的土方采用小型挖掘机配合人工挖装到提升斗内,垂直提升转运。

5. 主体结构施工

(1) 模板及支撑体系

车站侧墙、中板层和顶板结构施工一般采用满堂脚手架支模浇筑混凝土。

车站的中间立柱采用定型钢模,板墙胶角采用特制异形钢模,各层侧墙模型采用组合钢模型,用可调式支撑体系调节模板的大面平整度及垂直度,以保证结构的位置正确和外观质量。

模型及支撑体系均进行强度及变形检算,并根据检算结果预留适当的变形量。

挡头模板采用木模,根据施工缝、变形缝所采用的止水材料进行设置,并注意保证其稳固、可靠、不变形、不漏浆。

选择亲水性脱模剂,不使用油性脱模剂,以保证建筑装修与结构混凝土间的黏结能力。

侧墙模板使用混凝土短撑加固,不采用穿墙螺栓,以提高侧墙混凝土的抗渗性能。因为穿墙拉杆紧固于模板上,混凝土浇筑过程中,下部混凝土已处于初凝及终凝状态,上部混凝土振捣使穿墙拉杆产生振动,易在结构混凝土中产生微小裂隙,造成混凝土墙面局部渗漏,渗漏处理难度大。

为防止墙体混凝土在浇捣过程中产生"爬模"现象,采用紧线器连接模板与底层板上的预留钢筋,使之产生垂直向下的分力,有效地杜绝"爬模"。

预埋件和预留孔按放线坐标精确固定在模板上,并采用钢筋固定等措施将预埋件和孔洞模板加固牢固,确保位置准确。

(2) 钢筋工程

进场钢筋必须首先进行材质试验和可焊性试验,保证用于结构的钢筋为合格产品。

按设计图纸在加工场加工钢筋,吊放到工作面进行绑扎。

钢筋施工时,采取加固措施确保预埋件的安装稳固。

按照结构要求,钢筋分层、分批进行绑扎,所有钢筋焊接接头均应按规范要求错开。对于多层钢筋,在层间设置足够的撑筋,以保证骨架的整体刚度,防止浇筑混凝土时钢筋骨架错位和变形。

钢筋施工完后,对每个结构面预留出设计所需保护层厚度,以满足结构的设计受力状况和结构防水的要求。

结构钢筋绑扎时一定要做好对柔性防水层的保护。

(3) 结构混凝土浇筑

①车站主体结构混凝土选用抗渗混凝土,并应具备缓凝、早强、高流态的特点,以适应结构混凝土浇筑工艺需要和确保结构混凝土质量。

②混凝土用混凝土运输车运送,通过混凝土输送泵泵送入模。

③结构板体混凝土采取分层、分幅浇筑,幅宽1.0～2.0 m,侧墙混凝土的浇筑必须分层对称地进行。

④结构混凝土采用"一个坡度、薄层浇筑、循序推进、一次到顶"的浇筑方法,通过采用加快浇筑速度以缩短浇筑时间等措施防止产生浇筑冷缝,提高结构混凝土的防裂抗渗能力。

⑤严格控制混凝土的入模温度,防止混凝土中心与表面温差过大,混凝土表面产生有害裂纹。板体混凝土施工过程中进行温升监测,以便及时准确地采取措施,确保大体积混凝土施工质量。

⑥每节段施工缝在混凝土浇筑前必须凿毛及清洗干净。施工缝可以采用涂抹混凝土界面处理剂处理,以提高混凝土接缝处的黏结力。

⑦混凝土浇筑过程中要定人、定位,采用插入式振捣器振捣。

⑧混凝土养护是确保混凝土质量的一个关键环节,为防止混凝土产生有害裂缝,应设专人按照规定进行养护。

⑨顶板混凝土浇筑后终凝前进行"提浆、压实、抹光"工艺,消除混凝土凝固初期产生的收缩裂纹,保证结构外防水层黏结牢固。

(4) 预留孔洞及预埋件

预留孔洞及预埋件的位置准确程度直接关系到车站结构的使用功能和结构工程的整体质量。预留孔洞及预埋件的施工技术措施如下。

①会审与土建结构图相关的设备安装、建筑装饰、装修图纸,全面了解各类预留孔洞和预埋件的位置、数量、规格及其功能,绘制详细的预埋件、预留孔的布置图纸,防止施工过程中出现错漏。

②根据设计尺寸进行测量放线并在基础垫层或模板上用明显标记准确放样。

③预留孔洞、预埋件精确固定在模板上,并采用钢筋固定,确保安放预留孔洞及预埋件的模型不发生位移及形变。

④混凝土浇筑顺序的合理性也是确保其位置准确的重要环节。混凝土浇筑过程中,应防止振捣器直接碰撞预留孔洞模型和预埋件,同时确保预留孔及预埋件周围的混凝土的密实度。

⑤拆模后应立即对预留孔洞及预埋件位置进行复测,确保其位置准确,否则立即进行必要的修复。

1.7 地铁盖挖逆作法

1.7.1 盖挖逆作法的技术特点

①对围护结构和中间桩柱的沉降量要求严格,以免对上部结构造成不良影响。

②中间柱如为永久结构,则安装就位困难,施工精度要求高。

③为了保证不同时期施工的构件相互间的连接强度达到设计的状态,各种施工误差要控制在较小范围内,并有可靠的连接构造措施。

④除在非常软弱的地层中,一般无须再设置临时横撑。

⑤由于是自上而下分层建筑主体结构,可利用土模技术。

⑥挖土和出土往往是决定工程进度的关键工序。

1.7.2 盖挖逆作法的优缺点

1. 盖挖逆作法的优点

①结构本身用来作为内支撑,所以具有相当高的刚度,这样使围护结构的应力和位移减小,提高了工程施工的安全性,也减小了对周边环境的影响。同时施工是在顶板和围护结构保护下进行的,安全可靠,不受外界气象条件的影响。

②适用于任何不规则形状平面或大平面。

③逆作结构的自身荷载由立柱直接承担并传递至地基,减少了开挖时卸载对持力层的影响,降低了地基回弹量。

2. 盖挖逆作法的缺点

①需要设临时立柱及立柱桩,增加了施工费用。且由于支撑为建筑结构本身,自重大,为防止不均匀沉降,要求立柱具有足够的承载力。

②混凝土的浇筑在逆作法施工的各个阶段都产生先后交接处,这不仅给施工带来不便,而且可能出现漏水等问题。

1.7.3 盖挖逆作法施工工艺

1. 工艺流程

先施工基坑的围护结构和中间桩柱,围护结构多采用地下连续墙或帷幕桩,中间支撑则多利用主体结构本身的中间立柱。开挖表层土至主体结构顶板底面标高,可利用未开挖的土体作为土模浇筑顶板。顶板同时作为一道强有力的内支撑,防止围护结构向基坑内变形,待回填土后将道路复原,恢复交通。以后的工作都是在顶板覆盖下进行的,自上而下逐层开挖并建造主体结构直至底板。

具体流程如下:施作围护结构及中间柱→土方开挖至顶板标高→顶板地模→顶板结构钢筋混凝土→待顶板混凝土达到设计强度后开挖下层土石方至中板标高→中板地模→中板结构钢筋混凝土→待中板混凝土达到设计强度开挖下层土石方至基底→施作底板垫层混凝土→底板结构钢筋混凝土→施作站台层侧墙→施作站厅层侧墙。

2. 土方开挖及运输

(1) 明挖层土方施工

第一层采用机械一次性分幅开挖。

(2) 盖挖土方施工

盖挖逆作法土方施工相关内容参见前文盖挖顺作法施工工艺。

3. 中间桩柱施工

中间柱的施工是逆作法施工的关键工序,中间柱是车站施工阶段主要受力构件,其单柱设计承载力达 1000 t 以上。因此,钢管柱加工及安装精度和混凝土质量等要求很高,施工工艺复杂,技术难度大。

中间柱常采用挖孔工艺。挖孔穿越流塑状淤泥时,采用缩短进尽、超前插打护壁钢筋、循环进尺控制在 0.3 m 等技术措施,以顺利通过软弱地层。在通过流砂层时采用缩短进尽、控制作业时间、在超前插打的钢筋背后采用填塞稻草、加速凝水泥堵塞等措施,保证挖孔施工顺利进行。

(1) 中间柱的施工测量

挖孔精确定位,测量严格执行"三级"复核制,精确测定桩心十字线。钢管柱加工时将钢管的中心十字线标定于钢管上,定位基座先和钢管柱试拼装,并将钢管柱的十字线标定于基座上。钢管柱安装时用钢管的十字线对基座十字线。

(2) 钢管柱安装操作程序

①挖孔至设计标高后吊放中桩钢筋笼、连接中桩和中柱的小钢筋笼,准确定位后采用临时固定措施固定。

②灌注中桩基混凝土至略低于基座底,并在混凝土初凝前预留基座固定螺栓孔。

③待中桩混凝土达设计强度70%以后,安装定位基座,埋设固定基座的螺栓孔,用水泥砂浆找平基座,并用1.0 m水平尺检查其平整度,要求误差控制在2.0 mm以内。找平砂浆采用M30高强砂浆。

④吊放安装钢管柱,柱底直接和基座焊接,柱顶以下1.0 m对称用可调式支撑固定。

⑤灌注施工缝至桩基顶部位的混凝土,然后灌注钢管内微膨胀混凝土。

⑥安装预留柱顶与顶板连接的钢筋笼并固定,安装柱顶钢盖板,焊接固定后压浆成柱。

(3) 钢管柱混凝土灌注

中间桩基采用普通混凝土串筒溜放灌注,人工下到孔底捣固。钢管柱采用高抛无振捣自密实混凝土灌注,灌注技术措施如下。

①钢管柱采用微膨胀混凝土灌注,坍落度15~18 cm,粗骨料粒径为15 mm。

②采用混凝土运输车运输灌注混凝土,每大于0.7 m³抛落灌注一次。为充分排出钢管内混凝土中的气泡,用小型振捣器对称振捣钢管外壁,柱顶抛落高度小于3.0 m处用插入式振捣棒充分振捣。

4. 地模施工

(1) 地模施工工艺

①基坑开挖至顶板结构底面以下20~30 cm,将局部的淤泥挖除并换填碎石。

②按板底结构形状整平基坑底面,回填第一层30 cm厚6%的水泥石粉垫层,用小型打夯机压至密实,现场以机械夯压至此层无明显下沉和隆起时为止。

③按顶板施工时的结构轮廓尺寸放线开挖沟槽并砌砖加固。

④养护后,回填第二层约20 cm厚6%的水泥石粉,夯压至无明显下沉和隆起时止。

⑤按结构底面尺寸放出轮廓线和控制线,并沿图中所示的位置精确施作控制砂浆带,其余部分则依据砂浆带找平成型,并在初凝前提浆压光,砂浆厚度控制在2~5 cm。

(2) 地模施工技术措施

①土模施工及板混凝土施工期间,将地下水控制在土模最低处垫层底以下0.5 m左右。

②机械开挖尽量一次成型,避免二次开挖扰动原状地基,增加换填工程数量和施工难度。

③为防止混凝土施工时土模两端土体隆起,土模垫层向顶板施工分段外延伸2.0 m以上,并将垫层做成台阶形,以利土模稳定。

④土模按板底预留沉降量,并沿纵向和横向设置预留上拱度,为保证车站净空,顶板施工时将净空尺寸适当加大。

⑤土模表面在砂浆初凝前二次提浆、压光,并在上钢筋前均匀涂刷高级乳化油脱模剂,以防止土模与混凝土不分离。

5. 顶板、中板及底板施工

逆作法车站采用了地模施工技术,其结构顶板、中板、底板的施工就和明挖结构的底板施工类似,故不再赘述。

6. 内衬墙施工

(1) 桩间填平

围护结构是车站结构防水的第一道防水屏障,围护结构的防水质量与效果直接影响内衬墙的防水质量及施工。围护结构的填平及防水处理措施如下。

①主体土石方开挖时,随开挖随凿除侵入衬墙范围的围护结构。

②采用快速凝结水泥砂浆或注浆等治水措施封堵围护凹槽渗漏水处,难于达到防水效果处可先采取埋管排水处理。

③采用喷射混凝土填补平整。

(2) 内衬墙钢筋施工

衬墙上下接口预留了衬墙钢筋,将预留的钢筋焊接起来即可。

(3) 内衬墙模板支撑

为避免内衬墙穿墙拉杆处渗漏水,内衬墙模板采用水平支撑方案。

(4) 混凝土浇筑及接口处理

①凿除内衬墙预留接口处衬墙的松散混凝土,并将施工缝修凿成一条水平线,接口处修凿成斜坡开口状,按设计要求安装止水条。

②混凝土浇筑前清洗上下接口并用高压风吹干墙内积水,衬墙采用泵送混凝土从浇筑窗口或从接口处直接入槽浇筑,使用插入式振捣器振捣。

③接口处采用微膨胀混凝土浇筑,并且接口处混凝土初凝前进行二次捣固、振捣,以确保接口处混凝土密实。

1.8 洞桩法施工技术

1.8.1 工艺原理

"PBA"洞桩法的原理就是将传统的地面框架结构施工方法(即在地面先做基坑围护桩,然后从上向下进行基坑土方开挖,必要时加支撑防止基坑变形,开挖到底后从下向上施工框架结构)和暗挖法进行有机结合,即在地面上不具备基坑围护结构施工条件时,改在地下提前暗挖好的导洞内施作围护边桩、桩顶纵梁、顶拱共同构成桩、梁、拱(PBA,即桩 pile、梁 beam、拱 arch 三个单词的简称)支撑体系,承受施工过程的外部荷载,然后在顶拱和边桩的保护下,逐层向下开挖土体,施工内部结构,最终形成由外层边桩及顶拱初期支护和内层二次衬砌组合而成的永久结构体系。

1.8.2 工艺特点

①在非强透水地层中,将有水地层的施工变为无水、少水地层施工,避免因长期降水引起的费用增大和地表沉降,有利于保护地下水资源和降低施工措施费。

②在水位线以上地层中开设的导洞内施工钻孔桩,利用"排桩效应"对两侧土体的支挡作用,可减少因流砂、地下水带来的施工安全隐患。

③以桩作支护,稳妥、安全,也有利于控制地表沉降量,避免了中洞法、CD法、CRD法、双侧壁导坑法多次开挖引起地面沉降量过大的缺陷和对初期支护的刚度弱化。

④与中洞法、CRD法等暗挖法相比,临时工程量相对较少,结构受力条件也

好,相对经济、合理。

⑤对结构层数限制少,适用范围较广,引起的地面沉降变形相对较小,对保护暗挖结构附近的地下构筑物和周边建筑物的安全有利。特别适合距桩基和高层建筑物很近的地下工程的施工,边桩本身可起到隔离桩的作用,从而达到保护构筑物安全的目的。

⑥在桩、梁、拱支撑体系形成后,有较大的施工空间,便于机械化作业,从而加快进度。

1.8.3　工艺流程及操作要点

1. 洞桩法施工步序

①超前加固地层,先开挖近地面建筑侧导洞,超前另一侧导洞不小于2.5倍洞宽。

②导洞开挖支护完成后,用特制和改进的钻机由内向外跳孔施工钻孔桩,凿除桩头后,施作桩顶纵梁。施工时预埋边拱型钢(格栅)连接件。

③在导洞内施作主拱钢架拱脚(即拱边段)。

④浇筑拱边段后进行背后空隙回填,回填高度一般距钢架预留接头30~50 cm。

⑤超前加固地层,环形导坑法开挖导洞间的拱部土体,施作初期支护,必要时设置临时竖撑。

⑥拆除临时竖撑后,向下开挖至中板下一定距离,拆除永久结构断面范围内的导洞支护,拆除长度根据监控量测分析严格控制。

⑦依次进行拱墙部防水层、中板底模、中板浇筑,拱墙浇筑,站厅层封闭成环,预留边墙钢筋和防水层。

⑧向下开挖土体到钢管支撑下50 cm,洞桩间施作支护找平,必要时采用注浆加固,架设腰梁及钢管支撑。

⑨继续开挖至基底标高,桩间支护找平,基底处理。

⑩施作底板防水结构,浇筑底板及部分边墙,边墙水平施工缝高出底板面1.5 m以上。

⑪待底板达到一定强度,跳拆钢管撑,施作侧墙防水层,浇筑侧墙混凝土与上层边墙相接。

⑫施作车站内部结构,车站土建施工完成。

2. 导洞施工

(1) 施工难点

控制开挖引起的地面沉降,确保地下管线和周边环境安全稳定。

(2) 施工要点

①确定合理的开挖顺序,先施作靠近建筑物侧导洞,超前另一侧导洞不小于2.5倍洞宽。

②坚持先护后挖的原则,加强初期支护,尽早封闭成环,控制导洞的沉降和变形。

③根据监控量测反馈信息指导调整支护参数和施工方法,以此作为安全保证的主要手段。

3. 孔桩施工要点

①导洞空间狭小,根据洞内作业空间和地质情况定制或改进钻机,提高成孔效率和质量。

一般选用的改型钻机有:GSD-50 改型大口径液压钻机($8\sim14$ h 成孔,$\phi800$),XQZ-100 型泵吸反循环机械钻机($36\sim60$ h 成孔,$\phi800$),GPS-Ⅱ型泵吸反循环机械钻机($36\sim48$ h 成孔,$\phi1000$)。

②为防止孔桩侵入主体结构断面,边桩需要有一定的外放距离,虽然规范要求桩的垂直度是1‰,在实施时边桩外放距离按3‰考虑为宜。

③确定合理的钻桩顺序,做好水下混凝土施工。由于桩间距小,为防止对临近已成孔的扰动,采用改型钻机由内向外的顺序跳孔(如跳三钻一)施工钻孔桩。钢筋笼分节吊装,现场连接。针对拆除钻杆与吊装钢筋笼的时间长、易造成坍孔、沉渣厚度控制难的问题,采用泵吸清孔和压举翻起沉渣的方法进行处理。加强对各操作环节协调指挥,避免因泵送距离长造成堵管。

④导洞内钻孔场地狭窄,布置时分区域、分段纵向布置钻机设备、泥浆箱、管路及道路,可采用砖墙把钻桩作业区和道路运输分开。成孔后和混凝土灌注后及时清除积水、浮浆和剩余混凝土,确保高效和文明施工。

4. 主拱施工要点

施工难点:解决好主拱在初期支护与二次衬砌形成过程中的体系转换和平衡,防止结构变形、失稳和破坏,避免出现地面及拱部的过量沉降和坍塌。

①遵循"管超前、严注浆、短开挖、强支护、快封闭、勤量测"及"先护后挖、及时支撑"的原则,少分部开挖、快封闭、早成环。

②做好超前地质预报,打超前水平探孔,探明前方的水文地质情况。若存在滞水,通过探孔排出。接近管线位置时,实施超前管线探测、小导管加密注浆、加密格栅钢架、设双层钢筋网、掌子面注浆等支护措施进行保护。

③坚持信息化施工,根据信息反馈调整支护参数。如果变形量和变形速率超过管理值,立即采取应急预案,包括加强超前支护、初期支护,增设临时支撑,改变开挖步骤,修改施工方案等。

④拆除临时支撑时,对相应部位加强监控量测。

5. 交叉口施工

(1) 施工难点

交叉口处荷载及其转换复杂,结构易失稳;交叉口处开口跨度大,操作空间小,对车站整体的施工组织影响大,进而影响工期。

(2) 施工要点

①交叉口采用组合拱梁结构,钢筋混凝土拱脚支承在纵梁上,水平梁连接初期支护钢架并分配荷载;主拱开挖设置侧向开口加强环与临时竖撑,侧向开口加强环拱脚支承在纵梁上。

②侧向开口采用加固措施,环向破除混凝土设置开口加强环,主拱开挖时设置临时竖撑,竖撑置于导洞壁上,主拱开挖支护10~20 m后施工交叉口组合拱梁。圈梁站厅层成环后破除立体交叉拱梁侵入二衬断面部分,拆除临时竖撑,开挖核心土,施作通道二衬。

③早开联络通道,在左右线间创造平行作业条件,以便加快施工进度。

6. 防水施工要点

①防水层质量取决于防水卷材质量、焊接工艺、铺设工艺。应对防水卷材进行仔细的材质检查验收,防水卷材色泽、厚度应一致,平铺无明显隆起、无皱折。

②防水层焊缝严禁虚焊、漏焊。采用充气法试验检查,充气至0.25 MPa,保持该压力5 min读数不变。

③环向铺设防水卷材时,防水卷材的搭接宽度长边不少于100 mm,短边不少于150 mm,相邻两幅接缝要错开,并错开结构转角处不少于60 mm。

④沿隧道纵向的防水层铺设超前二衬至少4 m,以满足防水层施工空间,确

保接长质量。

⑤二衬钢筋绑扎、焊接后,检查防水板是否有刺穿的地方,有破损则及时补焊。

7. 结构混凝土施工要点

①二次衬砌是隧道防水的第三道防线,施工中采用密实度高、收缩率小、强度高、可灌性好等多种性能的混凝土。

②二衬采用搅拌运输车运送,严格控制其坍落度,以确保质量。当运输距离远或产生交通堵塞而引起出厂时间过长时,要提前预计,严禁对出厂时间长的商品混凝土掺加任何掺料,以确保质量。

③模板要架立牢固,尤其是挡头板,不能出现跑模现象,板缝严密,避免出现水泥浆漏失现象,且做到表面规则平整。

④防水混凝土泵送入模时,要控制自由倾斜高度不大于 2.0 m,同时控制入模温度,防止温度应力引起的开裂。

⑤防水混凝土振捣一般采用附着式和插入式两种振捣方法,每点振捣时间为 10~30 s。

⑥防水混凝土灌注完毕,待终凝后及时养护,结构养护时间不少于 14 d,以防止在硬化期间产生开裂。养生采用喷水养生法,保持混凝土表面湿润。

第 2 章 盾构法施工

盾构法是暗挖法施工中的一种全机械化施工方法,它将盾构机械在地层中推进,通过盾构外壳和管片支承四周围岩防止发生往隧道内的坍塌,同时在开挖面前方用切削装置进行土体开挖,通过出土机械运至洞外,靠千斤顶在后部加压顶进,并拼装预制混凝土管片,形成隧道结构。

2.1 盾构隧道端头加固施工

2.1.1 端头加固目的

端头加固是盾构始发、到达技术的一个重要组成部分,其成功与否直接影响到盾构能否安全始发、到达。而盾构始发、到达容易发生盾构机"下沉、抬头、跑偏",致使掌子面发生失稳、涌水、突泥等事故。端头加固的失败是造成事故多发的主要原因。因此,为了保证盾构机正常始发或到达施工,应对盾构始发或到达段一定范围内的土层进行加固,其加固范围在平面上为隧道两侧 3 m,拱顶上方厚度为 3 m,沿线路方向长 9~12 m。

合理选择端头加固施工工法,是保证盾构顺利施工的重要环节。改良端头土体,提高端头土体强度,堵塞颗粒的间隙和地层的水,可确保盾构机始发和到达的安全。与一般地基加固不同,端头加固不仅有强度要求,还有抗渗透性要求。具体加固目的如下。

1. 控制地表沉降,保证端头不坍塌

始发、到达前往往需要凿除洞口井壁的混凝土,割断钢筋,以满足盾构顺利进出洞,而洞口的井壁混凝土有时要达到 800 mm 或更厚,凿除时间长,要避免凿除过程发生坍塌,更要避免因开挖面暴露时间过长而坍塌或造成地表过大沉降。

2. 控制水土流失

盾构始发进入加固体,或盾构到达穿过加固体时,在含水量较高、水平渗透系数大的含砂层、卵石层等地层,盾构进出洞容易造成水土流失。采用泥水平衡盾构时,泥水压力的作用也会使加固体发生水土流失,导致无法达到泥水平衡状态,如果土体不具备一定强度,就很容易坍塌。

3. 为重型机械作业提供足够的承载力

由于盾构吊装或拆卸时,重型吊机往往作用在端头位置,为防止重型机械作用在软弱土体上起吊时发生失稳、坍塌,或对已成形隧道的安全造成不利影响,应对地表的软弱地层进行加固。

4. 确保周边建构筑物安全

当端头有房屋、管线和道路时,必须采取保护措施,确保盾构始发与到达时周边建(构)筑物安全。

2.1.2 端头加固设计

盾构始发或到达前,必须充分了解工作井洞口周围地层的土质情况,掌握各层土的主要物理、力学性能指标。根据各种土层的特性,认真分析不同的施工方法,预测出洞和进洞施工时可能发生的复杂变化,对于盾构工作井施工期间引起洞口周围的变化更是不能掉以轻心,必须认真分析和检查,避免施工险情的出现,影响工程质量。

①除了工程地质勘探报告外,采用补充勘探的方法对端头土体的土体强度、渗透系数(水平、竖直)、土质情况(砂粒、黏粒、粉粒含量)等特性进行了解。

②观察和详细了解盾构工作井施工期间暴露的全断面土体情况,掌握土壤分类分层的确切位置,为盾构进、出洞施工方案提供可靠的工程地质依据。

③实地调查了解所影响区域的地面、地下建筑物、构筑物、公众设施、地下管线等,并与相关单位密切联系,以控制沉降量和制定相应监护措施。

④非正常性的地下水对洞口土体稳定不利,会引起土体流失。非正常性的地下水的来源主要是地下上下水道管线破裂及非正常的地面排水系统,要提前发现并及时封堵。

⑤洞口处的地下障碍物,如桥台、木桩、钢筋混凝土桩、回填的大石块、废钢

材等埋深不同,如果处在盾构通过的位置上,则必须人工进入盾构开挖面将其排除。遇到体积大、重量重、长度长的障碍物,从地面挖孔进行人工处理困难的,还应在开挖后人工进仓处理。

端头加固设计应考虑的主要因素:①盾构机刀盘的配置能否保证盾构机顺利切割加固体;②加固土体的抗渗性能;③盾构机吊装必须具有的地基承载力;④盾构类型。

加固范围确定原则:①端头加固一般采用双管旋喷桩或袖阀管加固,加固后的土体应具有良好的均质性、自立性;②如隧道底部遇中、微风化岩层,可从车站端头井内深注浆,以加固土体;③地面至隧道顶 3 m 范围内的加固区为弱加固区,仅满足加固扰动的土体即可。

加固时间选择:始发井安排在盾构机掘进前 2 个月加固完;到达井安排在盾构机到达洞门前完成。

2.1.3　端头加固

端头加固可以单独采用一种工法,也可采用多种工法相结合的加固手段,这主要取决于地质情况、地下水、覆盖层厚度、盾构机直径、盾构机型、施工环境等因素,同时考虑安全性、施工方便性、经济性、进度等。

1. 搅拌桩加固

搅拌桩加固是软土地层常用的端头加固方法之一,它通过搅拌桩使端头土体凝聚力和内摩擦角改变,主要适用于淤泥、黏土层和砂层等地层,但在砂层中的加固效果不佳,须与旋喷桩等工法配合使用。该方法受国产设备性能限制,一般在 14 m 深度以下加固效果很差。它的优点是工程造价低,其不足为加固不连续、加固体强度偏低、加固效果不好。

2. 旋喷桩加固

旋喷桩加固对于砂层的改良效果较好,也适用于淤泥、粉土、黏土层,但砂砾地基和黏着力大的黏土有时不能形成满意的改良桩,加固深度大于 40 m 时,加固效果较差。由于其造价偏高,施工单位往往不愿采用,但在围护结构与加固体的间隙加固以及角部加固时经常被采用。旋喷桩施工主要有单管法、二重管法、三重管法三种方式。

3. 注浆加固

注浆加固适用于多种地层,尤其是深度较深的砂质地层、砂砾层和地层较好的地段,或与搅拌桩等工法相结合,对于水量不大的地段进行加固止水。可进行单液和双液注浆,同时可进行跟踪注浆;浆液种类较多,经济性和可施工性好,材料和施工方法多种多样,须根据地下水、地质、施工环境等来确定,同时要考虑因灌浆而引起地基隆起等的处理对策。

4. SMW 加固

SMW(soil mixing wall)又称劲性水泥土搅拌桩。作挡土墙使用时,一般使用 H 型钢芯材。该方法成桩效果好,止水性好,对周围地层影响小,加固质量高,桩体连续,强度高(黏土中 0.5～1 MPa,砂和卵石中 0.5～3 MPa),适用于各类软土地层。

5. 冻结法加固

冻结法加固适用于各类淤泥层、砂层、砂砾层。冻结施工方法灵活、形式多样,冻结墙均匀完整,可靠性高、强度高、设备简单、技术经济效果好,而且,冻结墙还能确保长期处于稳定状态。但对于流动水层和含水量低的地层,冻结法不适用。

冻结地层随着温度的变化会产生冻胀和融沉效应,从而引起地面沉降或隆起变形,对周边建筑物影响较大。冻胀和融沉因地基条件、冻结时间、冻结规模、解冻速度、荷载条件等而异,一般在砂和砂砾层中冻融比较小,在黏土、粉砂、亚黏土层中冻融比较大,当冻融对周围结构物有不利影响时,必须采取防止冻融的相应措施。

6. 地层降水法

在有些土质条件下,往往会产生地基沉降和地下水位下降等现象,必须事先周密研究地下水位下降对周围地基等的影响。因此,一般在地层较好,周边环境适宜,对建(构)筑物影响范围小时采用降水法,且主要应用于盾构始发时。盾构到达时要考虑降水对隧道的影响,须与其他加固措施相结合,主要采用井点降水方法。

2.1.4 端头加固效果检测

加固体的检测方法多种多样,如标准贯入试验、静力触探、旋转触探、弹性波检测、电探、化学分析等。端头加固的主要检测手段如下。

①竖向抽芯检测:在砂层中,特别注意加固体连续性是否良好,抽芯率要达到90%以上。

抽芯位置一般选在桩间咬合部位。抽芯数量按规范选取,且每个端头应不少于1根。目测判断加固体强度可否满足设计要求,同时试验判断加固体强度和抗渗性能。

②水平抽芯检测:在洞门范围内钻10个水平孔,孔径为5 cm,孔深为4~5 m,根据10个孔的出水量进行判别。

土体加固后,在盾构始发或到达以前需对土体的加固效果进行检查,内容包括加固土体强度、洞门处渗透性以及土体的均质性。

如果检测结果达不到加固要求,在始发井预留钢环的内部锚喷面上施作水平注浆管,并在洞口进行水平注浆加固,以弥补地面加固的不足。

1. 注浆孔的施工

①测量定位注浆孔并标记。

②开孔及安装孔口管:钻机采用低压力、慢钻速、ϕ89 的钻头开孔,钻深600 mm;孔口管由预先准备的489 mm×5 mm 无缝钢管加工制成,孔口焊法兰盘,孔口管设计长 600 mm,尾外侧车成鱼鳞扣,安装时将孔口管外壁抹上植筋胶打入孔内,外留长度100~150 mm。

③孔口管上安装带有防喷装置的高压球阀后才允许钻进;钻进时采用 450 mm×1000 mm 钻杆,钻头为合金钢、直径为 65 mm,采用 MD-60A 型锚固钻机钻孔。

2. 注浆施工

利用双液注浆泵通过注浆管向孔内注入水泥、水玻璃双浆液。

①单孔注浆采用前进式注浆,每前进1 m 注浆一次,直至把该孔注完为止。

②各孔的注浆顺序是先上后下、先两侧后中间,采用间隔跳孔进行压密注浆。

③注浆终压设计值根据地面隆起情况取 3~5 MPa,注浆时要严格控制注浆

压力,防止地面隆起破坏地表结构。根据现场实际情况,可适当调整注浆压力。操作时要求控制浆液流量及压力,注浆实际压力根据土体实际情况确定。

2.2 盾构运输吊装

2.2.1 盾构运输

盾构主机在厂家车间组装调试,经验收合格后解体。专业的盾构运输队伍应制订详细的运输方案,选择好从厂家到工地现场的运输路线,然后严格按照运输方案实施。选择运输路线时,主要考虑运输车及装上设备后的净空限界以及荷载情况,多选择高速公路,因为高速公路隧道净空限界和桥梁的设计承载力都是最高的。

通常采用规格 $6×19$-$\phi24.5$ 的钢丝绳以及手拉葫芦、张紧器和吊环捆绑盾构设备,其容许的拉力为 100 kN。采用大兜后双分头围捆扎方式,钢丝绳与设备接触面需加设薄板橡胶垫层保护,钢丝绳与车板用卡环连接,且钢丝绳用手拉葫芦拉紧。设备横向各用 4 根钢丝绳捆绑,其两头分别与设备吊环和挂车的捆扎环呈八字形进行对冲绑扎,每根钢丝绳配备 4 只 Y-28 型钢丝绳夹和 4 只卸扣。

为避免设备装车后衬垫板直接与金属鞍座接触而打滑,必须采取垫板防滑措施,通常采用厚度为 10 mm 以上的硬木板或橡胶板。在设备装车过程中,设备中心必须与挂车中心在纵向和横向上一致。对于超限或几何形状不规格的设备,设备重心与挂车中心发生偏移时,应进行稳定性验算。

当满足设备长超过 25 m、宽超过 5 m、高超过 4.9 m、质量超过 60 t,运输车辆超过 8 辆的条件之一时,均属于大护送运输。大护送运输对安全的要求高。地铁盾构机运输车辆编组为设备运输平板车 5 台、净空限界车辆 1 台、开道警车 1 台、指挥车 1 台、断后警车 1 台、道路协调车 1 台、后勤服务车 1 台和综合维修车 1 台,共 12 台。人员配置为运输组 15 人、排除故障组 5 人、护送组 5 人、质量监控 2 人和后勤保障 5 人,共 32 人。

运输措施:提前一个月申请办理相关手续,根据运输线路交通量、路面条件和天气情况制定详细方案;设置运输标志,白天为红色三角旗,夜间为红灯或闪烁黄灯;冬季防冻、夏季防暑;运输车辆居中行驶,车距控制在 30 m 以上,停车距离 10 m 以上;行车速度控制在 20 km/h 以内;通过铁路、急弯、颠簸道路时,限速 1 km/h;通过普通公路桥梁和涵洞时,限速 2 km/h。

盾构运输项目经理职责:履行合同,承担总的责任;审核批准运输程序和方案,对运输技术和质量负责;进行运输指挥及重大问题决策;协调和管理各组并与外单位联系对接。

盾构运输安全质保总监职责:负责安全质保大纲的编制、修订和实施;对各组进行安全质保检查监督,对不符合要求的提出整改措施;对参与运输的人员进行全体安全质保培训、考核,合格后方能上岗;对全体人员进行安全技术交底。

盾构运输技术经理职责:制定运输方案,包括季节性运输安全防范措施;负责运输设备管理与维修;负责审定车辆的维护计划,并对维护工人进行培训。

盾构运输经理职责:负责运输方案的跟踪落实,保证运输安全、顺利按时完成;参与运输方案的制定;跟踪盾构信息,协助经理做好盾构接运工作;对运输过程中的不规范行为进行原因分析,并提出整改措施。

2.2.2 盾构下井吊装

通常地铁盾构机单台总长 80 m,总重约 450 t,盾构机不能自行运载起降下井至施工作业面,需要进行吊装作业,编制专门的方案。地铁盾构机采用分体吊装,其难点是:吊装时,吊车最大作业半径只有 10 m 左右,最大起重量却达 100 t(前盾),竖井深度一般超过 10 m,吊装高度超过 6 m,属高处作业,另外,多个大吨位部件须在地面由运输存放姿态翻转 90°才能下井。

1. 组织机构及职责

项目负责人对工程全面负责,在组织工程施工中,制定措施,确保施工处于受控状态,工程质量达到合同要求,对工程的质量、安全负全面责任。技术负责人提供吊装过程中的技术指导,负责吊装过程的技术交底、车辆检查工作,保证施工过程始终处于受控状态。协调员在施工过程中对内外进行沟通协调,使整个工程顺利完成。安全员对施工过程中的吊装安全、文明施工临建等进行综合管理,制定各种安全技术措施,对工程安全生产目标进行控制,负责施工过程中的安全技术交底。指挥员对施工范围内的进度进行具体管理、调度,指挥吊装操作。

2. 吊机选择

吊装采用一台 QUY250 液压履带式起重机(主吊)和一台 QAY160 全地面起重机(副吊)配合完成。QUY250 液压履带式起重机:21.2 m 重主臂及额头副臂,最大额定起质量为 200 t,作业半径 5.0~22.0 m,占地尺寸 9.365 m×7.6 m;尾部回转半径 6.1 m。QAY160 全地面起重机:额定起重量 160 t,作业半径 3~52 m,支脚全伸占地尺寸 8.7 m×15.9 m,尾部回转半径 4.85 m。

盾构机的前盾、中盾、盾尾有四个吊点,刀盘有两个吊点。盾构机的前盾、中盾、盾尾钢丝绳的选用按盾构前盾考虑,构件加吊具、吊索重 93 t(按 100 t 计算),长 6.3 m,宽 6.3 m,高 3.4 m。

采用四个吊点,每个吊点为 25 t,选用型号为 6×37(直径 5 mm)+IWR-21.16 kg/m、4 只头、长度为 20 m 的钢丝绳一副。该钢丝绳破断拉力为 277.5 t,安全系数 $K=277.5/25=11.1>8$,满足安全吊装要求。

盾构机的刀盘重 55 t 左右,长 6.3 m、宽 6.3 m、高 1.8 m。采用两个吊点,每个吊点为 28.75 t,选用型号为 6×37(直径 5 mm)+IWR-21.16 kg/m、4 只头、长度为 20 m 的钢丝绳一副,其安全系数 $K=277.5/28.75=9.65>8$,满足安全吊装要求。其他构件也选用同样的钢丝绳进行吊装。

选用美式弓型 2.5 寸卸扣。卸扣的材料是经过锻造及调质热处理的合金钢轴。美式弓型 2.5 寸卸扣直径为 69.85 mm,额定负荷为 55 t,大于 25 t,满足吊装要求。

3. 场地承载力验算

根据盾构始发井端头加固方案提供的资料,通常承载面下部采用 $\phi800$ 咬合 150 mm、呈梅花形布置的水泥旋喷桩,地表上铺垫一层 2~3 cm 厚的细沙层,再铺垫 30 mm 厚钢板。《建筑地基处理技术规范》(JGJ 79—2012)中,水泥旋喷桩设计计算公式为:

$$n = \frac{mA}{A_e} \tag{2.1}$$

$$R_k^d = \eta f_{cuk} A_p \tag{2.2}$$

$$R_k^d = \pi \bar{d} \sum_{i=1}^{n} h_i q_{si} + A_p q_p \tag{2.3}$$

式中:A_e 为单根桩承担的处理面积;A_p 为桩的平均截面积;R_k^d 为单桩竖向承载

力标准值,可通过现场载荷试验确定;f_{cuk}为桩身试块的无侧限抗压强度平均值;η为强度折减系数,可取0.35～0.50;$\bar{d}$为桩的平均直径;n为桩长范围内所划分的土层数;h_i为桩周第i层土的厚度;q_{si}为桩周第i层上的摩擦力标准值,可采用钻孔灌注桩侧壁摩擦力标准值;q_p为桩端天然地基土的承载力标准值。

根据计算,可知履带吊机活动范围的地基承载力为q_s,吊机质量G_1,被吊物最大件(前盾)质量G_2。单侧履带作用于地面的范围为8 m×2.5 m,总面积为40 m²。40 m²范围的2～3 cm厚的细砂层重G_3,30 mm厚钢板重G_4。需要的地基承载力为$q_1=(G_1+G_2+G_3+G_4)/40$ m²,取安全系数为1.5,则要求$1.5q_1<q_s$,地基承载力满足要求。

4. 吊装前准备工作

井底清理后测量放线,前后两段轨架必须固定在地面上,且轨面必须在同一水平面上,并符合盾构机始发定位的要求。在始发洞门口安装完毕的始发托架,经测量定位后焊接牢固。

始发井隧道内按台车行走范围中心线和盾体位置铺设符合要求的两对路轨,轨距分别为900 mm和2080 mm,从开挖面向后铺设轨道的距离应大于80 m,并在始发托架上铺设管片,将路轨按固定轨距前后水平延伸至始发洞门口。各种工具、使用材料、安装用辅助设备下井就位,始发井内应具备完善的排水、照明、换气和自来水供应系统。

在地面进行拖车车轮安装,并在车轮附近用[14b槽钢焊接支撑,保证左右车轮中心距为2080 mm,对拖车连接管线编号。盾构机各部件运输、摆放到位,台车和连接桥做到进场后立即组织卸车并进行轮子的装配。为防止整体吊装时发生变形,用左右连接件支撑台车底部,后续台车上的皮带输送机连同后续台车一起吊入。

5. 盾构机吊装

在盾构吊装过程中,凡不影响吊装工作的零部件,连接固定好后同各自的台车一起吊装下井。凡对下井有影响的台车零部件均应拆下,在该台车下井后随即下井,并立即按要求组装。起吊物件应有专人负责,地上、地下两级统一指挥。指挥时手势要清楚,信号要明确,不得远距离指挥吊物。吊运物上的零星物件必须清除,防止吊运中坠落伤人。

起吊大尺寸、大吨位物件时,必须先试吊,离地不高于0.5 m,并用围绳牵住物件保持平稳,试吊 2 次经检查确认安全可靠后,方可指挥吊装工作。大型物件的翻转吊装,应划出警戒区,检查各点受力情况及焊接质量,并经试吊,确认安全可靠后方可指挥翻转吊装工作。通常将盾体从平板车吊到地面后,应采用抬吊方式翻转,250 t 履带吊与 160 t 汽车吊将构件平衡吊起,吊至 3～5 m 高时,吊住盾体尾部的 160 t 汽车式吊车缓慢下钩,使构件自然下垂完成 90°翻转。

(1) 始发托架吊装

始发托架长 10 m、宽 5.4 m,井口长 11.5 m、宽 7.5 m。始发托架下井后的中心与洞门的中心在一条线上,在托架上铺设电瓶车和台车轨道。

(2) 铺轨、电瓶车吊装

在始发托架上及车站底板铺上轨距为 900 mm 和 2080 mm 的轨道 120 m,钢轨间距以保证电瓶车和拖车可以在上面顺利运行为度,轨道完成后把电瓶车吊下井并放在轨道上,为台车后移提供动力。

(3) 台车、连接桥吊装

按反顺序 5 号到 1 号依次吊装后配套台车下井,台车下井后进行连接桥吊装下井;连接桥吊装下井前应焊接连接桥临时支腿,保证桥架后移方便;二号桥架与一号台车连接后,牵引至车站标准段;台车下井时一定要将该台车内部件(如水箱等)全部放置就位,经技术人员确认后才能吊装下一节。

(4) 螺旋输送机下井

用平板车把螺旋输送机运至工地,停放到吊装合适位置;选择合适的位置系上两条起吊平衡索,先把它微微吊起,然后将平板车开走;250 t 履带吊把螺旋输送机缓缓吊到距始发井 1 m 处时,把管片车放在下面,螺旋输送机按要求放在管片车上并焊接好,后移到拖车下方位置。

(5) 中盾吊装

选用 250 t 履带吊和 160 t 汽车吊吊装。中盾竖直放在地面上,先提升 250 t 履带式液压吊车一侧的 2 个吊点,慢慢放下 160 t 汽车吊一侧的 2 个翻身吊点,使部件翻至水平位置;260 t 履带吊通过旋转、起落臂杆把中盾缓缓吊到距始发井 1 m 处停止,保证中盾水平和垂直,缓慢放至始发架上;在盾体两侧焊接牛腿,在始发架上装上活动牛腿,用 80 t 千斤顶向后推到要求的位置。

(6) 前盾(含刀盘驱动)吊装

前盾吊装方式与中盾一样,在盾体两侧焊接牛腿,以便将前盾推至中盾处与中盾进行组装;待组装负责人确认组装完成后,用 80 t 千斤顶将前盾、中盾推向开挖端,保证刀盘的组装距离为 3.5 m。

(7) 刀盘吊装

在地面安装好刀具和回转接头,刀盘起吊也需采用抬吊方式翻转刀盘。选用一台 250 t 履带式吊车将刀盘竖直吊稳,刀盘下井后,将其慢慢靠向前盾,回转接头穿过主轴承;在土仓里焊接两个耳环,用两个 2 t 的导链拉住刀盘,前盾和刀盘的螺栓孔位及定位销完全对准后,再穿入拉伸预紧螺栓;按拉伸力由低到高分两次预紧螺栓,待组装负责人确认预紧完毕后解索。

(8) 管片拼装机吊装

拼装机导轨在地面组装好后,用 160 t 汽车吊吊到井下,安装在指定位置;平板车把拼装机运到工地,用一台 250 t 履带式吊车缓缓吊到井下,找准机械装配位置,让拼装机组装在拼装机的导轨上,固定螺栓及销子。

(9) 螺旋输送机组装

把螺旋输送机推到需要吊点位置,250 t 履带吊将螺旋输送机按组装角度 23°吊起来,缓慢地从拼装机的内圆斜插入;到一定的吊装位置解掉前吊点,再用导链吊住螺旋输送机的前端,缓慢移到前盾的螺旋输送机法兰处,完成滑槽安装;定位销完全对准,锁片螺栓紧固。

(10) 反力架吊装

反力架长 7.8 m、宽 6.3 m。在后配套与主机连接前,先将反力架底部横梁安放在反力架需安装的大概位置;待盾尾安装完成后,再进行反力架精确定位并焊接。

6. 盾构吊装措施

①进入施工现场必须戴安全帽,高处作业人员应佩戴安全带。

②施工前,安全检查员应组织有关人员进行安全培训及交底,吊装过程中安全工程师在现场全过程参与。

③吊车、拖挂机车行走路线应平整压实,基坑回填的地方应铺设 30 mm 厚钢板。

④在规定的地点起吊,检查地面是否稳定,检查起吊半径、最大的起吊荷载、吊臂的长度是否在限制范围内。

⑤每个部件都应试吊两次,确认没有任何问题后再进行起吊作业。

⑥采用双机抬吊时,要根据起重机的起重能力进行合理的荷载分配,整个抬吊进程中两台吊钩应保持垂直状态,并统一指挥,密切配合。

⑦指挥人员应使用统一指挥信号,信号要鲜明、准确,吊装下井时须采用井

上、井下两级指挥。

⑧开吊前应检查工具、机械的性能,防止绳索脱扣、破断。

⑨高处作业人员切勿用力过猛,严禁向下丢掷工具。

⑩井下施工应设置足够亮度的灯光,满足现场施工的需要。

⑪注意井口安全施工,须铺设安全网、上下通道及作业指挥平台。

⑫盾构吊装作业时应设置施工禁区,禁区应有明显的标识,并安排专门警戒人员。

⑬吊装前组织相关人员熟悉图纸、方案,并进行技术交底。

⑭在吊装过程中,构件吊点应按规定不得随意改动。

⑮吊装过程中,在构件扶稳后,吊车才能旋转和移动。

⑯吊装过程中,严禁碰撞其他构件,以免损坏盾构机。

⑰各构件应小心移动,速度应缓慢,以免损坏盾构机。

⑱为防止盾构基座结构破坏,必须由专业工程师检查基座钢结构尺寸,检查焊点质量。

2.2.3 盾构机的拆卸及吊运

盾构机的拆卸及吊运与下井相同,由一台 250 t 履带吊机和一台 160 t 汽车吊机配合起重。

1. 拆盾构的准备工作

盾构机机械、风、水、液压、电气的标识牌为 2 mm 厚铝板,绑在管子的两头。标识牌为单面印字符,两连接的管接头处标识相同的字符。拆盾构中所用工具、机具必须保证其完好性,材料提前到位。盾构机拆卸场地的准备,包括两台吊机吊运位置和盾构机出洞位置,并应提前做好盾构机接收台制作工作。必须确保接收台与盾构机接口轴线对齐,以免盾构机无法驶入接收台轨道。为防止盾构机出洞时低头而无法驶上接收台,必须制作接收架以便将盾构机引入导轨。在盾构机滑上引入导轨前,必须保证盾构滑上导轨后与接收架轴线对齐。

风源准备一台 2 m³ 空压机,需软管约 40 m,接头处安装球阀,供两个风动扳手、拉伸预紧扳手和部分区域清洁使用。供水管 40 m 长,以备清洁、消防、高压水枪等用,水管末端安装球阀。应准备两个配电箱,井上、井下各安装一个,具有过载安全保护及开关、插座,为 2 台电焊机、2 台砂轮机、1 台电动空压机、1 台液压扭力扳手泵站、1 台辅助泵站、照明灯提供电源。

盾构出洞后,首先把刀盘上和土仓的渣土清理干净,再用高压水冲洗,将螺栓冲洗干净,便于拆卸螺栓。清洁中盾螺旋输送机底部,把杂物、淤泥完全清理干净,方便工作人员进入中盾底部拆卸螺旋输送机与中盾的连接螺栓。割除刀盘上的耐磨条并将其焊接在刀盘面板上,打磨抛光后再焊吊耳。最后焊接盾构机前盾、中盾和盾尾上部的吊装吊耳。

2. 刀盘的拆卸

首先拆除旋转接头处连接的泡沫管,旋转接头下垫两根小方木,拆解旋转接头与刀盘的连接螺栓,螺栓清洁后装箱,把旋转接头平移向后拉,须能允许人员进出。然后拆卸刀盘与主轴承内圈的连接螺栓。在吊耳焊接完成但吊机未受力前,外圈的连接螺栓每四个螺栓区位要留四颗不拆。最后穿挂卸扣、钢丝绳,当吊机示重达 35 t 时再拆卸剩余的螺栓,拆卸完后,直至刀盘上的四个定位销脱离销孔,再起吊刀盘上井。

螺栓松动:用液压扭力扳手从前盾内部拆卸 M42×180 螺栓,扭矩为 5 kN·m,拆解顺序为对称拆卸。渣仓内的螺栓先拆卸螺栓保护套,再用拉伸预紧扳手拆卸 M42×325 的双头螺柱。如果不能松动,可以用开口扳手施加力臂人工拆卸。如还不能松动,则用气焊将螺栓垫片切割掉。

刀盘吊至地面后缓缓放平,刀盘面朝下,支撑方枕木于刀盘面板下,刀具不得与地面、方枕木接触。将四个吊耳用双头螺柱安装在刀盘与前体接触面上,起吊到平板车上,用方木铺垫、倒链固定。运输到目的地后前盾与刀盘连接面要涂防锈油、螺栓、螺栓保护帽、密封圈等清点数量后清洗装箱。

3. 螺旋输送机的拆卸

首先拆卸螺旋输送机与前盾的 M30×180 连接螺栓,然后拆解与中盾的连接拉杆,放长吊链,同时吊机缓慢提升,使螺旋输送机沿倾斜方向缓慢上移。2 个 10 t 的倒链挂在管片安装机梁上用来倒换钢丝绳,在人员仓下面的吊耳处再挂一个 10 t 倒链。倒链依次更换倾斜后移至螺旋输送机能够平放,然后把螺旋输送机从主机中抽出放置在已经准备好的管片小车上,缓慢推动管片小车移动到隧道内。

待主机全部拆除吊出井后,在接收台上搭设平台和轨道,把螺旋输送机从隧道内推出,穿挂好钢丝绳再吊出,放到平板车上,下垫方枕木。螺旋输送机整体用吊链固定,运输到目的地。

4. 盾尾的拆卸

先将铰接密封压板螺栓松动 20 mm,再将 14 个铰接油缸与盾尾连接处拆解,销子、垫圈、挡圈等安装回原位。盾尾外壳焊接顶推支座,用油缸顶推盾尾,使其与中盾分离,吊至地面。盾尾内壁下部均布焊接两个厚 30 mm 的吊耳,然后由汽车吊机配合将盾尾翻转平放到平板车上,下垫方枕木,运输到目的地。

拆除铰接油缸连接销子时,注意方向,部分销子只有一端才能够拆除。注浆管连接装置另装木箱存放标识,盾尾注脂球阀保留在管路上。注浆压力传感器和数据线装箱防护,做好标识。

5. 管片拼装机的拆卸

在管片拼装机顶部吊耳上穿挂好钢丝绳,拆除平移油缸连接端的销子,拆解后的连接销仍然安装回原位。拆除拼装机轨道前端的端梁,用油漆标识。拼装机滑出轨道,吊机提升到地面,用汽车吊机配合翻转。拆解拼装机支撑梁与中盾的螺栓,起吊至地面后与拼装机一起运输到目的地。

6. 前盾与中盾的拆卸

启动辅助泵站,顶推主机移动到吊车的吊装范围内。人员仓内外的易损部件做好防护或者拆除装箱,拆除下部两铰接油缸,把长吊耳安装固定在拆除铰接油缸后的销子上。拆卸前盾与中盾的连接螺栓,用千斤顶顶推使其分离。固定定位销在中盾上,起吊至地面,汽车吊机吊起底部的长吊耳配合翻转中盾平放在平板车上,放枕木支撑,运输到目的地。移动前盾至吊机的吊装范围并起吊至地面,汽车吊机配合翻转。在前盾与中盾的接触面上安装四个起吊吊耳,然后吊起放到平板车上,下垫方枕木,运输至目的地。

7. 后配套的拆卸

分离后配套各拖车之间的连接,包括皮带、拉杆、液压油管、电缆线等。皮带缠绕在皮带架上,运输并吊出。拆除连接桥上的皮带从动滚筒部分支架,分离和一号拖车连接的管片吊机轨道梁。在接收台上铺设轨道,用电瓶车缓慢拖拉一号拖车与连接桥移动到盾构井。钢丝绳直接挂在连接桥的主梁上,拆除连接桥的支撑并拆除一号拖车的连接销,销子留在一号拖车上。连接桥倾斜着被起吊至地面,把预先做好的钢结构支撑与连接桥焊接起来,以免压坏连接桥两侧的管路,把连接桥放到平板车上并固定好,运输到目的地。

电瓶机车依次推动拖车至竖井工作区域,安装拖车上部的四个吊耳,用风动扳手紧固。用两根槽钢把两侧平台焊接牢固,防止起吊时拖车两侧平台倾斜或者变形。吊机提升拖车至地面,拆卸轮对,用风动扳手拆卸螺栓。若不能松动,则用气焊切割螺栓垫片。拆解拖车上的皮带支架、风管并用油漆做好标识,把皮带支架和风管放入拖车内固定好。把拖车放到平板车上固定好,运输到目的地。

8. 液压管件拆卸顺序

放下安装机大油缸,便于螺旋输送机的拆卸;拆除旋转刀头上泡沫管,拆除后封口,绑在中盾上;拆除前盾上风管、油管、BP 油脂管;风管、水管绑在连接桥上,刀盘加水管固定在中盾上,林肯泵拆除后存放在主机室;拆卸主驱动马达油管、封口,拆卸后绑在连接桥上;拆除中盾处油管,拆除后封口,需拆除部分铰接油缸油管,封口后绑在中盾上。

拆除螺旋输送机上油脂润滑的油脂管、油管,拆除后封口绑在连接桥上。拆除管片输送小车管线并封口,管线绑在连接桥上。拆除管片拼装机进油管及移动油管并封口,油管绑在拼装机上。拆除连接桥与 1 号拖车间的油管、油脂管、风管、水管、泡沫剂管、膨润土管。拆除与连接桥相连一端的管路并封口,管路绑在 1 号拖车上。拆除上一节拖车上与下一节的连接管路并封口,管路绑在下一节拖车上。

9. 电气控制线路拆卸顺序

所有传感器和数据线拆除装箱,清点数量并做好防护。把需要拆除的电磁阀电源插头线拆除,并做好防护,严禁把各种数据线、电源线从中间剪断。各拖车的电源线就近盘好放在拖车上。电机电源线全部拆至拖车主配电柜或者存放于变压器处。

10. 盾构拆解安全文明措施

①制定详细的施工技术方案,并对作业人员进行拆机技术培训和安全技术措施交底。

②拆除有压力管路时,先做好泄压工作,同时做好人身防护工作。

③各种吊运机具设备在正式使用前,必须组织试吊和试运行。

④按照规范要求加强现场洞外施工场地的用电管理和照明,保证场地作业

在足够的光线下进行,确保用电安全。

⑤起重作业人员要严格执行起重作业安全操作规程,确保施工作业人员的安全。

⑥吊装作业前,首先由专职安全员将作业区与安全区用警戒线隔离开。

⑦与吊装作业有关的人员全部到齐后,由信号工检查盾构机吊装所用材料与设备是否准备齐全。准备齐全后,由信号工指挥,将吊车布置在合理的位置。由司索工对盾构机穿绳作业,司索工作业完毕,由信号工和专职安全员按先后顺序对盾构机吊绳的各个控制环节进行详细检查。检查无误后,在确保现场所有人员都在安全区的情况下,统一由信号工一人指挥起吊。

⑧所有作业人员必须穿工作服、戴好安全帽,指挥人员必须配备必要的口哨和指挥旗、袖章等。

⑨在露天遇六级以上大风或雷雨、大雾等恶劣天气时,应停止起重吊装作业。雨停止后作业前,应先试吊,确认制动器灵敏可靠后方可进行作业。

⑩每班作业前,应检查钢丝绳及钢丝绳的连接部位,当钢丝绳在一个节距内断丝根数达到或超过规定根数时,应予以报废。

⑪使用两台起重机抬吊构件时,要根据起重机的起重能力进行合理的负荷分配,必须在统一指挥下,动作协调,同时升降和移动,并使两台起重机的吊钩、滑轮组基本保持垂直状态。两台起重机的驾驶人员要密切配合,防止一台起重机失重而使另一台起重机超载。

⑫作业人员统一着装,保证作业环境的清洁有序,正确摆放使用工具和作业材料,下班后收拾清理作业遗留物,整理所有工具并移交给下一工班。

2.3 盾构调试、始发与到达

2.3.1 盾构调试

我国地铁多采用土压平衡盾构,始发前需要调试的系统如下:
①推进系统;
②刀盘驱动系统;
③螺旋输送机系统;
④管片拼装机系统;

⑤加泥系统；

⑥同步注浆系统；

⑦集中润滑系统；

⑧盾尾密封润滑系统；

⑨供水系统；

⑩压缩空气系统；

⑪皮带输送机系统；

⑫管片吊机系统；

⑬通风系统；

⑭供电系统；

⑮通信系统；

⑯导向系统。

2.3.2 盾构始发

1. 盾构始发流程

盾构机始发是指利用反力架及临时拼装起来的管片承受盾构机前进的推力，盾构机在始发基座上向前推进，由始发洞门贯入地层，开始沿所定线路掘进所做的一系列工作。盾构始发是盾构施工过程中开挖面稳定控制最难、工序最多、比较容易产生危险事故的环节，因此进行始发施工各个环节的准备工作至关重要。其主要内容包括安装盾构机反力架及始发基座、盾构机组装就位空载调试、洞口密封系统安装、拼装负环管片、盾体前移、盾构机贯入地层等。

2. 盾构机反力架安装

盾构组装调试好后，进入盾构机反力架安装。盾构机始发时，巨大的推力通过反力架传递给车站结构。为确保盾构机顺利始发及车站结构的安全，需要在车站结构内预埋构件，并吊装反力架。反力架采用H型钢和钢管制作。反力架在地面制作完成后分体调运下井，根据盾构机及基座的实测位置，调整好反力架的安装位置和纵、横向垂直度。

3. 洞口密封系统安装

始发井处洞口内径与盾构外径之间存在环形空隙，为防止盾构机始发掘进时土体或地下水从空隙处流失,盾构机始发前应在洞口处安装橡胶帘布密封装置,作为施工阶段临时防泥水措施。

4. 拼装负环管片

管片经检验合格后,使用龙门吊行车,平稳地吊往井下,每次只能吊运两片。地面指挥人员确认井下无人站立和行走后,方可指挥司机进行操作。

负环管片支撑系统采用钢反力架、基座。负环管片拼装为直线拼装,拼装时遵循管片与反力架垂直的原则。根据到达环里程可定出反力架位置。支撑系统必须具有足够的强度和刚度。在安装反力架时,必须严格按里程控制。反力架两立柱的支座,采用预埋钢板螺栓连接的方式,控制其表面高程,并且在支座上弹出反力架里程控制线。两立柱用经纬仪双向校正垂直度。采用加设垫片的方法调整反力环,使它形成的平面与负环管片的平面严格吻合。盾构机始发时,需要在反力架与洞口之间拼装负环。负环的中心线坡度应与到达段设计坡度一致。根据经验,采用7环负环。拼装步骤如下。

①根据管片的安装顺序,将须安装管片位置的千斤顶缩回到位,空出管片拼装位置。

②在盾壳底部位置放置薄木板,并保证千斤顶后推负环时负环管片不会从薄木板上滑落。

③用遥控器操作管片安装,安装头须与管片调整好相对位置,然后吊起管片。

④将管片旋转至最终的正确位置上,并在盾壳内对管片采取临时固定措施。

⑤穿上并拧紧螺栓(只拧环向螺栓)。依次拼装剩余管片,并及时在盾壳内采取临时固定措施,防止管片下垂。

⑥待负7环拼装完成后,用千斤顶将此环整体后推,千斤顶伸长速度不宜太快。

⑦送进器继续输送负6环管片至安装位置并重复以上步骤,拼装成整环并用纵向螺栓与负6环连为一体。

⑧当负7环脱离盾壳时,始发托架导轨与负环外径之间的空隙打入木楔子以支撑负环。

⑨将负7环与反力架上的钢墩用纵向螺栓连为一体。当负5环拼装完毕后,盾构机刀盘切入土体,之后的负环拼装类似于初始掘进段管片拼装。

⑩涂刷盾尾密封油脂。

盾构推进前,为减少盾构的推进阻力,在盾构基座轨道上涂抹黄油,在推进时避免刀盘上的刀口损坏洞口止水密封装置。盾尾钢丝刷在第一次充填盾尾密封油脂时,利用特殊工具填满密封油脂。

2.3.3 盾构机试掘进

1. 试掘进准备

(1) 始发推进前的技术准备与安全措施

①盾构始发前,须检查核实各电缆、电线及管路的连接是否留有足够的供盾构机前进的电量,人员组织及机具设备配备是否到位等,检查基座、反力架、洞口密封是否满足设计要求。

②盾构推进前,为了减小盾构机的推进阻力,可在盾构的基座轨道上涂抹黄油;为避免刀盘上刀具进洞门时损坏洞门密封装置,可在刀盘和刀具上涂抹黄油。

③防止盾构机旋转的措施:在盾构机的两侧焊两对防转块(焊点距铰接密封距离不小于 500 mm),防转块应能承受盾构机的扭矩并能将扭矩传递给盾构基座;当盾构机推进至防转块距洞门密封 500 mm 左右时,必须割除防转块,并将割除面打磨光滑;减少刀盘的设定扭矩,使其值不超过最大扭矩的 40%。

(2) 盾构始发姿态测量

始发前的负环管片拼装好并定位后,始发推进前必须经精确量测盾构及拼好的负环管片的各项位置参数,并将其输入自动导向测量系统及监测系统,之后方可开始始发推进。

2. 盾构试掘进

盾构在空载向前推进时,应主要控制盾构的推进油缸行程和限制盾构每一环的推进量。

在盾构向前推进的同时,应检查盾构是否与始发台、始发洞发生干扰或是否有其他异常情况或事故发生,确保盾构安全地向前推进。

盾构始发施工前,需对盾构机掘进过程中的各项参数进行设定,施工中再根据各种参数的使用效果及地质条件变化在适当的范围内进行调整和优化。需要设定的参数主要有土压力、推力、刀盘扭矩、推进速度及刀盘转速、出土量、同步注浆压力、添加剂使用量等。盾构掘进施工过程中的轴线控制是整个盾构施工过程中一个关键的环节,盾构在施工中大多数情况下不是沿着设计轴线掘进,而是在设计轴线的上、下、左、右方向摆动,偏离设计轴线的差值必须满足相关规范的要求,因此在盾构掘进中要采取一定的控制措施来控制隧道轴线的偏离。

3. 盾构试掘进过程中常见问题的预防和处理

(1) 加固效果不好

端头土体加固效果不好是在始发过程中经常遇到的问题。对于端头土体,必须根据端头土体情况选择合理的加固方法,而且要加强过程控制,特别是要严格控制一些基本参数。对于加固区与始发井间形成的间隙,则应采取其他方式处理。

(2) 开洞门时失稳

开洞门时失稳主要表现为土体坍塌和水土流失,其主要原因也是端头加固效果不良。在小范围的情况下,可采用边破除洞门混凝土,边利用喷素混凝土的方法对土体临空面进行封闭。如果土体坍塌失稳情况严重,则只有封闭洞门重新加固。

(3) 始发后盾构机"叩头"

始发推进后,在盾构机抵达掌子面及脱离加固区时容易出现盾构机"叩头"的现象,有时可能出现超限的情况。采用抬高盾构机的始发姿态、合理安装始发导轨以及快速通过的方法,通常可避免出现"叩头"或减少"叩头"。

(4) 洞门密封效果不好

洞门密封的主要目的也是在始发掘进阶段减少土体流失。当洞门加固达到预期效果时,对于洞门环的强度要求相对较低,否则要在盾构推进前彻底检查和确定洞门环的状况。在始发过程中,若洞门密封效果不好,可及时调整壁后注浆的配合比,使注浆后尽早封闭,也可采用在洞门密封外侧向洞门密封内部注快凝双液浆的办法。

(5) 盾尾失圆

正常情况下,在盾构机组装阶段,由于盾尾内部没有支撑,盾尾因自重可能会出现失圆现象。在盾尾焊接前,应对盾尾圆度进行测量,并进行调整。调整完成后才能进行焊接。焊接时,应使用两把焊枪分别在同一侧焊缝的内外两侧同时进行,并采用分段焊接的方式先进行位置固定,以减少焊接时盾尾产生的变形。

一般盾尾竖直方向和水平方向的直径偏差不宜超过20 mm。如发现严重偏差,只能再对盾尾进行割除,调整圆度后再重新进行焊接。

(6) 支撑系统失稳

支撑系统在某些情况下可能由于盾构机推进中的瞬时推力或扭矩较大而产生失稳,这样将导致整个始发工作的失败。为防止支撑系统失稳,只能先做好预防工作,同时在始发阶段对支撑系统加强人工观测。如发现异常,应立即通知操作手停止掘进,对支撑系统进行加固处理后,再进行掘进。

(7) 地面沉降较大

由于始发施工的特殊性,始发阶段的地面沉降值均较大,在始发阶段应尽早建立盾构机的适合工况,并严密注意出土量及土压情况,同时加大监测频率,控制地面沉降值。全力做好盾构隧道始发技术是盾构法施工技术的关键,也是盾构施工成功的一个标志,同时还应确保盾构连续正常地从非土压平衡工况过渡到土压平衡工况,以达到控制地面沉降、保证工程质量等目的。

始发技术包括洞口端头处理(在非硬岩的软土、砂层、软岩类地层中)、洞门混凝土凿除(主要针对钢筋混凝土围护结构)、盾构始发基座的设计加工、定位安装;始发用反力架的设计加工、就位;支撑系统、洞门环的安设,盾构组装、盾构始发方案,其他保证盾构推进用设备、人员、技术准备等,直到始发推进。

2.3.4 盾构到达

1. 盾构到达施工流程

盾构到达施工流程:到达端头加固→盾构机定位及洞口位置复测→到达段掘进→贯通后渣土清理→洞门临时密封装置安装→接收基座安装→盾构机推上接收基座→盾构洞门圈封堵。

2. 盾构到达施工技术

(1) 盾构到达段掘进

在盾构到达前,应做好地层加固等到达准备工作。进入加固体掘进后,要加强洞口段的观察与沉降监测,及时与盾构操作主司机沟通,以便控制掘进。

根据进洞段的地质情况确定合理的掘进参数并做出书面交底,总的要求是低速度、小推力、合理的土压力和及时饱满的回填注浆。最后10环管片拼装中要及时用槽钢将管片沿隧道纵向拉紧,以免在推力很小或者没有推力时管片松动。在盾构抵拢围护结构后,停止掘进,对盾尾后4~6环管片背部进行二次补充注浆。

(2) 渣土清理及洞门临时密封装置安装

在盾构掘进贯通后,及时人工使用小型机具清理贯通时产生的渣土,然后安装洞门临时密封装置。到达端洞门临时密封装置与始发时类似,须在翻板外焊接固定螺栓圆孔,通过拉紧穿在螺栓孔内的钢丝绳将洞门临时密封装置与管片外弧面密贴。

(3) 接收基座安装及盾构机推上接收基座

接收基座的构造同始发基座。接收基座在准确测量定位后安装。接收基座的中心轴线应与盾构机进接收井的轴线一致,同时还要兼顾隧道设计轴线。接收基座的轨面高程应适应盾构机姿态,为保证盾构刀盘贯通后拼装管片有足够的反力,可考虑将接收基座的轨面坡度适当加大。接收基座定位放置后,采用25号工字钢对接收基座前方和两侧进行加固,防止盾构机推上接收基座过程中接收基座移位造成盾构机接收失败。

在接收基座安装固定后,盾构机可慢速推上接收基座。在推进通过洞门临时密封装置时,为防止盾构机刀盘和刀具损坏帘布橡胶板,可在刀盘外圈和刀具上涂抹黄油。盾构机在接收基座上推进时,每向前推进2环拉紧一次洞门临时密封装置,通过同步注浆系统注入速凝浆液填充管片外环形间隙,保证管片姿态正确。

(4) 洞门圈封堵

最后一环管片拼装完成后,拉紧洞门临时密封装置,使帘布橡胶板与管片外弧面密贴,通过管片注浆孔对洞门圈进行注浆填充。注浆过程中要密切关注洞门情况,一旦发现有漏浆现象应立即停止注浆并进行封堵处理,确保洞口注浆密实,洞门圈封堵严密。

2.3.5 盾构始发与到达施工节点验收

①工作井已按设计要求完成并通过验收,其高程、轴线、结构强度等各项技术参数符合设计和规范要求并能满足盾构施工各阶段受力要求,端头井结构尺寸和洞门中心已复核且符合设计要求。

②盾构推进、始发与到达方案已完成编制审批,监理细则已完成编制审批。

③测量、监测方案已完成编制审批,监测控制点已按监测方案布置好,且已测取初始值。

④井下控制点已布设且固定,并进行了测量复核。

⑤要求的各项端头加固已经完成,各项指标已经达到设计要求并有检测报告。

⑥洞门探孔已打,未发现异常情况并满足始发到达要求。

⑦始发与到达接收架已经施作,结构强度满足要求。

⑧施工现场技术和安全交底已按要求完成。

⑨人员、机械、材料按要求到位,起吊设备已通过政府监督部门验收。

⑩对本工程潜在的风险进行了详细辨识和分析,编制完成了有针对性、可操作性的应急预案,并落实了抢险设备、材料、人员、方案等。

2.3.6　盾构始发、到达安全风险防范

1. 盾构始发、到达安全风险

盾构始发、到达安全风险主要表现在端头加固工法的选择不合理、端头加固范围不够、端头加固质量未能达到设计要求、洞门密封系统选择不当和密封失效。

加固范围主要根据加固方法和地层情况、始发或到达端头决定:加固长度对于软土地层(特别是砂层和采用泥水平衡盾构时)特别重要,风险不仅仅来自加固强度,更来自盾构机机壳与土体之间间隙形成的渗流通道;加固深度对于下部有承压水的地层至关重要,如果洞门下部为承压水层,洞门破除和盾构机顶进掌子面的过程,均容易发生管涌现象;加固深度还要考虑上部大件吊装作业时地基承载力能否满足要求。

采用一般搅拌桩等加固方法的情况下,始发加固长度一般不小于 6 m,到达加固长度一般不小于 3 m。但在特殊地层始发时,考虑到抗渗等因素,加固宽度须增加,如在粉细砂层中始发须增加为 10 m,到达须增加为 9 m。加固深度一般是洞门上部 3 m 和下部 2 m 范围,砂层中底部深度还应增加,防止出现管涌。

加固质量问题:加固体本身强度不够,难以满足抗滑移或剪切的要求;加固体不连续,局部出现渗漏;加固节点处理不好,特别是围护桩与加固体之间的间隙处理、不同工法之间的界面处理。

为了防止盾构始发、到达掘进时泥土、地下水从盾壳和洞门的间隙处流失,以及盾尾通过洞门后背衬注浆浆液的流失,在盾构始发时需安装洞门临时密封装置。临时密封装置由帘布橡胶、压板、垫片和螺栓等组成。

当洞门加固效果达到要求时,对于洞门环的强度要求相对较低,否则要在盾

构推进前彻底检查和确定洞门环的状态良好。在始发过程中,若洞门密封效果不好,可及时调整壁后注浆的配合比,使注浆后尽早封闭;也可采用在洞门密封外侧向洞门密封内部注快凝双液浆的办法解决。

底部压板损坏,也是密封效果差的重要原因,底部环板和螺栓设计均应改进。盾尾和中盾的连接不严密,可能造成泄漏。扇形压板不及时封闭,可能造成泄漏。

2. 安全措施

(1) 优选端头加固方案

端头加固方案根据加固方法不同而异,但一般应提前至少3个月进行(考虑1个月的工期、1个月的龄期、检测后的补充加固等因素)。如果是连续墙或挖孔桩、钻孔桩作业,最好和围护结构施工同时进行。应针对地层特点选择可靠的机械设备和合理的施工参数,并采取抽芯方法就加固效果进行检查。

(2) 合理选择洞门密封形式

密封装置安装前应对帘布橡胶的整体性、硬度、老化程度,圆环板的成圆螺栓孔位等进行检查,并提前把帘布橡胶的螺栓孔加工好。盾构机进入预留洞门前应在外围刀盘和帘布橡胶板外侧涂润滑油,以免盾构机刀盘挂破帘布橡胶板影响密封效果,还须采取折形压板的防逆转措施。

3. 盾构始发、到达质量问题及处理措施

盾构始发、到达质量问题主要表现在始发姿态控制不当导致的轴线偏移,始发措施不当导致栽头,盾构机滚动,自动测量系统误差,始发托架或反力架变形,管片拼装错台、开裂或渗漏,始发刀具损坏,负环管片变形等。防止盾构始发、到达质量问题的措施如下。

①曲线始发时,要提前设计好盾构始发方向。

②可以按盾构始发姿态调高2~3 cm,始发托架与加固体之间设置连接导轨,防止进入加固体前栽头。

③为防止盾构滚动,除了在始发托架上焊接防滚动装置,掘进过程要严格控制始发扭矩,并特别注意不能在千斤顶推力很小的情况下转动刀盘。在确认洞门连续墙的钢筋已经割除完毕以后,可以进行盾构机的试运转。由于盾构机没有进洞后周围岩土侧压力的摩擦作用,且油缸的推力和掌子面通过刀盘的反力都很小,在试运转时应使刀盘慢速旋转,且要正、反向旋转,防止滚动,使盾构姿

态正确。

④通过频率较高的人工复测来对自动测量系统的精确度进行复核,以及时发现测量系统存在的偏差并进行纠正。

⑤对始发架和反力架进行认真设计,特别注意各组千斤顶推力不均的情况下反力架的受力工况。在掘进过程中,除了要控制总推力,还要严格控制推进千斤顶各编组推力。

⑥管片选型应从负环管片拼装即开始控制,加贴软木衬垫或石棉垫,利用反力钢环或管片调整好管片与盾尾壳夹角,使管片环面与盾构机掘进方向法线基本垂直。

⑦为减少刀具损伤,始发掘进阶段的刀盘转速和掘进速度不宜过快,尤其是刀盘刚刚接触掌子面时,应采用低推力、低转速、低速度掘进。

⑧为减小负环管片变形,每一环负环拼装完成并脱出盾尾后,除了采取通常的加固和固定措施,还应配置整圆器,以确保负环管片圆度,减小管片拼装难度。

2.4 管片预制技术

2.4.1 管片概述

盾构隧道一般采用衬砌的管片作为永久支护结构。管片的制造、安装技术是隧道建设的关键技术之一。管片类型基本上分为钢管片、铸铁管片、复合管片、钢筋混凝土预制管片等;管片的连接主要有螺栓连接、销接等方式。管片是在盾壳保护下,并在其空间内拼装成环的。

1. 管片的结构类型

管片结构主要有平板形和箱形两种。平板形管片是指因螺栓手孔较小或无手孔而呈曲板形结构的管片,对盾构千斤顶推力具有较大的抵抗力。钢筋混凝土管片多采用平板形结构。箱形管片因手孔较大而呈肋板形结构,便于运输和拼装,易开裂。金属管片多采用箱形结构,用于大断面盾构隧道中。我国地铁盾构隧道衬砌结构多采用钢筋混凝土平板形管片。

2. 管片的拼装方式

管片的拼装方式有通缝和错缝两种。封顶块的拼装方式有径向楔入和纵向插入两种。

通缝拼装:各环管片纵缝对齐的拼装方法。通缝拼装容易定位,纵向螺栓容易穿,拼装施工应力小,但容易产生环面不平,并有较大累计误差,导致环向螺栓难穿、环缝压密量不够。

错缝拼装:前后环管片的纵缝错开拼装,一般错开 1/3～1/2 块管片弧长。错缝拼装隧道整体性较好,拼装施工应力大,纵向穿螺栓困难,纵缝压密差,但环面较平正,环向螺栓比较容易穿。

3. 盾构隧道单层、双层衬砌的选择

我国盾构隧道很少采用双层衬砌。根据国内设计、施工经验和运营情况,单层柔性衬砌结构的受力性能和耐久性等均可控制在预期的要求内,能够满足隧道的运营要求。单层衬砌的施工工艺简单、工程实施周期短、投资省、防水效果从施工情况看优于矿山法区间隧道,因此占据主导地位。但是由于国内盾构区间隧道的运营时间不长,单层衬砌结构的抗震性能、防水性能以及结构的耐久性还有待时间来检验。欧美盾构隧道以单层衬砌为主,而在日本因地震多发,故多采用双层衬砌,但单层衬砌也有采用。

4. 管片分块、厚度及幅宽

通常我国地铁盾构隧道每环管片被划分为 6 块,由 3 块标准块、2 块连接块和 1 块封顶块组合而成。我国地铁盾构隧道管片有两种主要形式:一种内径为 5.4 m、厚度为 30 cm;另一种内径为 5.5 m、厚度为 35 cm。

管片的厚度一般为管片外径的 5%～6%。上海地铁、南京地铁一号线的管片厚度为 350 mm,广州地铁一号线、二号线及北京地铁五号线试验段的厚度皆为 300 mm。按照国内的设计经验,一般在富水的软流塑地层中管片采用 350 mm 的厚度,在地基承载力较高的地层中采用 300 mm 的厚度。

最早管片的幅宽从 0.5 m 到 1.0 m。我国地铁管片幅宽从 1.0 m 到 1.2 m,现在为了减少纵向连接缝数量,在管片拼装机等起重能力提高的情况下多采用幅宽 1.5 m 的管片。

5. 管片连接方式

衬砌环内管片间以及各衬砌环间的连接方式,可分为柔性连接和刚性连接两种。实践证明,刚性连接不仅拼装麻烦、造价高,而且会在衬砌环中产生较大

的次应力,带来不良后果。因此,目前较为通用的是柔性连接。常用柔性连接有以下几种形式:

①单排螺栓连接,按螺栓形状又可分为弯螺栓连接、直螺栓连接和斜螺栓连接三种;

②销钉连接,销钉连接可用于纵向接缝,亦可用于横向接缝;

③无连接件,在稳定的不透水地层中,圆形衬砌的径向接缝也可不用任何连接件连接。

在欧洲,管片接缝不考虑螺栓的作用,而是按弹性铰接接头进行整个结构的受力分析。在国内,管片接头基本按与结构等强考虑,按均质圆环进行分析,因此接头设计相对较强。增加管片接头的连接刚度有利于增强结构的整体性和控制结构的变形,但盾构隧道施工和运营期间的一些问题与接头设计有一定的关系,比如曲线施工中管片的开裂和结构后期变形造成结构附加应力等。

6. 管片的组合形式

盾构隧道的线路拟合是通过不同的管片衬砌环组合来实现的,线路的拟合包括平、竖曲线两个方面。通常有三种组合方式:一是标准衬砌环、左转弯衬砌环和右转弯衬砌环组合,直线段由标准衬砌环拟合,曲线段由左转弯衬砌环和右转弯衬砌环拟合;二是左转弯衬砌环和右转弯衬砌环组合,直线段由左转弯衬砌环和右转弯衬砌环相互交替使用来模拟;三是万能管片组合,就一套模具生产,能够拟合所有线形。管片不同组合特点如下。

①标准衬砌环、左转弯衬砌环和右转弯衬砌环组合:直线地段除施工纠偏外,多采用标准衬砌环;曲线地段可通过标准衬砌环与左、右转弯衬砌环组合使用,以模拟曲线;施工方便,操作简单。

②左转弯衬砌环和右转弯衬砌环组合:通过左转弯衬砌环、右转弯衬砌环组合来拟合线路。由于每环均为楔形,拼装时施工操作相对麻烦一些。欧洲常采用,国内地铁区间基本未采用。

③万能管片组合:通过一种楔形环管片模拟直线、曲线及施工纠偏,管片拼装时,衬砌环需扭转多种角度,封顶块有时位于隧道下半部,工艺相对复杂,国内深圳地铁中有采用。

2.4.2 管片预制

我国地铁盾构管片设计宽 1.5 m,直线段管环外径 6.0 m,内径 5.4 m,厚

300 mm;每环由 6 片管片组成,左右节标准环交替;混凝土强度等级 C50,抗渗等级 S10,钢筋为Ⅰ、Ⅱ级,主筋混凝土保护层厚度为 50 mm,内侧 40 mm;混凝土用量为 8.06 m³。

管片厂主厂房为 50 m×102 m,5100 m²,厂房净高 12 m。采用台座式平行作业施工方案,共可以容纳 10 套管片模具,每套日循环 2～3 次,年产管片 8000 环左右。

1. 管片及模具加工精度

管片成品检测标准要求高,因而管片模具内弧长度、厚度、螺栓孔尺寸和位置精度要求控制在±1 mm 以内,宽度精度控制在±0.5 mm 以内。

2. 模具清理及组模

组模前先清洗钢模,混凝土残渣必须全部铲除,内表面使用胶片配合清理,高压水冲洗干净。然后使用雾状喷雾器喷涂,用抹布抹均匀,使模具内表面均布薄层脱模油。如出现脱模油流淌,用棉纱清理干净。喷涂脱模油后按要求组装模具,并由专职质检员用内径千分尺在模具指定位置进行宽度、内弧面检测。

3. 钢筋笼制作与入模

钢筋笼在靠模上制作完毕,用龙门吊配合专用吊具按各种规格将钢筋笼吊入模具内,钢筋笼型号与模具型号要匹配,保护垫块位置要准确。

4. 混凝土浇筑

混凝土浇筑:混凝土配合比必须进行试配并符合全部设计要求;采用龙门吊浇筑混凝土,将强度等级为 C50、抗渗等级为 S10、坍落度控制在(70±10) mm 的防水混凝土,用料斗吊至模具上方,按先模具两端后中间进行放料;采用附着式风动振动器振捣,并辅助插入式振动棒振捣密实;全部振捣成型后,视气温及混凝土凝结情况,约 10 min 后拆除压板,进行光面。

光面处理有如下三个工序:使用铝合金压尺,刮平去掉多余混凝土,并进行粗磨;待混凝土收水后用灰匙进行光面,使管片平整、光滑;使用长匙精工抹平,力求表面光亮无灰匙印。管片外弧面平整度误差不大于±5 mm。

5. 蒸汽养护

混凝土振动成型并做光面处理 2 h 后,混凝土表面用手压有轻微的压痕时,在管片外弧面上盖上湿润的养护布。再将用于蒸汽养护的帆布套在模具上,下部同地面接触的地方用方木压实,在帆布套上预留的小孔中插入温度计,检查无误后通入蒸汽。布置于模具底部的蒸汽管布满小孔,蒸汽养护时蒸汽从每个小孔中均匀喷出,使整个模具均匀升温。升温速度控制在 15～20 ℃/h,防止升温太快管片出现收缩裂纹,最终养护温度为 50～60 ℃,恒温 3～4 h。降温速度控制在 15～20 ℃/h,并保证蒸汽养护后的管片温度与外界温度差不大于 20 ℃。每 0.5 h 查看温度计上的读数,用调整蒸汽通入量的方法来调节温度。

6. 管片拆模

管片通过蒸汽养护足够时间后测试混凝土试块强度,当强度达到 15 MPa 以上时,可以进行脱模操作。拆模顺序:叠齐养护布;拆卸手杆螺栓,清除混凝土残积物;拆卸旁模与底模固定螺栓;拆卸侧模与端模连接螺栓;两侧和端模拆开后,使用专用水平起吊吊具,用龙门吊将管片吊出到管片翻身机上。拆模中严禁锤打、敲击模具等操作。起吊管片时,地面操作要由多人配合进行,确保管片垂直出模,以免损坏管片。

7. 管片水池养护及堆放

管片拆模后吊入水池内进行养护,确保管片完全浸泡在水中。管片入池时,管片温度与池中水温差不得大于 20 ℃,养护周期为 7 d。然后进行淋水养护,保持管片外面湿润,喷淋养护达到 28 d 龄期,最后每 3 块重叠堆放在管片厂内。

8. 三环试拼装试验

管片正式生产前和每生产 100 环管片后,由于管片模具可能尺寸精度达不到要求或生产过程中产生振动变形,需要进行三环试拼装试验,以检查管片几何尺寸和模具是否符合要求。

制作钢筋混凝土平台,确保平台水平,误差控制在 2 mm 以内;制作 12 个拼装支架,支架能够在高度上进行微调,以便矫正管片拼装后的水平度;在平台上画直径为管片内径和外径的两个圆,作为拼装时的参考线;先放置标准块,再放置邻接块,最后放入封顶块;一环拼装完后,错缝拼装另两环。

管片拼装完后,利用不同型号的插片对管片之间的纵缝、环缝进行测量,以检测各管片之间的缝隙是否符合要求;再用水准仪分别测量各接缝的几个点,然后计算这几个点是否在同一面上。

9. 管片防水施作

管片在运输到现场之前应做好防水施作,包括在表面涂防水材料、在纵缝和环缝处贴止水条。

2.5 盾构隧道掘进

2.5.1 盾构掘进施工组织

1. 盾构施工场地与交通疏解

一台盾构始发场地面积需要 3000 m^2,两台盾构始发场地面积需要 5000 m^2,而接收场地只要 1000 m^2 左右。看似合理的施工组织方案,有时也可能因没有合适的施工场地而改变。盾构井一般是沿线路中线设置的,在城市中心区因交通疏解要求往往导致场地较小。过小的场地会影响施工现场合理布置(如弃土场、注浆材料储存、管片堆场、施工人员的生产生活安排等),降低劳动生产率。

因交通疏解、管线等条件限制盾构井设置在线路中线一侧时,盾构机始发周期延长,弃土、管片等洞内运输作业效率将明显下降。当场地不满足正常始发要求时,可以采用分体始发等方式解决。

通常设两个渣坑于始发井顶板上,每个渣坑长 15 m、宽 6.0 m、深 4.0 m,最大可存渣土 720 m^3。渣土坑底板及侧墙采用 C20 混凝土浇筑,厚 30 cm。每个渣土场四周设置挡渣板,防止过稀渣土溢出。40 t 龙门吊采用挂钩侧翻卸渣方式,渣土外运采用挖掘机装车、汽车运输的方式。临时管片堆放场地面积 120 m^2,管片存放能力为 60 块(10 环)。正式管片堆放场占地面积为 594 m^2,管片存放能力为 210 块(30 环),满足 3 d 的平均使用量。

在施工场地出渣位置设洗车槽,出渣车辆必须经过清洗后,方可驶出施工场地。洗车槽采用下沉式,宽 4000 mm、长 8000 mm、深 400 mm。洗车槽旁设置沉淀池,洗车所排水经沉淀池三级沉淀后排入市政污水管线。

2. 盾构掘进速度与长度

盾构掘进速度与工程地质条件、盾构机选型、掘进管理水平、地面建(构)筑物保护要求等因素密切相关。地铁区间隧道多采用（加泥）土压平衡盾构，在目前的施工技术水平条件下，正常的平均掘进速度已达到每天 10 m，月进尺达到 300 m。综合考虑始发和到达掘进、通过建筑物保护段的沉降控制、地层性质与均质性、弃土与材料运输时间限制等因素的影响，施工组织的平均指标一般按照月进尺 180 m 考虑。当地层适于盾构施工且均质性好、环境限制条件少、一次掘进距离长时，掘进指标可按月进尺 240 m 考虑。

当盾构穿越江河段、硬岩段，连续穿过建（构）筑物保护区段、长距离小半径曲线段、多个短区间、长距离砂层段，超前钻探或超前注浆和盾构井不在线路正上方等时，采用偏低的掘进指标。

盾构隧道土建费用主要由盾构机费用、掘进费用、衬砌费用三部分组成。有效降低造价的手段之一是在满足工期的条件下尽量加大盾构机的掘进长度，降低盾构机摊销费用。考虑土建工期的限制，盾构施工经济长度一般控制在 6～8 km。

3. 盾构掘进与车站施工相互影响

盾构机制造时间约需 6 个月，下井安装调试时间约需 1 个月。盾构隧道一般会先行招标以方便设备采购，与始发井的施工时间是匹配的，必要时要求始发井提前开工。

盾构井一般设置于线路正上方，不仅影响交通疏解方案，还与车站施工场地有干扰。盾构机采用起吊方案时影响车站封顶时间，采用过站方案时正值车站施工期，站台需过站后施工。不论是采用过站方案还是起吊方案，管片、材料和弃土运输均与车站施工有干扰，特别是盾构后配套需在车站站台层折返作业时。

规模较大的车站（包括换乘站）要对盾构与车站施工干扰进行分析。施工招标时，车站与区间合标（即几站几区间一个标），规模过大时，也可区间与始发站或第一个过站站合标，这是减少施工干扰、方便施工协调、有利人员安排的办法之一。

4. 管片生产组织

盾构隧道施工组织应综合考虑管片厂的位置和沿线交通运输条件。全线盾构机若同时开始掘进，管片供应将过于集中。当盾构机数量增加而减少掘进长度时，需要增加模板套数或管片堆场面积，直接或间接增加盾构隧道工程造价，也会引起年度工程投资的不均衡。而盾构施工长度增加，盾构机台数减少，模板套数自然减少,但工期会相应延长。

应根据施工组织确定的盾构机数量及其先后始发,得出合理的管片模板套数和管片生产的均衡性,从而在不影响工期的前提下,降低盾构隧道的总体造价。

2.5.2 盾构掘进

1. 盾构操作

在推进前,工程技术人员根据盾构机目前的姿态、地质变化、隧道埋深、地面荷载、地表沉降、刀盘扭矩、千斤顶推力等各种勘探、测量数据信息,正确下达每班掘进指令,并及时跟踪调整。

盾构机操作人员执行指令,根据土压平衡的原理,确认土压的设定值,并将其输入土压平衡自动控制系统。

平衡压力的设定是土压平衡式盾构施工的关键,维持和调整设定的压力值又是盾构推进操作中的重要环节,这里包含着推力、推进速度和出土量三者之间的关系,对盾构施工轴线和地层变形量的控制起主导作用,所以在盾构施工中应根据不同土质和覆土厚度、地面建筑物,配合地面监测信息的分析,及时调整平衡压力值的设定,同时精确控制盾构机姿态,控制每次的纠偏量,减少对土体的扰动,并为管片拼装创造良好的条件。根据推进速度、出土量和地层变形的监测数据,及时调整注浆量,从而将轴线和地层变形控制在允许范围内。

盾构机司机根据掘进指令和前一环衬砌的姿态、间隙状况,及时、有效地调整各项掘进参数,如推进速度、千斤顶分区域油压、加注泡沫或膨润土浆液等。对初始出现的小偏差及时纠正,尽量避免盾构机走"蛇"形路线。盾构机一次纠偏量不能过大,应采用"少量多次"的纠偏原则,以减少对地层的扰动。

盾构掘进应由富有经验的盾构操作手或者参加过培训并且合格的人员操作。间隔半年以上未操作过盾构机的操作手,应再次培训,取得合格认可后,才能上机操作。

2. 盾构推进主要参数设定

(1) 平衡压力值的设定原则

根据实际地质及隧道埋深情况按式(2.4)计算开挖掌子面理论平衡压力:

$$P = k_0 \gamma h \tag{2.4}$$

式中：P 为平衡压力，kN/m^2；γ 为土体的平均容重，kN/m^3；h 为隧道埋深，m；k_0 为体的侧向静止压力系数，一般取 0.7。

参照理论计算，结合盾构智能化辅助决策系统预测的方法来确定平衡压力的设定值。具体施工设定值根据盾构埋深、所在位置的土层状况以及检测数据进行不断调整。

（2）出土量控制

盾构掘进每环理论出土量 $= m \times R^2 \times L = 3.14 \times (6.28/2)^2 \times 1.5 \text{ m}^3 = 46.4 \text{ m}^3$，环宽 1.5 m。每环理论出土量乘松散系数 1.2~1.5，最终得出每环的出土量为 55~69 m^3。

（3）掘进速度

不同地层的掘进速度是不相同的，土质快、岩质慢。通常土质掘进速度控制在 4~6 cm/min，而中风化岩层掘进速度控制在 1 cm/min 左右。

（4）盾构轴线以及地面沉降量控制

盾构轴线控制偏离设计轴线不大于±50 mm，地面沉降量控制在 -30 mm~10 mm。

（5）盾尾油脂的压注

在盾构掘进施工过程中，盾尾密封用以防止地层中的泥土、泥水、地下水和衬砌外围注浆材料从盾尾间隙中漏入盾构，盾尾油脂通过安装在后配套系统中的一个气控油脂泵压注。

3. 盾构掘进姿态精确控制

（1）盾构掘进偏差

盾构机在掘进过程中，由于地层土质变化、千斤顶推力不均、回填注浆不均、盾尾间隙不均以及已拼管片轴线不准等因素影响，不可能完全按设计方向推进，走行轨迹可能犹如蛇行，进而产生姿态偏差。姿态偏差可分为滚动偏差和方向偏差。

①滚动偏差。

盾构掘进时，刀盘切削土体的扭矩主要是靠盾构壳体与洞壁之间形成的摩擦力矩来平衡。当盾构掘进机壳体与洞壁之间产生的摩擦力不能平衡刀盘切削土体产生的扭矩时，将出现盾构机的滚动。过大的滚动会引起隧道轴线的偏斜，也会影响管片的拼装。

②方向偏差。

盾构在掘进过程中,由于各种因素的影响,会产生竖直方向和水平方向的偏差。

a. 盾构所受外力不均衡产生的方向偏差。

盾构在地层中受多个外力作用,这些外力随地层的土质情况、覆土厚度的变化而变化,若不及时调整掘进参数或参数设置不合理,就会产生轴线偏差。

b. 成环管片轴线对盾构轴线的影响。

盾构推进反力支点设在成环管片上,当成环管片轴线控制不理想时,就会对盾构轴线产生影响,产生方向偏差。

c. 盾尾间隙的影响。

尚未脱离盾尾的管片外弧面与盾壳内弧面的间隙,称为盾尾间隙。当一侧盾尾间隙为零,盾构须向另一侧纠偏时,就会在该侧盾尾和管片外弧面间产生摩擦阻力,同时因无盾尾间隙纠偏困难,从而对盾构轴线的控制产生影响。

d. 同步注浆产生的反力对盾构轴线的影响。

注浆时,由于各种原因而不能保证对称作业或浆液注入量、注入速度控制不得当,则注浆产生的反力将使盾构轴线产生偏差。

e. 盾构本身结构的影响。

由于盾构各部位结构的影响,其重心位置趋前,扎头现象普遍存在,在松软地层中尤为显著。

(2) 盾构机掘进姿态监测

通过人工监测和自动监测两种监测方法可对盾构掘进机姿态进行监测。盾构掘进时,自动监测与人工监测同时使用,通过二者的相互配合,可提高盾构姿态监测的精度。

①自动监测。

采用 VMT 软件导向系统对盾构机的位置和情况进行连续测量。该系统是在一固定基准点发出激光束的基础上,根据盾构机所处位置计算其对设计线路的偏差,并将信息反映在大型显示器上。监测装置安设在主控室内,操作人员通过控制系统进行调整。

用目标装置(激光靶板)和倾角罗盘仪测量盾构机的位置。用激光靶板测量激光束的入射点位置和入射角大小,用倾角罗盘仪测量盾构机在两个方向的转角。

②人工监测。

采用通用的光学测量仪器(如全站仪、水准仪等),对盾构的姿态进行监测。

a. 滚动角的监测。

用电子水准仪测量高程差,计算出滚动圆心角。

b. 竖直方向的监测。

采用全站仪直接测量盾构的俯仰角变化,上仰或下俯时其角度增量的变化方向相反。

c. 水平方向角的监测。

采用全站仪直接测量盾构的左右摆动,左摆或右摆时其水平方向角的变化方向相反。

(3) 盾构机掘进姿态调整

盾构机掘进姿态的调整包括纠偏和曲线段施工两种情况。其中,纠偏包括滚动纠偏、竖直方向纠偏、水平方向纠偏和特殊地层下的姿态控制。

①滚动纠偏。

采用使盾构刀盘反转的方法来纠正滚动偏差,允许滚动偏差小于等于1.5°,当超过1.5°时,盾构机报警,盾构司机通过切换刀盘旋转方向进行反转纠偏。

②竖直方向纠偏。

控制盾构机方向的主要因素是千斤顶的单侧推力,它与盾构机姿态变化量间的关系比较离散,靠操作人员的经验来控制。

当盾构机出现下俯时,加大下端千斤顶的推力进行纠偏;当盾构机出现上仰时,加大上端千斤顶的推力进行纠偏。

③水平方向纠偏。

水平方向纠偏的原理与竖直方向纠偏的原理一样,左偏时,加大左侧千斤顶的推力纠偏;右偏时,加大右侧千斤顶的推力纠偏。

④特殊地层下的姿态控制。

盾构通过复合地层(即作业面土体的抗压强度等力学性能指标存在很大差异的地层)时,根据掌子面的地质情况,对液压推进油缸进行分区操作。

液压推进油缸的分区,采用如下方案:采用一台电液比例调速泵,向所有的推进油缸供油。将全部推进油缸分为A、B、C、D四个区域,每个区域的油缸编为一组,每组油缸设一电磁比例减压阀,用来调节该组推进油缸的工作压力,借此控制或纠正盾构掘进机的前进方向。在每组推进油缸中,有一个油缸装有位移传感器,用于标示该区域的行程,从而显示整个盾构机的推进状态。例如,当盾构机发生上仰偏斜时,可以适当调节 A 区及 C 区油缸压力,即将 A 区油缸压力升高,C 区油缸压力降低,同时观察 A 区及 C 区的行程显示,以达到调节推进方向的目的。

⑤曲线段施工。

在曲线地段(包括平面曲线和竖向曲线)施工时,对推进油缸实行分区操作,使盾构机按预期的方向进行调向运动。

(4)纠偏注意事项

①在切换刀盘转动方向时,保留适当时间间隔,切换速度不宜过快。

②出现偏差及时根据掌子面地层情况调整掘进参数,调整掘进方向,避免引起更大的偏差。

③蛇行的修正以长距离缓慢修正为原则,如修正过急,蛇行反而会更加严重。在直线推进的情况下,选取盾构当时所在位置点与设计线上远方的一点作一直线,然后再以这条线为新的基准进行线形管理。在曲线推进的情况下,使盾构机当时所在位置点与远方点的连线同设计曲线相切。

盾构机掘进纠偏时,平面调差折角小于 0.4%、高程调差小于等于 20 mm,以防止纠偏过激。

2.5.3 管片拼装

1. 管片拼装方式

管片拼装按照设计图纸要求进行。一般隧道衬砌由六块预制钢筋混凝土管片拼装而成,包括封顶块、邻接块、标准块。采用错缝、自下而上交叉拼装,封顶块和邻接块搭接 1/3,最后纵向插入。封顶块安装时需保证两块邻接块间有足够的插入空间。

2. 管片拼装流程

管片采用错缝拼装,工艺特点为"先下后上、先纵后环、左右交叉、纵向插入、封顶成环"。其步骤如下。

①管片选型是以满足隧道线形为前提,重点考虑管片安装后盾尾间隙满足下一掘进循环限值,确保有足够的盾尾间隙,以防盾尾直接接触管片。一般情况下,管片选型与安装位置是根据推进指令先行决定的,目的是使管片环安装后推进油缸行程差较小。

②每环掘进的后期,清除前一环环面和盾尾的杂物;在一环掘进结束后,将操作盘上的掘进模式转换为管片安装模式;盾构推进后,现状姿态符合拼装要求。

③管片安装必须从隧道底部开始,然后依次安装相邻块,最后安装封顶块。

④封顶块安装前,应对止水条进行润滑处理,安装时先径向插入,调整位置后缓慢纵向顶推。

⑤管片块安装到位后,应及时伸出相应位置的推进油缸顶紧管片,其顶推力应大于稳定管片所需力,然后方可移开管片安装机。

⑥在管片环脱离盾尾后要对管片连接螺栓进行二次紧固。

⑦管片安装时,非管片安装人员不得进入管片安装区。

⑧在切换刀盘转动方向时,保留适当的时间间隔,对切换速度进行控制,切换速度过快可能造成管片受力状态突变,导致管片损坏。

2.5.4 管片背后注浆技术

盾构机的刀盘开挖直径为 6280 mm,管片外径为 6000 mm,当管片在盾尾处安装完成后,盾构机向前推进,管片与土层之间形成 14 cm 的建筑间隙,应及时采用浆液材料填充此环形间隙,这有利于防止和减少地层变形,提高结构的稳定性。

1. 同步注浆材料及配合比

采用水泥砂浆(可硬性浆液)作为同步注浆材料,具有凝结时间较短、强度高、耐久性好和抗腐蚀性好等特点。

对浆液配合比进行不同的试调配及性能测定比较后,优化出满足不同条件下使用要求的配方,书面报监理工程师审定后正式投入使用。同时应在试推进施工过程中对不同浆液的配合比而产生的地表不同沉降值进行核对后,再对浆液配合比进行相应的优化及调整。

该浆液配合比的物理力学指标如下。

①胶凝时间:一般为 3~10 h,根据地层条件和掘进速度,通过现场试验加入速凝剂及变更配合比来调整胶凝时间。对于强透水地层和过建筑物、小曲线等地段,可通过现场试验进一步调整配合比和加入早强剂或减水剂,进一步缩短胶凝时间,获得早期强度,保证良好的注浆效果。

②固结体强度:1 d 强度不小于 0.2 MPa,28 d 强度不小于 2.5 MPa。

③固结收缩率:<5%。
④浆液稠度:9~13 cm。
⑤浆液稳定性:离析率小于5%。

2. 同步注浆设备

盾构机推进时,通过安装在盾尾内的内置式注浆管向管片与地层间的环形建筑空间注入足量的填充浆液。每根管上有高压压力表和阀门,该管通过软管与盾构机1号拖车上配置的注浆泵分别相连,注浆泵可手动控制,也可自动控制。

同步注浆系统:配备液压注浆泵2台,注浆能力$2 \times 12 \text{ m}^3/\text{h}$,8个盾尾注入管口(其中4个备用)及其配套管路。

运输系统:砂浆罐车(7 m^3),带有自搅拌功能和砂浆输送泵,随编组列车一起运输。

3. 同步注浆施工工艺

同步注浆通过同步注浆系统及盾尾内置的4根注浆管,在盾构向前推进、盾尾空隙形成的同时进行。浆液在盾尾空隙形成的瞬间及时起到充填作用,从而使周围土体获得及时的支撑,可有效地防止土体坍陷,控制地表沉降。

同步注浆材料大多为水泥砂浆,由水泥、砂、粉煤灰、膨润土、水和外加剂等组成。注浆可根据需要采用自动控制或手动控制方式,自动控制方式即预先设定注浆压力,由控制程序自动调整注浆速度,当注浆压力达到设定值时,自行停止注浆。手动控制方式则由人工根据掘进情况随时调整注浆流量,以防注浆速度过快而影响注浆效果。一般不从预留注浆孔注浆,以降低从管片渗漏水的可能。

(1)注浆量确定

注浆量是以盾尾建筑空隙量为基础并结合地层、线路及掘进方式等确定的,应考虑适当的饱满系数,以保证达到充填密实的目的。根据施工实际,这里的饱满系数包括由注浆压力产生的压密系数、取决于地质情况的土质系数、施工消耗系数和由掘进方式产生的超挖系数等,一般主要考虑压密系数和超挖系数。以上饱满系数在考虑时须累计。

同步注浆注浆量经验计算公式为

$$Q = q\lambda \qquad (2.5)$$

式中:q 为充填体积,m^3,$q=\pi(b^2-d^2)L/4$,b 为盾构切削外径,m,d 为预制管片外径,m,L 为回填注浆段长,即预制管片每环长度,m;λ 为注浆率(一般为130%~180%),$\lambda=a_1+a_2+a_3+a_4+1$,$a_1$ 为压密系数,取值范围为 0.3~0.5,a_2 为土质系数,取值范围为 0.05~0.15,a_3 为施工损耗系数,取值范围为 0.1~0.2,a_4 为超挖系数,取值范围为 0.1~0.2;Q 为盾构施工引起管片背面的空隙,m^3。

在全风化带、残积土中,注浆率取 1.2~1.5;在强风化带、中风化带、微风化带中,注浆率取 1.8~2.15。

(2) 注浆压力确定及控制

①注浆压力确定。

注浆压力主要取决于地层阻力,但与浆液特性、土仓压力、设备性能、管片强度也有关系。

注浆压力通常为 0.1~0.3 MPa,一般理论计算与实际情况是有出入的,必须结合现场实际情况和地面沉降监测分析数据来确定。在全风化及以下的地层中,注浆压力一般在 0.15~0.30 MPa;在中风化以上的岩层中,注浆压力取决于围岩条件和裂隙水压力,一般在 0.1~0.15 MPa。考虑到管片的抗剪切能力,注浆压力一般不大于 1 MPa;当注浆压力为 4 MPa 左右时,混凝土管片封顶块的螺栓会被剪断。

②注浆压力控制。

注浆过程有注浆压力、注浆量两个控制标准。一般情况下,以注浆压力控制为主;如果地层自稳性好,地下水压小,则以注浆量控制为主。

全风化地层的理论注浆量为 6.0~7.0 m^3/环。以海瑞克盾构机为例,其注浆泵为活塞式注浆泵,每冲程的理论注浆量为 12 L,但由于活塞泵前面的储浆囊中经常有凝结的水泥块,根据经验,每冲程的注浆在 10~11 L,施工时一般按 10 L 考虑,6 m^3 浆液冲程数量就是 600 个。

(3) 注浆速度

注浆速度应与掘进速度相匹配,所以注浆泵的性能要满足注浆速度的需求。注浆速度计算公式为

$$Q_v = Q \times v \times t/L_0 \tag{2.6}$$

式中:Q_v 为在时间 t 范围内理论注浆量,m^3;Q 为每环管片理论注浆量,m^3;v 为掘进速度,mm/min;t 为掘进有效时间,min;L_0 为管片宽度减去 150 mm(例如,若管片宽度为 1500 mm,则 L_0=1500 mm-150 mm=1350 mm)。

若掘进速度稳定,Q_v 与 t 呈线性关系。同步注浆速度和推进速度应匹配,

即在盾构机推进的同时进行足量注浆。

（4）注浆结束标准

采用注浆压力和注浆量双指标控制。

4. 二次注浆

同步注浆填充量不足、地面变形过大、经过建筑物等地段须进行二次注浆。二次注浆通过吊装孔进行，可选用水泥、水玻璃双液浆或水泥砂浆，在管片出台架后进行，注浆压力为 0.3～1.0 MPa。

注浆前，应在起吊孔内装入单向逆止阀并凿穿外侧保护层。在一台砂浆泵的输浆管上装一个分支接口，通过该接口即可实施管片注浆。二次注浆一般采用手动控制。

2.5.5 后配套运输

采用土压平衡盾构法施工的后配套运输系统涉及与盾构能力匹配及施工进度、一次配置成本或长期使用成本、对本标段或今后不同区间的适用性以及施工管理的易操作性等问题。

一台盾构机，如要达到较快的施工进度，就必须配置强大的后配套运输系统；如要取得较高的施工效益，就必须配置最佳的后配套运输系统。

目前，国内盾构法施工的后配套运输系统基本上均采用有轨运输方式，运输系统的主要参数与隧道长度、隧道坡度、工程进度要求、盾构机型号及参数有关。

有轨运输的优点是适用性强，能把各种类型的盾构机切削出来的渣土（从泥浆到砂砾和卵石等）运出，把管片、背后注浆材料运进，能适应各种区间隧道长度，系统本身采用的工业技术及产品也极为成熟、可靠，目前国内的土压平衡式盾构施工均采用轨道方式。

1. 运输系统设备组成

运输系统设备包括提升门吊、门吊上的翻转倒渣装置（或固定在地面上的翻转倒渣装置）、门吊轨线、地面渣仓等，组成垂直提升的运渣倒渣系统、管片及材料垂直下放系统，由牵引机车、渣土运输车、砂浆运输车、管片运输车组成水平运输系统的编组列车。

管片运输车在前方，列车进入盾构机后配套系统时，刚好使管片运输车位于管片吊机下方。管片运输车前面也不能有其他车辆，否则会妨碍管片的吊卸。

其后紧跟砂浆运输车,进入盾构机后配套系统时,恰好位于盾构机同步注浆罐附近。机车在最后,进入时推着列车,驶出时拉着列车。

采用列车运输方案时,每列车编组必须包含 2 辆管片车、1 辆砂浆车、3 辆渣车和 1 辆牵引机车。2 辆管片车装载 1 环管片,1 辆砂浆车装载循环注浆料。由钢轨和轨枕组成隧道运输轨线,可以是单线制、四轨三线制或复合式轨线制。

2. 运输循环过程

①编组列车驶入隧道时,管片运输车、砂浆运输车为重车,将管片、砂浆以及其他材料运进,运渣车为空车。驶出隧道时,管片运输车、砂浆运输车为轻车,运渣车为重车,将渣土水平运出,提升门吊系统则完成渣土的垂直运输。

②渣土的吊卸:门吊把渣车车厢吊离渣车底盘,到规定的高度后,车厢随门吊小车横移到渣仓纵向位置,再随门吊大车移动到渣仓横向位置,利用设置在门吊上的翻转机构,随着吊钩下落,车厢及渣土利用重心与转轴的不平衡而翻转卸渣。从车厢被吊离底盘到车厢吊回底盘,卸渣过程需 8~12 min。受起升下降速度及起重安全规程所限,不同容量的车厢在这一过程中需要的时间基本相同。

3. 运输能力选择需要考虑的因素

后配套运输系统的能力首先要满足工程施工进度要求,在此前提下,配置成本有不同的考虑。

①完全按本工程施工进度的要求来考虑。一是后配套运输系统投资在本工程中完全摊销,运输系统设备在满足可靠性和进度的前提下,技术等级和使用寿命仅考虑本工程需要以使成本最低。二是投资在本工程中不完全摊销,设备的技术等级和使用寿命须适当考虑。

②兼顾以后工程预计的施工进度要求来考虑。由于后配套运输系统往往随盾构机继续在以后的工程施工中使用,因此后配套运输系统的能力要兼顾以后工程施工进度的需要。同时,后配套运输系统的能力必须比盾构机的能力略大,以补偿工序衔接脱节时带来的时间损失,保证预定的施工进度。

后配套运输系统设备的技术等级也影响配置成本,但低技术等级一般会导致系统的可靠性降低。由此在施工中带来的损失往往比节省的配置成本大得多,因此应考虑系统设备的技术等级。

后配套运输系统的能力与设备的规格、数量有关。同一种配置能力,设备规格大的数量少,规格小的数量多。要综合考虑设备的规格,使之具有普遍的适用性。假设本工程预定的施工进度要求不高,那么配置适当规格和数量的设备,待下一工程施工进度要求高或低时,则只增减设备的数量而不需要改变设备的规格,可使本公司的设备标准化,有利于公司长期的技术管理和成本控制。

4. 轨线制选择

轨道运输有四轨三线制、单线制和复合式轨线制三种方式可供选择。

（1）四轨三线制

由于空间有限,轨道一般采用762 mm轨距,左右线分别为重车和轻车运输线。在盾构机后配套后部设一双开道岔浮放轨,可由盾构机拖行,也可由机车拖移。通过浮放轨,列车可进入由两根内轨组成的中线而进入盾构机内部。

四轨三线制的优点：

①对编组列车的容量没有特别的要求,可组织两列以上编组列车施工运输；

②由于左右两线的运输互不干涉,运输是连续的,与区间隧道的长度无关；

③列车调度有较大的灵活性,易于应对突发性故障和事件；

④工序适应性较强,当工序临时变动或脱节时,便于进行列车临时调度；

⑤运输列车长度可长可短,可配合各种长度的盾构机输送带。

四轨三线制的缺点是轨枕要求的长度长、强度大,轨道需要量很大。

（2）单线制

单线制轨线不设会车,其轨距可达900 mm或以上,列车直接进入盾构机后配套。

单线制的优点：

①由于车宽仅受盾构机后配套内净空限制,在后配套内净空允许的情况下,列车车辆的车宽较宽,单辆或单列车运量较大；

②轨道需要量少；

③轨面高程低,有利于盾构机后配套设备布置。

单线制的缺点是对列车的容量有特别的要求,不利于应对突发故障和事件,工序的适应性差,工序脱节时难以临时调度弥补。

当一列车的容量等于盾构机一环掘进的渣量时,列车循环一次的时间（驶进、驶出、装渣、卸渣时间总和）不能大于盾构机两个循环的时间,否则将会使盾构机在一个掘进循环中停机等待一次。也就是说,在每台盾构配两列车、每列列车的容量等于一环掘进的渣量的情况下,单线制轨线只适于区间长度为2000 m以下的隧道的出渣运输（设机车平均速度为8 km/h）。

当每列列车的容量小于盾构机一环掘进的渣量,盾构机一环掘进的渣量由两列车运出时,列车重车驶出及轻车驶入的时间总和,即为盾构机一环掘进中停机等待的时间。例如,设列车平均行驶速度为 8 km/h,当运距为 1000 m 时,盾构机一环掘进中停机等待的时间为 15 min。因此,单线制轨线只适用于短区间隧道施工。

(3) 复合式轨线制

四轨三线制的缺点是钢轨和轨枕材料需要量大,单线制的缺点是不适用于特长盾构区间施工,两者结合、取长补短即形成复合式轨线制。

当盾构区间特别长(3000 m 以上)时,主运输轨线仍为单线制轨线,在后配套后部和隧道的特定点设双线会车点,可以是固定的,也可以是可移动式的。会车点间隔距离根据运输系统诸参数计算确定,既节省钢轨和轨枕材料,又满足特长盾构区间施工运输需要。复合式轨线制对行车调度系统和施工工序的准时要求严格,行车调度可借助于铁路的自动闭塞系统来管理,中央调度室控制各会车点的红绿灯放行列车。

5. 运输参数的选择

(1) 渣土运输车容量选择

在影响后配套运输系统能力的所有因素中,唯一起主导作用的是门吊的提升速度,一般为 20~30 m/min。地铁隧道高程与地面高程差一般为 15~30 m,每台门吊每天的极限提升循环车数约为 120 车,因此,渣车容量成为制约垂直运输能力的重要因素,渣车容量越大则垂直运输能力越大。

(2) 编组列车数量选择

渣土运输车容量确定后,可以计算确定一个掘进循环需要的列车编组数量。就成本来说,一个掘进循环的渣土由一列车运出还是由两列车运出差别不大,一个大机车的价格和两个小机车的价格也差不多。

(3) 列车运行持续速度选择

从满足施工进度要求方面考虑,机车持续速度越快越好;而从降低机车价格方面考虑,机车持续速度越慢越好。实际上,决定机车持续速度的因素是轨道铺设标准。由于地铁隧道施工运输轨线都是临时性质的,轨道铺设标准较低,即使机车具备较高的持续速度能力,也难以发挥。根据经验,地铁隧道施工运输轨线允许的行驶速度一般在 20 km/h 以下,故地铁隧道施工的机车持续速度一般为 8 km/h,最高速度为 16 km/h。根据这一速度,可计算列车的容量等级和所需的列车数。

(4) 运输系统的技术等级选择

后配套运输系统的技术等级很多。以机车为例,有内燃机车和蓄电池机车两种,而蓄电池机车又有直交变频机车和直流机车之分,应采用具有较高技术等级的设备以提高运输系统的可靠性。

(5) 渣土的松方系数和容重

地质条件不同,其松方系数差别较大。例如,广州地铁越三区间隧道实测的松方系数达 1.8,而南京地铁一号线玄武门—南京站区间隧道实测的松方系数只有 1.1。后配套运输系统要适应多个盾构区间掘进,故松方系数一般按照 1.5 计算。盾构掘进松方因含有大量的水,其容重较山岭隧道开挖松方的容重略大。不管松方系数如何,实际容重多为 1.8~2.0 t/m³。

6. 运输能力计算以及设备配置

以某一盾构区间为例,其工程参数如下:盾构机切削直径为 6280 mm,盾构区间长度 2000 m,施工平均进度指标 360 m/月,管片宽度 1.5 m,出渣井提升高度 20 m,隧道坡度 30‰。

(1) 每环掘进渣量估算

每环掘进渣量计算公式为

$$Q = \pi \times R^2 \times B \times \mu \tag{2.7}$$

式中:R 为开挖半径,m;B 为管片幅宽,m;μ 为松方系数。

则该实例中每环掘进渣量为

$$Q = 3.14 \times 3.14^2 \times 1.5 \times 1.5 \text{ m}^3 = 69.66 \text{ m}^3$$

(2) 每环掘进渣重估算

每环渣重为 69.66×2.0 t $= 139.32$ t(为了使机车牵引力有足够的能力储备,容重系数按 2.0 t/m³ 计算)。

(3) 门吊每车次卸渣循环时间估算

小车平均行走行程 10 m,大车平均行走行程 10 m;提升及下降平均速度 8 m/min,小车行走平均速度 12 m/min,大车行走平均速度 20 m/min。每循环时间包括渣车定位 0.25 min,挂杆挡接 0.4 min,提升 20/8 min $=$ 2.5 min,小车行驶 10/12 min $=$ 0.83 min,大车行驶 10/20 min $=$ 0.5 min,倒渣及回位 1.5 min,大车回程 10/20 min $=$ 0.5 min,小车回程 10/20 min $=$ 0.83 min,下降 20/8 min $=$ 2.5 min,挂杆脱离 0.4 min。合计 10.2 min(实际按照 12 min 计算)。

(4)门吊每工作日理论、实际极限卸渣车次

每工作日理论极限卸渣车次为 24 h×60 min/12 min＝120 车次;实际每工作日极限卸渣车次为 16 h×60 min/12 min＝80 车次。

(5)运输能力计算和设备配置

①轨线制:盾构区间长 2000 m,选用单线制轨线。

②渣车容量:施工平均进度指标为 360 m/月,共 240 环,每月掘进工作日为 25 d,平均每天应完成 9.6 环,故选择容量为 11.5 m³ 的渣车。采用每掘进一环渣量由一列车运出方案,则每列车渣车数量为 6 辆。

③运输循环和列车数量:掘进速度按 3 cm/min 考虑,每循环掘进时间约为 50 min,管片安装时间为 40 min,循环总时间为 90 min。列车平均行驶速度为 8 km/h,则最大驶入和驶出时间均为 15 min。每掘进一环渣量由一列车运出的循环时间是矛盾的,必须由两列车运出,每环掘进停机等待 30 min,故每环渣量由两列车运出时,其循环总时间为 120 min。

(6)所需牵引机车能力计算

3 辆 11.5 m³ 渣车:3×8.5 t＝25.5 t(驶出时为重车)。

1 辆 6 m³ 砂浆车:5 t(驶出时为空车)。

2 辆管片车:6 t(驶出时为空车)。

列车牵引总重＝69 t(渣重)＋25.5 t＋5 t＋6 t(车辆自重)＝105.5 t。

机车黏着牵引力≥坡道阻力＋列车综合运行阻力＋加速惯性力

$$G_1\mu \geqslant (G_1+G_2)(\mu_1+\mu_2+a/g) \tag{2.8}$$

$$G_1 \geqslant G_2(\mu_1+\mu_2+a/g)/[\mu-(\mu_1+\mu_2+a/g)] \tag{2.9}$$

式中:G_1 为机车黏重;G_2 为车辆及渣土质量;μ 为许用黏着系数;μ_1 为坡道阻力系数;μ_2 为列车运行阻力综合系数,包括滚动阻力系数、轴承摩擦阻力系数、同轴车轮直径差引起的滑动摩擦阻力系数、车轮轮缘在直道或弯道时与钢轨摩擦的阻力系数、车辆振动或摇晃引起的能耗及空气阻力系数、轴对安装平行度误差引起的差滑阻力系数、曲线离心力引起的侧滑阻力系数等;a 为列车平均加速度。

牵引机车持续牵引力为

$$F = (G_1+G_2)(\mu_1+\mu_2) \tag{2.10}$$

牵引机车功率为

$$N = Fv/3.6\mu_3 \tag{2.11}$$

式中:μ_3 为总效率。

(7) 直交变频牵引系列机车

直交变频牵引机车黏着重量有 12 t、18 t、25 t 和 45 t 四种,其黏着系数可达 0.4,其牵引特性如下。

①主变频器无速度传感器,为准矢量控制,但其 1‰ 的控制精度已足以满足机车速度控制需要。

②机车依靠变频器输出的可变频率进行调速,加速与减速过程基本上接近于无级变化,驱动力稳定、无突变,车轮与钢轨始终处于滚动黏着状态,可保证牵引力的稳定输出。

③变频器输出的频率不变时,电机能根据坡道或阻力情况在电动牵引状态或发电制动状态下自动转换,机车仅靠电机(直流机车需辅以制动装置)就能实现稳定的恒速控制(额定频率以下时),恒速误差不大于转差率的两倍。恒速控制的方便可靠保证了牵引作业的安全可靠。

④电机在额定频率以下时为恒扭矩输出,特性硬、控制感好,适用于机车低速重载加速工况;在额定频率以上时为恒功率输出,适用于机车高速轻载工况。

⑤变频器能使电机在零速和低速时获得足够大的扭矩输出(150% 以上),可保证机车有足够的启动牵引力。

能耗低:由于仅依靠变频器输出的可变频率进行调速,启动及调速过程不消耗额外的电能,又由于能在全过程的行驶中采用电回馈制动,并向蓄电池回馈电能,比直流机车节省能源 35% 左右。

电制动:电回馈制动力随转差率(发电机状态下为负值)绝对值的增长逐步加大,其最大值不大于小时牵引力,相当于汽车的 ABS 装置,可有效防止车轮抱死,并能满足在额定载荷下的制动要求。

免维修性:直流机车的串激电机碳刷与换向器日常维保工作量大,换向器磨损到一定程度后不能修复,只能更换整个电枢,一般 3～6 个月一次;司控器更换周期 1～2 年,触点的更换更为频繁。而交流机车使用的异步电机无滑动摩擦部件,基本上与机车同寿命;变频器为无触点电路,使用寿命长,故障率低;电回馈制动作为控速的主要手段,空气制动系统的闸瓦仅在紧急制动及驻车时使用,磨损极少,维修量很少。交流机车整车基本上能做到免维修。

操控性:机车的启动、加速、恒速控制、减速、停车及换向均由一个手轮控制。手轮输入各种操作指令信号,微电脑控制器将其进行模数转换和数字运算,自动控制整个机车的动作及保护,并实时自动采集主变频器工作频率和工作电流的输出值,运算结果在数码屏上显示,司机只需要稍加培训即可操作。

(8) 常用渣车技术特点

常用渣车的技术特点如下。

①渣车车厢上设有供提升机挂杆挂接提升的承重旋转轴,旋转轴除承受车厢及渣土质量,在地面的卸渣过程中还作为旋转倒渣机构的结构之一。

②渣车车厢上设有供翻转倒渣的定位轴、一次旋转座轴及二次旋转座轴,包括上述的挂轴,与提升机和翻车座一起构成自动倒渣系统,使 12 m³ 和 18 m³ 的渣土在 1 min 内完成卸渣循环。

③渣车车厢底部设有供车厢坐落在底盘上的定位机构,该机构为楔形结构,使车厢下落与底盘结合时方便快捷,自动与底盘定位。

④渣车底盘设有供车厢坐落时的凹型定位结构,同时也作为行驶时的车厢与底盘的锁固,采用这种结构后,车厢与底盘(底盘不随车厢提升到地面)的分离与结合只需要使用提升机即可完成,不需要再进行其他定位或连接操作。

⑤渣车底盘采用自行设计的含有排气制动和给气制动双回路制动缸的基础制动结构的转向架。渣车在行驶过程中平稳性好,缓冲性好,转弯半径小,在 30‰ 的坡度上重载状态下能可靠制动。以往的小渣车本身无制动装置,一旦脱钩,在有坡度的轨线上非常危险。

⑥渣车总体设计最大限度地合理安排空间,使渣车在有限的空间体积下具有尽可能大的装载容量,装载容量达整车体积的 80%。

(9) 砂浆运输车

砂浆运输车的技术特点如下:有防沉淀专用的搅拌机构;采用料箱体与行走悬挂装置合并为一体的紧凑结构形式;适用于对含有固体颗粒的砂浆类流体物质进行密封的密封结构;专用行走机构;低噪声的搅拌驱动机构。

(10) 管片运输车

管片运输车的技术特点如下:车体专为放置圆弧形混凝土管片设计,车身低矮,两端略高,适用于管片形状,并留有管片吊绳套出空间;设置有专门的橡胶垫装置,避免运输过程中管片损坏;行走轮对的缓冲弹簧设置在车体内;具有驻车制动装置。

(11) 垂直运输龙门吊选择

根据水平运输需求的统计,每掘进一环的垂直运输次数平均为 8~12 次,其中 16 t 龙门吊运行 2 次吊运 6 片管片下井,运行 2~4 次吊运其他材料下井。40 t 龙门吊承担 6 次渣土车的垂直提升任务(渣土车自重 = 8.5 t + 11.5 × 2 t = 31.5 t,安全系数取 1.2,则 1.2 × 31.5 t = 37.8 t)。通常龙门吊轨距为 11.4 m。

2.5.6 渣土改良与盾尾密封

1. 渣土改良

(1) 渣土改良的目的

盾构在泥岩或粉质黏土地层中施工时,进行渣土改良是保证盾构施工安全、顺利、快速的一项不可缺少的重要技术手段。其目的如下。

①使渣土具有良好的土压平衡效果,利于稳定开挖面,控制地表沉降。

②提高渣土的不透水性,使渣土具有较好的止水性,从而控制地下水流失。

③提高渣土的流动性,利于螺旋输送机排土。

④防止开挖的渣土黏结刀盘而产生泥饼。

⑤防止螺旋输送机排土时出现喷涌现象。

⑥降低刀盘扭矩和螺旋输送机的扭矩,同时减少对刀具和螺旋输送机的磨损,从而提高盾构机的掘进效率。

(2) 渣土改良的方法

渣土改良就是通过盾构机的专用装置向刀盘面、土仓或螺旋输送机内注入添加剂,利用刀盘的旋转搅拌、土仓搅拌装置搅拌或螺旋输送机旋转搅拌,使添加剂与渣土混合,其主要目的就是使盾构切削下来的渣土具有好的流塑性、合适的稠度、较低的透水性和较小的摩阻力,以实现在不同地质条件下掘进时都可达到理想工作状况的目的。添加剂主要有泡沫、膨润土以及聚合物。

(3) 改良剂的确定及配合比、掺量

根据地铁以往成功的施工经验,正常推进阶段改良剂采用泡沫剂+水,局部富水层采用膨润土,有明显效果,能显著降低刀盘、螺旋输送机的油压及盾构推力,减小刀盘扭矩,减轻泥岩地层对盾构设备的磨损,提高掘进速度和设备的使用寿命。

正常推进阶段,泡沫剂添加率一般为 $20\%\sim35\%$。泡沫剂组成为 $90\%\sim95\%$ 的压缩空气和 $5\%\sim10\%$ 的泡沫溶液。泡沫溶液的组成为泡沫添加剂 $2\%\sim3\%$,水 $90\%\sim98\%$。所用泡沫剂黏度一般不低于 $0.1\ Pa\cdot s$。膨润土泥浆配合比为水:膨润土:外加剂=10:1:0.2,膨润土为优质的钠基膨润土,外加剂为碱、CMC 及超硫化剂 DAV 等,泥浆坍落度控制在 20 cm 以内。

(4) 泡沫的作用机理

①通过注入泡沫,在刀盘前方形成一层膜,建立起泥土压力,为土体结构提

供水平推力,利于形成拱结构。

②泡沫使开挖面土体的强度和刚度得到加强,提高了开挖面土体的竖向抵抗力,对开挖面土体起到了支护作用,减少了开挖面土体失稳的可能。

③利用泡沫优良的润滑性能,改善土体粒状构造,同时吸附在颗粒之间的气泡可以减少土体颗粒与刀盘系统的直接摩擦,降低土体的渗透性,又因其比重小,搅拌负荷轻,容易将土体搅拌均匀,从而做到既能平衡开挖面土压,又能连续向外顺畅排土,同时泡沫具有可压缩性,对土压的稳定也有积极作用。

(5) 渣土改良的主要技术措施

渣土和易性是判定渣土改良成效的最重要标准。正常的和易性,是土水不分离,且流动性较好,渣土稠度在 12~20 s。如渣土和易性差,稠度过大,则在很大程度上将影响盾构的推进效率。

①在微风化地层,设置合适的泡沫参数,在刀盘前注入适量泡沫,在土仓偏上位置同步注入适量的水,使得输出的结果为流动性较好的土石混合物,降低了刀盘扭矩以及对螺旋输送机和刀具的磨损,在螺旋输送机内形成土塞效应,防止喷涌。

②在复合地层或岩石地层,应调整泡沫参数,减少空气量,加大泡沫量和水量,适当降低土仓压力,避免土仓内结泥饼,降低磨耗。

③在地下水发育地段,可在土仓下部靠近螺旋输送机部位注入空气,将土仓内和前方的土体孔隙水疏干,从而防止喷涌。

④对于土仓旋转主臂内结饼的预防措施:通过回转单元增加一条注入管道,该管道在靠近土仓的中间区域进行高压水注射,防止渣土在中间部分阻塞。

2. 盾尾密封

始发前,每一块密封刷必须焊接牢固,并保证密封刷无损坏。施工过程中可在各道密封刷之间利用自动供给油脂系统压注高止水性油蜡,确保高水压作用下的止水可靠性。盾构掘进过程中视油脂压力及时进行补充,当发现盾尾有少量漏浆时,采用手动方式对漏浆部位及时补压盾尾油脂。

2.6 盾构调头、过站和空推

2.6.1 盾构调头

盾构进入车站前,应先安装好盾构接收托架。由于需要在车站内调头,车站调头井上部若有圈梁,梁底与盾构顶部应不小于13 cm,安装接收架时,应先按照盾构进入车站时的高程确定接收架的高度并进行固定,待接收盾构后,再把盾构连同接收架的高程降下来,以便于盾构转向时与车站结构中板纵向梁不发生干涉。

1. 盾构调头步骤

①及时清理盾构主机进站带来的渣土。

②盾构向前推进至接收架上,将主机与设备桥脱离,拆除主机与设备桥间的连接管线,设备桥前端利用自制门架支撑,同时拆除皮带输送机。

③将接收架和主机盾壳通过焊接连为一体,并在盾壳两侧焊接4个支撑座,然后拆除接收架固定支撑,并利用4个150 t的液压千斤顶将主机连同接收架顶升起来,拆除接收架底部的垫层。

④将主机连同接收架回落至底板的滚珠上,利用20 t手拉葫芦将接收架连同盾构主机拖至端头井中部并调头,调头后平移至右线,然后进行初步定位,采用4个150 t的液压千斤顶将主机连同接收架顶升起来,在下部垫入垫层并固定牢固,将主机与接收架分离。

2. 设备桥调头步骤

①用枕木搭建临时轨线基础,设备桥后部利用自制门架支撑,设备桥与一号拖车断开,在设备桥支架下部铺设50 mm圆钢。

②用手拉葫芦和油缸将门架及设备桥一起推入车站内部,并在车站立柱之间进行调头,进入车站的另一条线。

③将设备桥前端与盾构对接,后部安装设备桥和皮带机的共同支撑架,并在设备桥上安装临时皮带输送机。

④设备桥和后配套拖车之间利用延长管线进行连接。

⑤安装反力架、钢环和负环管片。

⑥盾构调试、始发,掘进中的渣土及材料的运输通过左右线的临时轨线完成。掘进60 m后,可进行后配套的跟进。

3. 后配套拖车调头转向

在端头井内进行后配套拖车的平移调头,掘进60 m后,在非掘进状态下拆除反力架、始发架;将0~15环管片用拉杆连接成整体,可以有效防止管片后退、松弛。拆除设备桥与第一节后配套拖车间的延长管线,利用盾构接收架将后配套一号拖车移至端头井中间进行调头并平移至右线,利用电瓶车将后配套拖车拖至洞内与设备桥连接成整体,连接后配套拖车,重新连接水、电、油等管路,使盾构形成正常的掘进状态,将盾构配套的皮带输送机进行硫化安装,对主机和后配套所有机构进行调试,并进行掘进。

2.6.2 盾构过站

1. 盾构过站技术措施

①盾构过站前,制订详细的组装方案与计划,同时组织有经验的经过技术培训的人员组成作业班组。

②到达前,对基座进行加固和精确定位,确保盾构过站时托架的刚度。

③到达前,将站台板预埋插筋和其他影响盾构过站的预埋件砸平,保证底板的平整。

④在底板铺设钢板,并涂抹黄油,减少盾构滑动的摩擦力。

⑤底板铺钢板前,做一个找平层,减少滑动附加力。

⑥定时校正千斤顶油缸的行程,使千斤顶行程同步。

2. 过站准备

(1) 过站小车的准备

过站小车由始发托架改造而成。具体要求为:在始发托架底焊接一块 $\delta=$ 30 mm 的钢板(宽 500 mm),焊缝间距为 150 mm,每一处焊缝长度为 150 mm。始发托架每一侧必须双面焊接,端头两侧加焊推进油缸延长臂,四面用挡块和钢支撑固定(小车定好位后),防止在盾构推上始发托架时发生移动。

(2) 车站底板的准备

准备工作主要包括场地平整和在场地上铺设钢板、为盾构过站小车提供平整且强度足够的滚动面。为便于钢板的移动,应在车站一端安设一台卷扬机,在盾构到站之前进行车站内卷扬机的安装固定工作。

(3) 盾构固定

盾构始发上始发托架后,应将盾构与始发托架焊接成一个整体。

(4) 盾构平移和推进准备

为保证盾构平移,在始发托架下部铺上钢板,并在钢板上涂抹黄油。为保证盾构的顺利推进,在场地铺设的钢板上安装推进反力座,同时准备两个推进油缸。为了便于盾构的推进及过程中的调向,在过站小车与底板钢板间放置滚轴。

(5) 盾构主机与后配套分离

在盾构到达前做好电缆线与油管的标识。在盾构上始发托架后,将主机与后配套之间的各种管线拆开,同时用支撑架把连接桥支撑起来,最后把连接桥与主机连接的拖拉油缸拆除,完成主机与后配套的分离。

3. 盾构主机过站

(1) 盾构平移

盾构的平移根据施工需要进行。首先,把固定始发托架上的挡块和钢支撑拆除,保证始发台四周没有障碍物。在始发台的右侧平移钢板上焊上反力座(250 mm×100 mm×40 mm),把两个油缸放置在反力座与始发间,开始水平推移盾构。

(2) 钢板及滚轴放置

先把 4 个顶升液压千斤顶安装到盾构两侧的支撑座上,并把液压千斤顶的油管接好。开动液压泵站,把顶升液压千斤顶油缸均匀、平稳地慢慢伸出,顶起盾构。盾构抬起后,先把始发台下部的平移钢板用卷扬机拖出,然后再用卷扬机在过站小车底放置推进钢板,铺好钢板后,在钢板与过站小车之间放入滚轴,然后收回顶伸油缸,使盾构和过站小车落在滚轴上。

(3) 盾构主机推进

先把盾构后侧面的两个液压千斤顶的油管拆除,再将油缸放置到位。打开液压泵站,依次开启两边的推进油缸,使油缸撑靴顶紧过站小车上的推进挡板,然后同时开动两边的推进油缸,推动盾构前进。盾构往前行走 300 mm 后,把推进油缸收回,前移到下一个反力座,继续进行下一循环的推进。盾构前进过程中,操作人员要及时把后面的滚轴拿到盾构的前部,摆放在钢板上。

(4) 地面钢板前移

盾构前移约 8 m 后,需要将过站小车底钢板前移。具体方法是:首先开动千斤顶把过站小车连同盾构顶起至完全离开滚轴,然后用卷扬机把钢板前拖,直到钢板的尾部和过站小车的尾部基本在同一位置。在拖动钢板到位后,调整钢板的横向位置及滚轴的摆放位置,然后再收起千斤顶,使盾构连同过站小车落到滚轴上,开始下一循环的前移。依此循环,直至盾构主机推进到位即完成盾构主机过站。

4. 后配套过站

(1) 后配套过站轨道

根据区间隧道与车站位置关系,在接收井内用枕木(250 mm×300 mm)做临时轨枕,将轨线延伸至站台,站台内轨枕用15号工字钢制成。

(2) 后配套设备过站

后配套设备的轨道铺设完成后,开始后配套设备的过站工作。将后配套连接桥的前端支撑在一管片运送车上,直接利用电瓶机车牵引整个后配套系统向前移动。

2.6.3 盾构空推

1. 盾构空推概述

盾构空推是先采用矿山法开挖隧道并完成初支,然后再利用盾构拼装管片空推通过的一种施工方法。空推的同时由盾构机拼装管片以形成矿山法隧道的二衬。二衬和初支之间的孔隙采用粒径小于10 mm的细石土填充,然后注浆填充空隙,最终由注浆体和管片共同构成矿山法隧道的二衬。

矿山法隧道内净空尺寸为ϕ600,在盾构机外径6280 mm的基础上考虑160 mm的盾构工作空间;采用C25、S6喷射混凝土+锚杆支护,矿山法隧道底部60°范围设有半径3125 mm、厚175 mm的混凝土导向平台,用于引导盾构按正确的线路方向掘进。

2. 混凝土导台施工

在盾构空推过矿山法隧道前,必须先完成导台施工并达到要求。导台采用厚度为175 mm的C30钢筋混凝土结构,其断面弧长与隧道中心夹角为60°,外径为3300 mm,内径为3125 mm。为了防止盾构机步上导台时混凝土开裂,导台两侧预埋36 mm×4 mm角铁,利用弧形导台支承盾体并导引盾构机姿态。

导台起点从洞门处开始,一直至隧道端墙前方。导台与端墙之间预留1 m长的缺口,以使盾构机刀盘在缺口处顺利旋转并切入端墙。导台施工应确保其高度、弧度、轴线等参数的精度。

3. 矿山法隧道施工验收

隧道初期支护、盾构导台施工完成后,应对隧道的中线和高程、超挖值、喷射混凝土质量等进行验收,特别是对隧道断面进行一次复核测量,确保盾构空推的净空限界。每隔 10 m 进行一个断面测量,每个断面测量 10 个点。如发现矿山法隧道有欠挖,则需对此处进行加密测量,且欠挖处一律做凿除处理;超挖 150 mm 以上、面积 1 m² 以上处,必须复喷混凝土做回填处理。

4. 盾构进入混凝土导台

盾构接收上导台施工前应注意:准备好洞内、洞外的联络工具和洞内的照明设备;确认导台混凝土强度达到设计要求;由于盾构机刀盘外径比盾体外径大,在盾构机从始发托架上进入导台前,卸掉刀盘与导台面接触的边缘刀具,避免盾构机在导台上前进时刀具将导台混凝土刮起,破坏导台。

在刀盘到达端墙前预留缺口时,重新安装所卸的刀具。刀具卸除后,进行负环施工,使盾构机盾体进入混凝土导台。在负环施工阶段,盾构机左右千斤顶长度应相同,使盾构姿态符合平面直线线形的要求。在推进时,推进速度不能过快,控制在 10～15 mm/min 范围内,每推进一环,必须进行盾构轴线的跟踪测量,以便使盾构以良好姿态进入导台。

5. 盾构掘进

由于盾构在导台上的前进阻力很小,并且导台已经确定了盾构的前进方向,为了确保盾构沿导台轴线前进而不偏离导台,并在导台上保持正确的姿态,在盾构掘进时,交叉使用竖直位置和水平位置两组推进油缸向前掘进。具体操作时,先使用水平两组油缸掘进 30 cm,停止推进并收缩油缸,再使用垂直两组油缸掘进 30 cm,停止推进并收缩油缸,不停地交叉使用。掘进过程中要密切注意盾构机刀盘周边与初衬、成环管片与盾尾间的间隙,使其始终处于良好状态。

盾构管片橡胶止水条挤密所需压力约为 65 t,根据以往地铁盾构空推的经验,在盾构刀盘前方没有任何阻力的情况下,盾构总推力可达 200 t,四组油缸压力均超过 65 t,盾构机自身质量与导台间的摩阻力可以满足管片拼装的质量要求。

在具体施工过程中,先试推 20 环,如发现拼装管片漏水严重,说明管片间橡胶止水条未压实紧密,需立即采取措施。具体办法是,利用型钢支撑与矿山法隧道初支在刀盘前方提供反力,保证管片拼装质量。

6. 管片拼装

空推拼装管片与正常盾构法施工基本相同,由于在无正面土压力的状态下掘进,为保证管片止水带的压密防水效果,必须加强连接螺栓的紧固。管片背后采用豆砾石回填,豆砾石粒径一般为5~10 mm,并要求有良好的级配。填充的顺序是先下部后上部,首先填充导台,然后填充左右两侧,最后填充隧道上部。

豆砾石的喷射分两次进行:一次是在盾构掘进过程中,通过混凝土喷射机从刀盘外向后喷射,喷射压力控制在0.2~0.3 MPa;另一次是在管片脱出盾尾后,通过注浆孔向管片背后喷射,进一步填充管片背后的间隙。在喷射过程中,应采取有效措施防止管片背后的豆砾石前窜。一定要将喷射压力控制为0.25~0.3 MPa,喷射管径为50 mm。回填数量基本达到理论数量后,通过管片与围岩之间的空隙观察,直到注浆孔内充满豆砾石。

7. 注浆回填

①管片脱出盾尾后,首先以底部管片吊装孔作为注浆孔压注水泥+水玻璃双液浆,以防管片下沉产生错台。随着盾构掘进,支撑提供反力安装管片后,从其他吊装孔同步注双液浆,将管片固定。

②利用盾构机自身的注浆机同步注入水泥浆,注浆压力为0.1~0.2 MPa,使衬砌管片与地层间紧密接触,以提高支护效果。

③由于管片背填注浆时盾构机前方是敞开的,管片注浆效果可能不理想,须对管片进行补充注浆。盾构每推进4~5环通过隧道上部的管片注浆孔进行洞内二次注浆,浆液类型采用水泥浆,注浆压力控制在0.3~0.4 MPa。在盾构通过后,根据洞内渗漏水情况,通过管片注浆孔再次进行洞内注浆,浆液采用1∶1水泥+水玻璃双液浆,注浆压力控制在0.2~0.3 MPa。

盾构机通过矿山法隧道施工区段后,对管片的姿态、渗水、碎裂、错台进行检查,其管片垂直偏差、水平偏差均控制在±50 mm以内。

8. 空推与负载段施工的转换

在盾构机刀盘靠近端墙时,检查并清理刀盘与端墙之间的杂物,为盾构刀盘切入端墙做预备。由于盾体与隧道初期衬砌之间有一定的空隙,盾体四周没有土体包裹,盾体旋转仅受导台的阻力,而导台阻力很小,导致刀盘切削端墙时很困难。因此,需要保持刀盘低速旋转,并不停地改变刀盘转动方向,让其慢慢地切入端墙,防止盾体本身旋转角度过大。

当盾体全部进入土体后,因盾体被四周土体完全包裹,土体对盾体旋转产生较大的摩擦阻力,盾体转角明显减小,盾构机即处于正常掘进状态。

在盾体全部进入土体后,转动刀盘,减小推进速度或停止推进,加大所有推进油缸的油压,增加盾构机总推力,使其达到2000 t及以上,压紧矿山法隧道内已拼装的管片。保持这个总推力,再一次紧固所有的管片螺栓。在压紧过程中,要注重观察每环管片受压情况,防止因盾构机总推力过大而将管片压损、压裂。

9. 盾构空推难点及应对措施

(1) 空推中的盾构机旋转

在空推管片拼装过程中,严禁旋转刀盘。始终保持刀盘前面6 m范围内没有豆砾石堆放。

盾构机边向前推进,喷射机边向前移动,每隔7.5 m在盾构机的切口四周用袋装砂围成一个围堰,围堰高度不小于4 m,以防注入管片背后的豆砾石前窜。

(2) 管片上浮及侧移

①每天跟踪测量管片姿态,及时反馈监测数据,分析管片姿态每日变化趋势,研究管片是否存在上浮,以及上浮速度和上浮量。

②为防止管片上浮,在回填和注浆期间,要严格按照前述施工方法、步骤进行回填和注浆施工。

③加强管片注浆管理,保证管片上部及圆曲线外侧的管片空隙也被浆液填充密实。一旦出现管片上浮,可在管片上浮或侧移处,通过打穿吊装孔,打入注浆管进行二次补充注浆,浆液可选择使用双液浆使其凝固速度加快,迅速填充管片背后上部间隙,阻止管片上浮和侧移。

④必要时在管片脱出盾尾后,立即打穿吊装孔,安装1.5 m长的$\phi 32$螺纹钢,螺纹钢一端紧顶在矿山法隧道初支上,将其另一端焊接固定在管片吊装孔上(吊装孔提前安装套丝),通过此措施可有效限制管片上浮及侧移。

2.7 盾构操作技术与换刀技术

2.7.1 盾构操作技术

1. 盾构操作手的基本要求

盾构操作手的基本要求包括身体条件、心理素质、责任心、专业(机械和地质)理解以及安全知识。

①身体条件:身体健康,能够承受隧道内长时间的专心工作;无心脏疾病,在面对突发事故时不至于突发疾病;视力、听力正常,可以分辨盾构机上可能的危险。

②心理素质:遇事不紧张,能够在施工中出现问题时冷静处理,及时操作设备避免危险,或在施工中出现问题时能立即组织人员处理问题;沉着、冷静,不受外界的干扰,能独立分析操作中的现象或参数。

③责任心:对自己的操作负责,对任何引起施工问题的操作现象有责任去发现并积极寻找解决办法;不敷衍,对上级下达的参数要求能配合,同时也能够实事求是地对下达的参数可能存在的问题提出自己的见解。

④专业理解:对地质有一般性了解,如地质表达的含义、一般各种地质的特性、土压的简单计算、推力的简单计算、扭矩的组成、转弯半径;对盾构机工作原理的理解,了解盾构机的基本参数,如盾体长度、直径、盾尾间隙等;了解盾构机一般参数的含义及相关成因,如驱动扭矩、推力、弯折等;对管片的理解,如转弯环的使用、管片选择与盾尾间隙的关系等。

⑤安全知识:有基本的防火意识及防火常识,电焊操作的防范意识,盾构机上运行部件的安全意识,管片拼装的安全意识,盾构机操作中的施工及设备安全意识,如土压、土量、扭转、水量的控制。

2. 掘进参数

控制掘进参数包括土压、温度、泡沫参数、注浆压力、掘进推力、刀盘扭矩、掘进速度、螺旋输送机转速及扭矩、铰接油缸行程差、推进油缸行程差、盾构机姿态、滚动角等。

(1) 土压控制

计算工作土压由土体水压以及土体压力组成,掘进中一般按照土体埋深考虑静水压力及土体压力,但都应根据具体地质考虑计算土压,并就实际出土量以及地面沉降、建(构)筑物的变形控制等综合考虑。通常,对于各种含水或富含水砂层且地面有建筑物时,土压应考虑高于隧道埋深静水压力,并能够产生2~3mm地面隆起以应对后期沉降。对于需要进行半仓气压掘进的地层,土压也应高于隧道埋深的静水压力0.02~0.03 MPa,以保证正常出土量。对于弱含水地层,土压不必完全按照埋深静水压力考虑,可以根据出土量及地面沉降进行适当增减。对于富含黏粒质地层,不建议采用完全土压掘进,即考虑半仓气压掘进但并非欠土压,以免刀盘黏结。

(2) 温度控制

温度控制包括土仓温度和渣土温度两方面。不论是富含黏粒质地层还是砂岩地层,如果土仓内渣土黏结于刀盘,都会出现渣土温度高于正常出土温度的情况。如果黏结进一步发育,会出现土仓壁温度升高的情况。随时关注渣土或土仓壁温度,可以防止通常所说的土仓结饼,尤其可以预防在软弱地层无法开仓除饼而产生的施工停止状况。应对渣土温度进行持续监控。螺旋输送机出土的块状渣土应作为温度检查的重要依据。

(3) 泡沫参数控制

泡沫剂浓度在实际施工中应该依据最终泡沫发生状况进行调节,主要应控制泡沫量、发泡度两项指标。实际工程中使用的泡沫剂溶液的膨胀率一般控制为 15%~25%,泡沫注入率(即掘进速度与泡沫剂注入速度的比例)按照渣土实际改良状况进行调节。因为泡沫中含大量空气,实际注入泡沫会在土仓内部破裂而进入土体缝隙,部分随着出土散于空气中,部分含于土体的分散空间中,所以即使掘进中注入大量泡沫,出土量也不会有太大变化。

(4) 注浆压力控制

实际注浆压力与显示注浆压力的差别是随着盾尾内置注浆管的管径变化而变化的,所以初始注浆压力值应作为注浆压力的参考基数值。实际注浆压力与刀盘掘进土压相关,故注浆压力应在土仓压力与参考基数值间调整。

实际注浆压力必须考虑盾尾尾刷可以承受的密封压力,过大的注浆压力值必然损坏盾尾尾刷,尤其在进入富含水砂层前,必须慎重考虑注浆压力,以免在富含水砂层中由于尾刷损坏而产生地层失水,从而导致地表沉降过大的严重后果。当注浆不足时,应进行二次注浆予以补充,而不能采用加大同步注浆压力的方式。

(5) 掘进推力控制

掘进推力由刀盘切削土体的推力、土仓压力对盾体的阻力、盾体与土体的摩擦力以及后配套拉力组成。当出现刀盘切削直径小于盾体直径卡住盾体、刀盘结饼产生阻力、刀盘上部分刀具损坏产生阻力、刀盘开挖隧道转弯半径小于盾体转弯半径卡住盾体、二次注浆窜入盾体与隧道环缝凝结卡住刀盘等情况时,推力值异常。推力值异常的判断方法如下:

① 洞径变小,刀盘扭矩减小,渣土无温度升高,无论怎样改变推进油缸行程差或铰接油缸行程差均无法减小推力;

②结饼产生阻力,渣土温度高于正常温度;

③由于刀具损坏产生阻力,推进速度时快时慢;

④由于隧道转弯半径的影响,采取改变推进油缸行程差的措施时,推力变小;

⑤在盾尾后五环内二次注浆窜入盾体卡住刀盘,推力增大而盾构贯入度比较小。

全硬岩或局部硬岩状况下掘进时,必须综合考虑单把滚刀承受压力,以决定总推力大小,以免频繁损坏滚刀。当掘进速度调节至最快仍无法提供足够推力满足盾构机的调向需求时,应考虑增加额外负载以增加推力。

(6) 刀盘扭矩控制

刀盘扭矩指盾构机掘进过程中刀盘切削土体时需要刀盘驱动系统提供的作用力。刀盘扭矩由土体切削扭矩、土体搅拌需要的扭矩组成。影响刀盘扭矩变化的因素有掘进速度、地质因素、渣土改良状况、刀具状况、刀盘状况。影响规律如下。

①当掘进速度快时,刀盘对土体的切削量增加,扭矩增加。

②当地层地质发生变化,刀盘切削土体需要的切削力变化时,扭矩也会相应增大。

③当渣土改良效果发生变化时,如果土仓内渣土流动性变差,刀盘搅拌力矩就会增大;如果刀盘与掌子面之间渣土流动性变差,刀盘与掌子面间摩擦力变化,刀盘扭矩也会发生明显变化。

④当刀盘上刀具部分损坏,造成以刀盘结构或刀具基础对土体切削,刀盘扭矩也会明显变化。

⑤当刀盘发生渣土黏结时,扭矩增大。

(7) 掘进速度控制

盾构机单位转速内推进的长度为贯入度,单位时间内推进的长度为推进速度。在软土地层掘进时,盾构机推进速度应该是越快越好,较快的推进速度能够有效控制渣土出土量。在硬岩地层掘进时,需要考虑贯入度对刀具的影响。当盾构机推进速度出现忽快忽慢的周期性变化时,应考虑刀盘出现泥饼或中心部位刀具损坏。

(8) 螺旋输送机转速及扭矩控制

土压平衡模式掘进时,螺旋输送机转速具有调节土压、控制出土量的作用。螺旋输送机在富含水砂层中掘进时,如果喷涌严重,可以通过反转出土的方式掘进。螺旋输送机掘进中扭矩持续过大时,应考虑向螺旋管内注入泡沫减小扭矩以防止螺旋输送机积土卡死。

(9) 铰接油缸行程差控制

铰接油缸行程差决定盾构机的转弯半径。通常采用主动铰接方式控制盾构机的转弯半径或进行盾构机姿态调整,可以有效防止因盾尾间隙较小出现的管片卡住的情形。当以铰接油缸行程差调节盾构机姿态时,最好先调节水平方向或者先调节垂直方向,不要同时调节水平方向和垂直方向。

(10) 推进油缸行程差控制

推进油缸行程差是掘进过程中由于各组推进油缸在掘进中产生的各组油缸的行程差,而不是在管片拼装后形成的油缸行程差。根据油缸行程差,可以判断盾构机的行进方向变化。

(11) 盾构机姿态控制

盾构机姿态指盾构机轴线相对于隧道设计轴线的位置以及变化趋势,它以水平及垂直方向上的相对量来表示,可通过测得尾盾中心位置(即后点),按照铰接油缸行程,计算出刀盘或刀盘前的中心点(即前点)相对于轴线的位置。定期检查铰接油缸实际行程值,可以避免盾构机前点位置出现计算错误而误导盾构机方向控制。

(12) 滚动角控制

盾构机滚动角指盾体相对于预先设定水平线的摆动夹角,通常以 mm/m 或度为单位。当以 mm/m 为单位时,可以简单计算盾体外径部位的环向位移量;以度为单位时,周长乘以 1/360 的度数即为环向位移量。按照简单计算的环向位移量可以得出盾构机允许的滚动角。以改变刀盘旋转转向的方式可以调整盾构机滚动角。通常刀盘逆时针旋转产生负的滚动角,顺时针旋转产生正的滚动角。调整管片滚动角可通过改变推进油缸行程差以及刀盘旋转方向逐步完成。

3. 掘进操作

(1) 开机准备

掘进前应对盾构机进行巡视,包括延伸电缆及水管余量,皮带机和后配套轮对是否偏离,空气压缩机、液压系统、导向系统、主驱动齿轮油位、延伸轨线和内外循环水压力等是否正常。

操作面板有关旋钮位置的检查:推进速度旋钮为零;刀盘转速旋钮为零;螺旋输送机闸门关闭;螺旋输送机转速旋钮为零;触摸屏无联锁接解除设定;所有

泵的启动旋钮处于关闭状态。同时需要检查注浆料、泡沫剂、膨润土、盾尾油脂、润滑油脂、延伸钢轨的到位情况。

（2）掘进操作

首先启动盾构机动力单元，选择推进泵、辅助泵、超挖刀油泵、螺旋输送机旋转驱动、油泵铰接油缸油泵、注浆油泵、齿轮油润滑油泵、润滑油脂泵、盾尾油脂泵、刀盘驱动马达。当以上动力单元启动后，即可开始盾构机的掘进操作。

盾构机开始掘进操作顺序：启动泡沫注入；选择刀盘转向，旋转刀盘；启动皮带机；开始推进；打开螺旋输送机后闸门，开始出渣。掘进中，通常采用主动铰接弯折盾构机的方式进行盾构机的方向调节。考虑盾构机存在下沉趋势，需要铰接油缸上下油缸的行程差在 30 mm 左右，无须在推进油缸间形成较大的推进压力差就可以实现盾构机垂直方向的控制。

在曲线掘进时，按照不同的转弯半径，设定铰接油缸行程差。以铰接油缸控制盾构机姿态时，可以较好地保证管片拼装质量，同时避免尾刷的非正常损坏。当发现盾构机滚动值大于 6 mm/m 时，就需要对盾构机的滚动进行调整，此时应停止推进，停止刀盘转动，根据滚动显示的正负值确定刀盘转向，使盾构机滚动缓缓趋于正常。盾构机刀盘脱困时，应注意滚动超限。

对于水渗透系数在 $10^{-4}/s$ 以下的地层，泡沫具有良好的隔水效果，在连续使用泡沫掘进时，可以防止某些富含水地层掘进时的喷涌现象。对于富含黏粒质地层，泡沫具有调整渣土流动性、防止泥饼的作用。对于砂卵石地层，泡沫可以有效降低刀盘扭矩，加快推进速度。在需要注入泡沫的地层中掘进时，泡沫最好不要时停时开，以免堵塞泡沫管。一旦泡沫管堵塞，应当立即疏通，防止堵塞进一步恶化。

掘进中的出渣渣土状况直接反映了以下掘进要素：根据渣土成分一般可以分析出当前地质状况，进而估计刀具磨损情况；根据渣土的黏性和块状物大小可以看出刀盘渣土改良状况，从而改进渣土改良添加物的注入量；根据渣土中的泡沫状况可以看出泡沫改良的效果，同时判断泡沫是否合适；根据渣土温度可以分析刀盘开口是否黏结，从而考虑是否提前消除泥饼的扩大趋势；根据出渣量可以确定当前土压是否欠压，从而确定合理的土压参数。

若地面存在建筑物或者地下有管线，操作手应慎重操作并采取充分的措施防止地面沉降：对于软弱地层，可以考虑采用高土压掘进，使地面有 2～3 mm 的隆起，以备后期可能的沉降；严格控制注浆效果，保证注浆管通畅；严格控制出土量，并记录掘进中的出土量和加水量，以估算是否存在超挖，以备及时二次注浆或采取其他填充措施;对于软弱地层的富含水地段,应充分发挥泡沫的隔水效果,防止失水。

(3) 掘进中紧急情况处理

掘进中的紧急情况包括刀盘卡死、螺旋输送机喷渣外溢、仓门不能关闭、运行中皮带机出现胶皮臭味等。

盾构机刀盘卡死的处理:使用刀盘脱困模式左右数次尝试旋转刀盘;卸载推进缸压力,尝试左右旋转刀盘,但须密切关注盾体转动状况;确保掌子面稳定状况下,尝试后退刀盘及前盾再旋转,注意不能使盾尾与管片产生相对运动。

盾构机螺旋输送机喷渣外溢的处理:当水量增大,导致渣土过稀而不能在螺旋输送机前形成堵塞效果时,为加快速度,应使渣土变得浓稠;当调节螺旋输送机后仓门开启度无法控制渣土出土量时,应反向旋转螺旋输送机出渣,避免所出渣土过量。

盾构机仓门不能关闭的处理:当石块卡在后仓门与门框上时,可等待更多的渣土滞留在仓门与门框间的缝隙内以堵塞出土缝隙,待前仓门关闭,并确认螺旋输送机紧急关闭仓门蓄能器已卸压后再处理卡住石块;当螺旋输送机后仓门因为辅助泵故障不能关闭时,应采用后仓门紧急关闭功能关闭仓门。

盾构机运行中皮带机出现胶皮臭味的处理:一旦在掘进中闻到隧道内出现胶皮臭味,操作人员应立即停止掘进以及皮带机转动,找出皮带机发出胶皮臭味的根源,以免出现皮带机破损或更严重的一分为二现象,禁止用水冲方式消除臭味。

(4) 停机顺序

为防止管片安装时损坏止水条,最好在推进油缸行程达到1.8 m以上时停止掘进,以避免管片出现纵缝漏水而给后期隧道止水增加工作量。通常的停机顺序为停止螺旋输送机旋转、关闭螺旋输送机仓门、停止掘进、停止刀盘转动、停止泡沫注入、停止皮带机、停止液压站油泵。

停机后注意事项:如掘进过程中一直是土压掘进模式,停机后可以不必考虑土压变化;如以敞开模式推进,停机前应保证土仓内有大于2/3的土量,以防止刀盘汇水,造成下环掘进时螺旋输送机喷渣;如以气压半仓模式掘进,停机时根据当前地质状况,或者一直以气压方式保持掘进中的压力,或者以土压保证土仓内积土,以防止土仓内拱顶塌落或刀盘内汇水造成螺旋输送机在下一环开始掘进时喷渣;留意停机后土仓压力变化,如压力增加,下环掘进时应考虑掘进土压的调整。

2.7.2 盾构换刀技术

1. 盾构刀具检查和更换流程

盾构刀具检查和更换分为定期检查和不定期检查两种。定期检查是指每掘进一定环数检查一次,具体情况根据地质情况而定;不定期检查主要依据盾构机掘进状态(如掘进速度很低等)进行检查。

刀具检查和更换流程如下。

①停止掘进,做好检查和换刀的各项准备工作。

②进入土仓。如果地层稳定,可直接打开仓门并排空土仓内的渣土;如果地层不稳定,应采用压气作业,检查人员通过气压仓进入土仓。

③检查刀具。对刀盘清洗后,逐个检查刀具,并做好记录。

④根据刀盘磨损情况,确定换刀的类型和编号。

⑤在稳定地层,可采取先拆后换原则;在不稳定地层,采取一把换一把的原则,以便地层变化较大时可及时恢复掘进。

⑥在稳定地层中,可将刀盘缩回 50～100 mm 后拆装刀具;在不稳定地层中,不宜缩回刀盘,应在开挖面凿洞装刀。

⑦试转和复紧。在刀盘更换完成并经工程师检查后,可清理土仓,关闭仓门(稳定地层可先不关闭)。试转刀盘若干圈后,再安排人员进入土仓复紧刀具,确认上紧后,退出土仓,关闭仓门。

⑧恢复掘进。开始阶段将刀盘转速和千斤顶推力由小到大逐渐增加,避免损坏刀具。

根据经验,在中、微风化硬岩地层中掘进,刀具磨损较快。因此盾构机在穿越该类地层时,应准备充足的刀具作为备用。

2. 人闸的组成与功能

当遇到特殊情况需要更换刀具、检查工作面状况及排除意外故障时,人员需要在土仓内带压作业。人员在进入土仓之前,必须经过一个特殊的压力调节装置——人闸。

人闸由主仓和预备仓组成,两仓被压力门分隔开。主仓利用法兰与中间仓连接,中间仓直接焊接在压力密封隔板上,主仓通过密封隔板上的一扇门可以进入土仓。预备仓从侧面与主仓连接在一起,使得进入预备仓必须首先通过主仓才能实现。预备仓用于在压缩空气起作用的过程中向内或向外传送工具以及应急。

根据仓的大小,主仓可以进3人,材料仓可以进2人。主仓和预备仓都是分开操作的,内部都配有通信系统、排气阀、通风阀、时钟、气压表、温度计、供暖等设备。

排气阀和通风阀只在意外情况发生后人员被堵在里面时使用。正常情况下,进出人闸都由仓门负责人来操作。仓门负责人操作两仓的排气阀、通气阀、通信系统、气压表、人闸通风用的流量表以及带式录入系统等设备。

人闸通过安装在台车上的空气压缩机站供应压缩空气,管路配有相应的滤清器和安全阀。

3. 人员带压作业操作

(1) 调节保压系统

检查和清洁盾构前体压力挡板后的压缩空气调节站,确认此系统工作正常后关闭所有阀门,防止渣土进入管路中。

为了方便检查刀盘或更换刀具,须把土仓的渣土经螺旋输送机按要求排出一定的数量,停止刀盘和螺旋输送机并关闭螺旋输送机的仓门,此时仓内的土压将会降低。

打开保压系统的所有阀门,调节压缩空气站,使得土仓的气压保持或略高于原来的土压。

继续吹入空气,直到土仓顶部的土压传感器显示气压值为压缩空气站所调节值。

(2) 人员仓操作

①人员仓的操作由受过专门培训的人员仓管理员执行,管理员需要用到的操作和显示元件均放在人员仓的外面。

②检查所有部件(显示仪、条形记录器、加热系统、钟、温度计、密封和阀门)的功能。

③必须严格遵守和执行国家有关空气仓升/降压的规定和所有安全规则。

④通过压缩空气测试并经过相关培训的人员方可进入人员仓工作(暂时患有流感或穿着湿衣服等人员不能进入)。

(3) 主仓升压

①工作人员进入主仓,打开主仓内的双倍条形记录器并检查工作是否正常,

纸张是否充足。

②关闭主仓室的仓门并确定正确锁好。

③人员仓管理员要通过电话一直与坐在主仓中的人员保持联系。

④人员仓管理员慢慢地打开通气主阀门,并按照说明缓慢地增加主仓室的压力,直到达到预定的压力值(随时监测主仓内人员的健康状况,一旦出现任何微小的不适现象立即中断)。

⑤主仓内的工作人员可按照要求调节加热系统。

⑥在主仓与土仓之间进行压力补偿后,主仓的人员便可打开主仓与土仓之间的门。

⑦当主仓室的压力等于土仓的压力时,工作人员方可进入土仓工作。

⑧人员仓管理员关闭条形记录器。

(4) 主仓降压

①工作人员离开土仓进入主仓。

②关闭主仓与土仓之间的门和压力挡板上作压力补偿用的阀门。

③主仓内的人员通过电话与人员仓管理员保持联系。

④人员仓管理员打开条形记录器。

⑤人员仓管理员打开泄压阀门开始缓慢地降低主仓中的压力,并同时观察压力表和流量计。

⑥与此同时,人员仓管理员打开通风阀门开始通风,但不升高压力。

⑦继续调节通风阀门,直到主仓压力能稳定而缓慢下降,流量计的值必须保持为 $0.5 \text{ m}^3/(\text{min} \cdot \text{人})$。

⑧当主仓内的压力降低到一定值后,人员仓管理员调节阀门保持此时压力值,同时观察流量计,保持通风良好。

⑨在压力保持阶段,观察压力表和调节阀门,必须保持压力正常。在降压过程中,主仓内的人员可打开加热系统,保持温度在 15～28 ℃。

⑩此后,可打开主仓的仓门,人员离开主仓。

⑪人员仓管理员关闭条形记录器,填写记录表(日期/时间/压力/人数等)。

(5) 预备仓操作

预备仓用于当土仓与主仓正在压力下工作时容纳材料、工具和工作人员等。预备仓的升压和降压操作与主仓的操作类似。

(6) 通过人员仓运输刀具、工具、材料

①按照主仓升压操作,使主仓压力达到设定值且保持稳定后,打开主仓与土

仓的仓门。

②把需要的刀具、工具、材料、人员送到预备仓,关闭仓门。

③按照预备仓升压操作,使预备仓压力达到设定值且保持稳定。

④打开材料仓和主仓之间的门,通过主仓把所需刀具、工具、材料和人员送到土仓。

⑤为保证人员进出和材料运输,必须保持人员仓通道畅通无阻。

⑥遵循操作规程和安全规定,防止材料、工具坠落或滚走的情况发生。

(7) 安全技术措施

①必须严格控制土仓与人员仓的压力,一般控制在 0.08~0.16 MPa,仓内工作时间严格控制在 2~4 h。

②在有压状态下进入土仓内作业前,将土仓内的渣土排至仓高的1/5以下。

③在有压状态下进入土仓内的工作人员必须经过体检,并应具有相应的作业资质,在工作前要进行严格的技术交底。

④严格控制减压监视。

⑤制定医疗方案。

4. 气压作业对人体的危害、预防和治疗

(1) 气压作业对人体的危害

①氮麻醉:氮气会造成与酒精中毒类似的麻醉效果,影响人的正常行动。

②氧中毒:如果人长期处在氧浓度大于25%,压力大于0.1 MPa的环境中,即可发生人体肺部氧中毒。如果氧浓度和压力更大,还会引起中枢神经中毒。

③动脉气体栓塞:任何深度吸收的空气都可膨胀,若不让其自由逸出,可使肺膨胀和肺泡压力上升,可能导致气体进入肺静脉,形成血栓。其特征是早期的神志丧失,可伴有或不伴有抽搐或其他中枢神经系统症状,有时可以发生从行为改变到轻偏瘫的轻度症状和体征。

④减压病:因周围压力降低,促使溶解于血液或组织中的气体形成气泡所致的疾病。其特征是疼痛和(或)神经系统症状。

⑤气哽:一种呼吸道减压病,虽然罕见但后果严重。

⑥瘙痒、皮疹和少见的疲劳。

⑦气压性骨坏死:一种无菌骨坏死。邻近关节面的病损可损害关节,引起长期疼痛和丧失劳动能力。

(2) 气压作业对人体危害的预防

①人闸操作员接受系统培训,掌握减压病的防治方法,学会使用"急救再加压表"。

②保证压缩空气的足量供应,补偿压气泄漏。

③必须配备柴油备用空压机,用于停电时的紧急减压撤离。

④注意遵守安全建议。

⑤严格遵守减压规程。

⑥做好加压供气(高压管路系统、装备检查、检修、保养、配气)及加压技术保证等工作。

(3) 气压作业人员基本守则

①进行压气作业之前8 h不得饮用酒精饮料。

②进行压气作业之前不要长时间加班。

③压气工人应当确认已得到适当的休息和睡眠。如果对身体的不适不能确定,压气工人不得进入压气环境。如果有任何疑问,应在进入工作之前请教压气作业主管。

④高压下不要进行重体力劳动。

⑤应注意火灾危险。

⑥进行压气作业的人员在作业过程中不许饮用含有酒精的饮料。

⑦减压之前更换干燥、洁净和暖和的衣服。

⑧在压气作业过程中不许吸烟。

⑨减压过程中不要睡觉。

⑩减压后6 h不要从事剧烈运动。

⑪减压后24 h之内不得乘坐飞机。

(4) 治疗

气压作业人员在开始工作前,应和附近有资质的大型医院取得联系。如须进行加压作业,请医院的医护人员携带相关设备进驻施工现场,一旦出现情况可及时有效地进行处理。应及时送入高压仓中再加压治疗,越快越好,以免发生严重而持久的损害。必要时尚须辅以其他对症治疗措施,如补液或注射血浆以治疗休克等。出仓后,应在仓旁观察6～24 h,如症状复发,应立即再次加压治疗。如有肌肉关节痛,在加压后,可进行全身热水浴,并辅以按摩及理疗等手段。

2.8 特殊地质条件下盾构掘进

2.8.1 全断面高强度硬岩盾构掘进

(1) 盾构在全断面硬岩中掘进问题

全断面硬岩主要是指洞身整个断面都是微风化和中风化岩层,岩石强度高,一般极限抗压强度大于 30 MPa,有很好的自稳能力。

对于硬岩段,无论是在思想认识、人员培训方面,还是在设备性能维护、配件储备方面,都要有足够的重视,做好充分的准备。盾构掘进施工过程中的主要问题是滚刀和刮刀磨损严重、推进速度非常慢、配置普通刀具的盾构机不适应此种地层。

(2) 全断面高强硬岩盾构掘进技术

①选择合理的盾构掘进参数。

盾构机从非全断面硬岩段采用土压平衡模式掘进到达全断面硬岩段后,盾构掘进模式可以从土压平衡模式转换为敞开模式。

硬岩段敞开掘进时,遵循"高转速、低扭矩"原则选取参数,以提高纯掘进速度。其参考掘进参数确定如下:盾构机推力为 1000 kN,盾构机扭矩为 1000 kN·m,贯入度为 5～10 mm,推进速度为 8～15 mm/min。在实际施工过程中,根据盾构掘进情况,可适当调整上述掘进参数。

②配置合适的刀盘。

盾构机采用滚刀进行破岩,其破岩形式属于滚压破碎岩石。滚压破碎岩石是一种破碎量大、速度快的机械破岩方法,它依靠滚刀的滚动产生冲击压碎和剪切碾碎的作用来达到破碎岩石的目的。轴力 P 使滚刀压入岩石,滚动力矩 M 使滚刀滚压岩石,两者的共同作用使滚刀随着刀盘的转动和自身的旋转而在开挖面上压切产生沟槽,每一个刀刃在岩石上压切出一条沟槽。在向沟槽施加压力时,刀刃与岩体间产生侧向剪切力,如果产生的剪切力高到足以使槽间岩石破碎,由于岩石具有脆性,槽间的岩石就形成碎块而掉落。

一般情况下,在滚压破碎中,推力是主要的参数,因为它决定了扭矩(滚动力)以及其他参数;但是在决定滚压破碎的功率中,扭矩是主要的参数,因为它占破碎功的绝大部分。

针对硬岩段,盾构机刀盘配置可采用重型滚刀、镶高强度合金的滚刀、齿轮刀等刀具。通常的盾构刀具配置:4把镶高强度合金的中心滚刀,31把重型单刃滚刀,64把切刀,8把弧形刮刀,1把超挖刀。具体刀具配置可根据刀盘和硬岩情况进行相应调整。

③刀具磨损的控制。

在硬岩地段掘进施工,刀具、刀盘的磨损较大。为此,在硬岩段盾构掘进施工中,须储备足够的破岩滚刀、滚刀刀圈和中心滚刀。施工过程中,一旦发现刀具磨损较大,则应选择合适位置更换刀具。

在硬岩地层掘进时,要采取措施加强刀具的冷却,向土仓内、刀盘面板和螺旋输送机内注入膨润土。

在硬岩段盾构掘进的同时,要仔细、认真地总结和积累硬岩地层盾构机在不同掘进参数下的刀具磨损情况,成立刀具检查维修小组,对刀具进行研究和管理,制订盾构掘进的"刀具管理程序",从而为后续盾构过硬岩积累宝贵的经验,确保硬岩段施工顺利进行。

④刀具的检查和更换。

在以往类似工程的施工过程中发现,盾构在硬岩掘进过程中,往往是一个或几个滚刀由于磨损超限而没有及时更换,其破岩能力相对减小,其他滚刀的破岩功相对要大而产生较严重的磨损直至破坏,最终导致整盘滚刀的磨损和盾构破岩能力下降。因此,在硬岩段掘进时,必须加强对刀盘、刀具的检查与更换的管理工作。盾构在硬岩段掘进过程中,要求每掘进2环即进行一次刀具检查,特别是对周边滚刀磨损量的检查,以保护好盾构机刀盘。

周边滚刀的磨损标准为10 mm,正面滚刀的磨损标准为20 mm。一旦达到更换标准,必须及时更换,以免造成掘进困难及刀盘磨损。

⑤盾构姿态控制。

在硬岩段掘进时,通过刀盘前方的推力和扭矩共同作用进行破岩。因此,盾构在硬岩段掘进时会产生很大的扭矩,从而产生盾体翻转。同时,在硬岩段掘进过程中,如果盾构姿态控制得不好,经常进行纠偏,势必会造成刀盘前方工作面的凸凹不平,极易产生滚刀的不均匀受力而发生磨损。为此可采取如下措施。

a. 制订合理的盾构掘进参数,特别是滚刀的嵌岩深度,防止盾体产生过大的扭矩而发生滚动偏差。

b. 若盾壳已发生偏转,则采用刀盘反转,慢慢调正。在切换刀盘转动方向时,应保留适当的时间间隔,切换速度不宜过快。

c. 根据掌子面地层情况及时调整掘进参数和掘进方向,避免偏差累积过大。蛇行修正应以长距离慢慢修正为宜。

d. 在进入硬岩段前,应注意防止盾构机仰头。当盾构机仰头上偏时,可通过局部调正推力千斤顶的推进度,向哪个方向偏差,即加大该区组千斤顶的推进度,达到纠偏的目的。

2.8.2 孤石地层盾构掘进

在花岗岩地层的残积层和全风化层中,由于岩石的风化差异,会形成分布不均、大小不一的微风化球体,又称孤石。微风化球体一般强度极高,由于分布的不均匀性和粒径的不统一性,很难在线路选线的时候全部避开。而其强度极高,有的可达 150 MPa 以上。当采用明挖或矿山法施工时,对此种地层的处理并不困难。但是,当采用盾构法施工时,往往会造成盾构机发生偏转或被卡住,导致无法正常掘进,而且纠偏困难,甚至需要地面打竖井下去解救盾构,费用高,严重影响工期。

对此,应在借鉴以往工程经验的基础上,采取详细的地质勘察方式,通常要求左右盾构区间中心线上各 5～10 m 加密钻孔。在探明有孤石的地层条件下,可采取由地面钻孔预裂爆破孤石或施作竖井直接取出孤石的处理方式。

1. 孤石形成机理与分布规律

(1) 形成机理

孤石是花岗岩岩层中十分常见的一种不均匀风化现象,主要是岩石岩性不均匀、抗风化能力差异大所致。

(2) 分布规律

花岗岩微风化球状体(孤石)的分布具有离散性大、埋藏深度大、空间赋存特征不规则的特点,但它也具有如下规律。

①孤石主要分布在全风化带和强风化带中。

②孤石在垂直剖面上具有"上多下少、上小下大"的特点,即随着高程的增加,孤石的密度越来越大,而体积越来越小。

③孤石的大小随着风化程度的增强而减小,而数量却随着风化程度的增强而增加。

④在全风化带中也可能存在较大的孤石,在强风化带中,也有可能出现较小直径的孤石,说明孤石的大小也受到局部岩性条件和地质条件等因素的影响。

2. 孤石地层盾构掘进难点和风险

①通常情况下,孤石的单轴抗压强度非常高,与四周岩土的强度差异大,因此很难被刀具破碎,常在刀盘前方随着盾构一起前进,易造成刀具和刀盘的严重损坏,从而导致掘进异常困难,掘进速度极其缓慢。

②刀具在破碎孤石时因孤石无法固定,常在刀盘前滚动,因此,盾构机姿态难以控制。

③在掘进过程中,孤石常在刀盘前滚动,且掘进速度缓慢,导致对地层的扰动非常大,造成地层沉降大,甚至引起塌方及上方建(构)筑物损坏。

④由于孤石四周的花岗岩强风化、全风化层稳定性差,且遇水极易软化崩解,这给刀具更换带来极大困难,同时对上方建(构)筑物的保护极其不利。

3. 孤石地层的处理

①盾构机破除孤石,需要满足两个条件:a.盾构机必须具有足够的破岩能力,即刀具有足够的切削岩石的能力;b.在刀具破碎孤石的过程中,孤石必须处于固定状态,不能在刀盘前滚动。发现孤石时,通常需要对孤石周边风化岩土层进行地面或洞内预加固,以固定孤石,另外还需要配置破岩能力强的滚刀。

②洞内人工破除孤石的主要方法有静态爆破、炸药定向爆破和用岩石分裂机等设备进行破除。采用洞内人工破除方法时,通常需要对孤石周边风化岩土层进行地面或洞内预加固,以维持掌子面的稳定,提供人工洞内作业的安全环境,或者采用压气作业方式。

③地面人工破除孤石的主要方法有地面钻孔爆破、冲孔破除、人工挖孔破碎或移走等。现场应根据地质条件、地面环境、孤石分布情况综合分析确定。目前比较常见的方法是钻孔爆破法,对于已探明的孤石采取地面垂直钻孔的方法施工。

4. 孤石地层盾构掘进注意事项

①加密补充地质勘探,掌握孤石分布情况。提前做好准备工作,例如地面预加固,或为破除孤石提前更换好刀具等。

②施工过程中进行预测和判断是否存在孤石。掘进过程中主要观测盾构机的异常情况以及掘进参数的异常变化,例如速度突然变慢、推力和扭矩突然增大、刀盘振动、盾构机有异常响声等,判断是否碰上孤石。

掘进过程中随时监测刀具和刀盘的受力状态,确保其不超载并观测刀盘是否受力均匀,以防刀盘产生变形。

③勤检查刀盘和刀具,勤更换刀具。在花岗岩孤石地层中施工,刀具、刀盘的损坏是很严重的。因此,对刀具、刀盘的检查和刀具的更换非常重要。为了尽量减少刀具、刀盘的损坏,掘进过程中应通过控制掘进速度、刀盘扭矩、贯入度、刀盘转速等措施减少刀圈崩断、刀圈偏磨,通过控制推力来减少刀座、刀盘变形。另外,掘进时还要控制土仓的温度,因为土仓温度过高亦会加速刀具、刀盘的损坏。

④不能通过盾构机直接破除球状风化体的,应采用适当方法进行破除。

⑤盾构机在球状风化地层中掘进时,应控制掘进速度、刀盘扭矩和盾构机的推力、刀盘的贯入量以及刀盘的转速,应做到平稳掘进,减少对地层的扰动,盾构机有异常时应停机分析原因。

2.8.3　上软下硬地层盾构掘进

在地铁盾构施工中,常遇到上半断面为全风化、强风化岩层,而下半断面却为中风化或微风化岩层,这种上软下硬地层是普遍存在的。

1. 上软下硬地层盾构掘进的难点及风险

上软下硬地层为特殊的不良地质,既有软岩地层的不稳定性,又具有硬岩的高强度。因此,在这类地层中,盾构施工比较困难,主要表现在以下方面。

(1) 盾构机姿态难以控制

在盾构机推进过程中,上部软地层较易被切削进入密封土仓,而下部较硬岩体不易破碎,导致盾构机的姿态不易被控制。

(2) 刀具损坏严重且更换困难

由于隧道断面下部坚硬的岩石强度很高,有的高达80 MPa,刀具完全不能适应,整盘刀在很短距离内就可能损坏殆尽,需要频繁换刀。而开挖面上半部花岗岩风化土层遇水软化,易崩解,甚至泥化成流塑状,自稳性极差,会给换刀带来极大的困难。

(3) 地面沉降难以控制,易造成地面塌方、建筑物开裂损坏

一方面,由于刀具和软硬不均的岩面做周期性碰撞,刀盘振动很大,且掘进速度非常慢,对地层的扰动比较大;另一方面,上部软弱地层稳定性差,易坍塌。

(4) 盾构机易被卡住

在上软下硬地层中进行盾构掘进,边缘滚刀及扩挖刀极易被损坏,造成开挖直径缩小,导致盾构机卡壳的现象时有发生。

2. 上软下硬地层盾构掘进

(1) 加强地质补勘

一般情况下,初步地质勘探时的地质钻孔间距较大,为 50 m 左右,不能满足盾构施工需要。施工前必须进行详细的补充地质勘探,通常采用左右线中心位置 5~10 m 的加密探孔,查明隧道范围内以下地质情况:

①软硬不均地段的硬岩分布位置和占盾构开挖面积的比例,软土的类别和相应参数;

②硬岩侵入隧道的高度和走势;

③硬岩的风化状况、裂隙发育情况、强度和整体性;

④是否有孤石或其他硬质夹杂体存在;

⑤软硬不均地段的上方覆土类别。

特别是,在对一个地方进行地质情况分析时,不能只看隧道纵向地层和走势,还应通过横断面的地层情况,立体分析盾构掘进施工范围的地层情况。

(2) 刀盘选择及刀具配置

①刀盘选择。

在软硬不均地段掘进,刀盘形式必须满足同时能掘进硬岩和软岩甚至砂土、黏土等的需要。也就是说,在掘进时,既能在需要的位置安装切削硬岩的刀具,又能在需要的位置安装切削软岩的刀具,而刀盘的开口率应在满足切削下来的岩块顺利进入土仓的同时又能使软岩顺利进入土仓。

根据施工经验,常采用辐板式刀盘结构形式(一种硬岩刀盘的形式):面板形,周边圆弧形过渡,均匀滚刀布置。刀盘采用面板形,有利于保证布置滚刀后的刀盘结构强度,能承受大的荷载,同时在硬岩或软硬不均地段掘进发生坍塌时刀盘面可起支撑作用。周边采用圆弧形,因为周边圆弧形过渡会增大周边刀盘的面积,可在周边布置更多的滚刀以适应周边滚刀高线速度、快磨损的需要,更能满足切削。同时,选择适当的开口形状和适当加大开口率,促使其也能满足软岩掘进的需要,并在刀盘面板上设置泡沫注入口等。

②刀具配置。

针对地层软硬不均的情况,特别是硬岩分布的位置,应结合各种刀具的破岩特点,在刀盘面板上装配不同的刀具。

a. 齿刀和切刀的使用。

齿刀和切刀呈靴状,一般不垂直于刀盘安装。齿刀和切刀都是软土刀具,在刀盘的转动下,通过刀刃和刀头部分插入地层内部,像耙犁犁地一样,切削地层。切刀的前后角等斜面结构利于软土切削时的导渣,同时可用于在硬岩掘进中的刮渣。齿刀的结构形式有利于渣土流动进入土仓。

在软硬不均地层中掘进,应尽量在软岩部位安装齿刀和切刀。根据经验,齿刀和切刀与刀盘之间的角度为55°～60°比较适合,同时根据围岩地层的强度,适当安装刃的前角和后角。

一般情况下,对于胶结黏性土,应加大前、后角;对于砾石或全风化和强风化岩石,则减小角度。原则上安装嵌入式刀具,所有齿刀和切刀都应可以从刀盘背面更换。

为防止在黏性较大软岩中掘进时形成泥饼,即使是在硬岩部位安装的滚刀中也应安装适当数量的齿刀或切刀,以利于渣土及时顺利地流入土仓中。考虑到在硬岩掘进时破碎下来的岩石可能撞坏切刀、刮刀,在刀具的布置上作适当考虑,如把切刀、刮刀背向布置,并拉近两刮刀、切刀之间的距离,这样在硬岩双向掘进时能够对切刀和刮刀有一定的保护作用。

b. 滚刀的使用。

在软硬不均地层掘进时,硬岩部位应安装滚刀。盾构机采用滚刀进行破岩,其破岩形式属于滚压破碎岩石。

滚刀刀圈和刀座的材质以及其连接的形成、工艺、足够数量滚刀的配置是胜任掘进软硬不均岩石的关键,应根据硬岩分布的位置、所占刀盘的面积、岩石强度和整体性等慎重考虑和选择。为防止硬石块卡在双刃滚刀两个刀刃之间,导致滚刀不能正常工作或偏磨,应正常选择双刃的间距和刀刃的形状。

(3) 掘进参数的选择

① 推力。

从滚刀的破岩机理看,推力是主要的参数,推力越大扭矩越大,而扭矩占破碎功的绝大部分。同时,推力越大,切刀和齿刀等入岩越深,同等条件下切削下来的渣土也越多。

但是,在软硬不均地段掘进时,刀盘和刀具的受力是不均匀的。硬岩部位所受的力大,软岩部位则相对要小得多,而且正是掘进范围内的硬岩阻止了掘进速度;如果推力过大,势必造成部分刀具提前破坏甚至刀座变形、刀盘变形。

根据以往在软硬不均地段的掘进情况和刀具等破坏情况,最大推力 P 按式(2.12)计算:

$$P = mT \tag{2.12}$$

式中:m 为硬岩范围内的滚刀数量;T 为每把滚刀能承受的最大力(因滚刀的超前量比切刀大,所以只计算滚刀)。

推力过大时,容易造成刀盘卡死,同时对推进系统的能力要求也相应增高。一般情况下,掘进推力不超过 1400 t。

②刀盘转速。

在软硬不均地段掘进,硬岩就像一个强度很大、根基非常深的巨大的桩,阻碍刀盘的正常旋转,刀具承受冲击荷载。根据爱因斯坦的能量公式 $E=mv^2$,在刀盘质量 m 一定的情况下,转速越快,则和硬岩撞击后产生的冲击能越大。

由此可见,在软硬不均地层中掘进时,刀盘转速不能快,最好是慢慢匀速地向前磨。根据经验,刀盘转速以 1.2~1.6 r/min 为宜。

③渣土管理。

a. 土仓压力。

在软硬不均地层中,应根据软土的埋深和相关物理参数等决定施工中应保持的土仓压力。

但在软硬不均地段中掘进时,掘进速度较慢,扭矩较大,保持真正的土压平衡比较困难,可以采取气压平衡模式掘进。

b. 出土量。

由于推进速度慢,刀盘切削下来的渣土较少,而螺旋输送机等排土器每工作一次的出土量又很大,往往会造成软土部位的超挖和过量出土,导致地面沉降异常,甚至坍塌。所以,在软硬不均地段掘进时,应严格控制每一循环排土器工作的次数,严格控制出土量,必要时,在渣斗中划上刻度,以便计算和控制出土量,达到平衡出土。

c. 渣土状态。

为更好地控制土仓压力,增大土仓内渣土的止水性,应采取措施保持泡沫系统工作状况良好,并及时添加泡沫剂,使渣土具有很好的软流塑性。

当掌子面地层的渗透性很好时,需要向土仓内添加膨润土等改良渣土。否则,很可能发生渣土喷涌,直接导致地层超挖,进而引起地面沉降。

同时,应时刻注意渣土的稀稠、土的含量、石块的含量和石块的大小、棱角、颜色等,判断掌子面的地层情况。

d. 渣土温度。

渣土温度过高,有以下几种可能性:刀盘中心部位或滚刀等形成了泥饼,刀具不能抵推掌子面切削岩土,泥饼在高温下固结;刀具严重损坏,刀盘面板直接摩擦掌子面;泡沫剂添加系统等出现问题,不能正常改良渣土,渣土在土仓内干结或摩擦生热。

通过对渣土温度的观察,准确判断,及时采取措施。一般情况下,渣土温度过高应及时停止掘进。

需要降低刀盘温度时,不能加水,而应加入稀的膨润土泥浆。因为,在全风化或强风化化岩石中,加水会造成掌子面坍塌。

(4) 盾构操作

盾构施工不只是需要设备好或设备质量好,更重要的是要根据地质条件采取合适的操作方法。如何才能使推进速度、刀盘转速、推力、土仓压力、外加剂的添加、同步注浆等重要参数达到完美的结合,这需要在总结以前施工经验的基础上,通过机械和土木施工人员很好地进行研究。所以,选择经验丰富的盾构司机是上软下硬地层盾构施工的前提条件。

(5) 同步注浆

软硬不均地段掘进速度一般非常慢,会给同步注浆带来困难。也正因如此,会因不能及时进行同步注浆而造成地表沉降不易控制,故最好选择凝结速度快、结石率高的浆液。在坚持同步注浆的同时,应根据需要及时对脱出盾尾的管片进行补强注浆。

(6) 其他措施

为控制通过上软下硬地层时出现的软岩失稳、出土超量等问题,可采用在推进过程中向土仓内灌注膨润土泥浆的方法,以达到填补坍腔、调和渣土和易性、形成护壁泥浆的效果;同时通过加注高分子聚合物控制螺旋输送机喷涌,减缓地下水损失。在盾构通过类似地层时进行渣土改良试验,确定泥浆、渣土改良剂的加注方式、加注剂量和配合比等参数。

通过对地质详勘报告进行分析,对于下部岩石强度不是太高(一般岩石的极限抗压强度小于 90 MPa 时),且地面场地空旷的上软下硬地层段,可采用地面旋喷加固上部软弱地层的方式,保证盾构掘进范围内的地层做到相对均一,以防止盾构机发生偏移。

在软硬不均地段掘进时,盾构机应配置带压进仓系统。当盾构机遇异常情况时,可开仓进行人工钻爆处理。原则上不得盲目开仓,开仓必须带压开仓且必须做好以下准备工作：

①刀盘附近应布置沉降监测点，且在刀盘中心前后布置深层沉降点（在刀盘前后布置两排，排距 1.5 m，孔间距 1.5~2.0 m）；

②组织开仓专题会，并对开仓的准备和方案进行交底；

③组织好开仓过程中的地面巡检和救援物资，以备在地面沉降时进行紧急处理；

④确保井下和地面间的通信畅通。

人员就位后，对硬岩进行钻爆施工。如果障碍物是较大的孤石，使用小型液压劈裂机将其破碎；如果障碍物为特大孤石，则利用风镐进行钻孔，使用静态破裂剂进行静态破裂排除孤石。

3. 上软下硬地层盾构掘进注意事项

①加强地质补勘，摸清上软下硬地层的地层特性以及岩石分界线；对周边建（构）筑物进行详细调查，特别是浅基础类旧建筑，进行安全评估，若有必要可采取注浆加固其基础等措施。

②盾构机施工进入上软下硬地层前，在具备条件的地段停机进行盾构机设备检查、修复，同时对损坏的刀具进行更换。

③刀具布置应采用全断面滚刀的刀具配置形式。

④在工程施工前，应根据工程地质条件，提前制定刀具更换计划。对于换刀困难的地段，可进行预加固，以增加换刀的安全性。预加固地点应合理，宁可提前也不能滞后，否则就会失去作用；或采用压气作业进行换刀，特别要加强边缘滚刀的检查和更换。

⑤掘进时，如掘进速度、刀盘转速、刀盘扭矩、盾构机的推力发生突变或不在正常的范围内，应立即分析原因，检查刀具情况，不可盲目掘进。

⑥对于隧道下部的坚硬岩石，若使用盾构机实在无法破除，可采用辅助措施进行处理，例如采用冲孔桩机破除，或创造临空面采用火工爆破的方法进行处理，然后盾构机掘进通过。

⑦应合理选择、控制掘进参数（例如盾构机推力、刀盘扭矩等），减少对地层的扰动，避免造成上部软弱地层沉降、塌陷。特别是花岗岩全风化、强风化、残积层受到扰动时，极易软化、崩解。

⑧做好监测工作，及时反馈调整土仓压力、千斤顶推力等施工参数。

4. 上软下硬地层换刀

①提高对上软下硬地层的认识,防止掘进参数设置不当。如刀盘转速设置过低、贯入度太大,可导致刀具出现崩裂损坏。

②提前筹划刀具检查,并对换刀区进行加固。

③换刀期间,应保证入仓与操作室之间的通信正常。

④小半径曲线地段换刀时,应加强边缘刀具检查。边缘刀严重磨损而不更换,将造成开挖洞径缩小、盾构机卡壳的事件发生。若发生卡壳现象,可采用冲孔桩对前方硬岩进行破除,或采用在盾体外注入膨润土等润滑剂,以减小岩石对盾壳的摩阻力。

⑤袖阀管注浆、旋喷桩加固是刀具更换最有效的加固措施,但需要防止注浆浆液或旋喷浆液将盾构机刀盘、壳体包死。

⑥压气作业是解决在花岗岩上软下硬地层换刀的有效措施。

2.8.4 断裂带地层盾构掘进

1. 在断裂带地层盾构掘进的难点与风险

断裂带通常规模宏大,岩性复杂,地下水丰富。盾构在断裂带中掘进,存在以下难点与风险:

①由于某些地段可能发生软硬突变,对刀具损坏较大;

②由于掌子面不稳,可能会导致掌子面坍塌;

③某些断层或断层的某些富水,是地下水的通道,可能会导致喷涌的发生。

2. 断裂带地层盾构掘进

①施工前,在断裂带范围应补充地质钻探,进一步详细地掌握断裂带的分布宽度、走向、地下水等情况,弄清楚其对盾构施工的影响。

②在盾构机到达断裂带前,对刀具进行检查及更换,以最合理、可靠的刀具组合通过断裂带。

③在地层不稳定地段应采用土压平衡模式掘进,确保工作面的稳定。

④在富水地段,盾构掘进过程中向土仓内和掘进面及螺旋输送机内注入添加材料,改善渣土性能,提高渣土的流动性和止水性,以防止喷涌。

⑤掘进过程中密切关注盾构掘进参数和盾构姿态的变化,及时判断是否出

现偏载、偏磨现象,一旦出现这些现象,可降低推力,低转速掘进,以防止刀盘损坏。

⑥盾构掘进过程中应加强盾尾密封油脂的注入,确保盾尾密封效果。

⑦加强铰接处的密封检查,保证其密封效果。

⑧加强地面沉降、地下水位及房屋倾斜监测,并及时反馈。

2.8.5　富水砂层盾构掘进

对于富含地下水的砂层,考虑地下水的含量及水压,以及土的塑性及透水性等问题,一般选用泥水平衡盾构。由于地区地质的复杂性,对于同一个盾构区段,可能出现某些地段适合选用土压平衡盾构,而其他地段又适合采用泥水平衡盾构,但作为同一个盾构施工区段,不可能中途更换盾构机。这就需要综合考虑并分析不同选择的风险,最终择优选取。另外,城市地铁施工由于受施工场地的限制,泥水平衡盾构的应用已越来越少。土压平衡盾构穿越砂层,风险较大,但若施工措施选取得当,亦可取得成功。

1. 富水砂层盾构掘进难点及风险

(1) 易形成喷涌

富水层含水量丰富,渗透性好,且受扰动时易液化,因此土压平衡盾构机在富水层中掘进容易出现喷涌现象。一方面,须用大量的时间进行盾尾清理,严重影响施工进度;另一方面,大量泥沙喷出或砂遇水液化,均易引起地层沉降,从而导致地面建(构)筑物沉降变形,甚至破坏。

(2) 地面沉降难以控制,易造成地面塌方、建(构)筑物开裂损坏

一旦发生喷涌,地面沉降肯定会很大,但就算没有发生喷涌,控制地面沉降仍然十分困难,主要原因是:

①砂层自身稳定性差,而刀盘开挖直径一般比盾体外径至少大 200 mm,从刀盘开挖到注浆填充需要一段时间,这期间不可避免地会产生砂层沉降;

②掘进过程中,不可避免地造成砂层失水,且一定会产生扰动,这都会导致砂层产生沉降。若沉降控制得不好,极易造成地面塌方、建(构)筑物损坏。

2. 喷涌形成条件及预防措施

(1) 喷涌形成条件

造成喷涌的原因有多种,但无论是何种原因,喷涌的发生都必须同时具备以

下三个条件。

①具有足够高水压的充足水源。水的来源主要有两个,即掌子面和盾构后方的汇水通道。

②开挖下来的渣土不具备止水性,即渗透性好,在螺旋输送器内无法形成土塞效应,导致高水压的水体穿越土仓和螺旋输送器汇集而形成渗流,并带动渣土颗粒一起运动。

③渗流水在输送至螺旋输送器最终出口的瞬间,由于其压力还没有递减到零,且前方临空的隧道内部处于无压状态,带压力的渗流水便携带砂土喷涌而出。

(2) 预防措施

预防措施就是阻止以上某个或某几个条件的形成,主要如下。

①切断水的补充通道,或尽量减少土仓内的积水。若水的主要来源为盾构后方的汇水通道,可通过管片进行双液注浆,形成止水环,防止隧道后方的水进入土仓。

②改善渣土的和易性,处理方法是添加适量的添加剂,如膨润土、高分子聚合物等。

③让渗流水在到达螺旋输送器最终出口之前,压力降低到零。这主要是从设备上考虑,如采用双螺旋输送器或对螺旋输送器的出口进行改造。

3. 盾构穿越富水砂层掘进技术措施

盾构通过砂层地段的关键是防止因喷涌、失水、扰动等原因造成的沉降,并做好上方建(构)筑物的保护,主要措施如下。

①在通过砂层之前,对盾构机进行全面的检查及维修保养。一方面,要防止泥水、砂浆从盾尾密封冒出,因为一旦泥水大量从盾尾冒出,易造成失水沉降,而砂浆从盾尾冒出,将无法及时对管片进行填充,亦导致沉降难以控制;另一方面,要防止因故障长时间停机而导致土仓大量积水,且盾体外壳与隧道之间的空隙无法及时填充。

②进行土体改良。主要采用聚合物添加剂、膨润土等来改良渣土,以改善渣土的和易性,增加止水效果,避免喷涌的发生。

③做好同步注浆和二次注浆工作。一方面,要防止隧道后方的水流入土仓;另一方面,要及时填充管片背后的空隙,防止沉降进一步扩大。

④合理选择掘进模式和掘进参数。一般采用土压平衡模式,根据地下水位、

地层条件、隧道埋深等合理选择土仓压力和掘进参数（如螺旋输送器的转速、闸门开度、刀盘转速、千斤顶的推力等）。

⑤控制好盾构机的姿态。若盾构机姿态不好，需要纠偏，将对控制沉降极其不利。

⑥合理确定渣土的松散系数，严格控制出土量，做到既不多出也不少出。若少出，会造成土仓压力增大，掘进速度减慢；若多出，则会造成地面沉降增大，甚至导致地面塌方。

⑦尽量做到快速通过。应该尽量提高掘进速度，避免刀盘旋转对地层土体扰动时间过长，造成上部砂层松动，同时，掘进速度加快能够及早为管片背后注浆创造条件，有利于隧道稳定和控制地表沉降。

⑧做好监测工作，及时反馈信息。适当增加监测频率，根据地表沉降和建筑物沉降的监测数据，结合地质情况，及时调整土仓压力、千斤顶推力等参数。

⑨对附近建筑物进行原始鉴定，必要时提前进行加固或基础托换。

2.8.6　下穿河流湖泊盾构掘进

1. 下穿河流湖泊盾构掘进的难点与风险

①在浅覆土处易产生冒顶通透水流。
②掌子面失稳塌方。
③土压平衡盾构机喷涌。
④隧道上浮，管片开裂、漏水。
⑤河底换刀或设备检修困难。

2. 下穿河流及湖泊盾构掘进

（1）做好穿越前的准备

①在盾构机穿越浅海、湖泊、河流前，对其周边环境进行详细调查，特别是河底、湖泊区域的地质状况和周围建筑结构情况。

②穿越前办理相关的手续，以便接受监督。

③在施工前，对施工人员进行交底。

④对机械设备（特别是盾构机）进行维修保养，确保穿越施工中机械设备的情况良好。尤其是盾尾密封装置和螺旋输送机闸门等，要确保能够随时有效发挥作用。

⑤除按常规布置沉降观测点外,还应在海底、河岸及盾构轴线外侧布置深层测点,在盾构机穿越前、穿越中和穿越后对土体的变形进行监测,并根据监测数据对施工参数进行合理的调整。

⑥提前做好应急预案,进行应急演练,准备充足的抢险物资、设备。

(2) 掘进参数设定

①平衡压力值的设定原则。

盾构在穿越河流湖泊前后存在覆土的突变,因此在盾构掘进前应根据覆土深度的变化,对平衡压力设定的差值有一个理论上的认识,在盾构穿越河流湖泊前后,及时对设定平衡压力进行调整。根据地质情况及隧道埋深等情况,进行切口平衡压力计算。

盾构在掘进施工中均可参照此方法来取得平衡压力的设定值。具体施工设定值根据盾构埋深、所在位置的土层状况以及监测数据进行不断调整。

②出土量控制。

严禁超挖、欠挖,并根据模拟段参数设计及理论出土量分析,严格控制出土量,确保盾构按土压平衡模式推进。

③推进速度。

盾构推进速度不宜过快,以 1~2 cm/min 为宜,避免推进速度过快造成对土体的过分挤压,从而导致盾构切口与浅海湾海底、河底贯穿。盾构推进速度应保持稳定,确保盾构均衡、匀速地穿越,减少盾构推进对前方土体造成的扰动,减少对浅海湾海底、河底及其岸边结构的影响。

④盾构轴线及地面沉降量控制。

盾构轴线偏离设计轴线不得大于 50 mm,地面沉降量控制在 −30~10 mm。沉降应满足相关方的要求。

(3) 同步注浆和壁后压浆

盾构推进中的同步注浆是充填土体与管片圆环间的建筑间隙和减少后期变形的主要手段,也是盾构推进施工中的一道重要工序。浆液压注要及时、均匀、足量,确保其建筑空隙得以及时和足量地充填。每环的压浆量一般为理论空隙的 180%~250%。

同步注浆时,压浆量和压浆点视压浆时的压力值和地层变形监测数据而定。压浆是一道重要工序,须指派专人负责,对压入位置、压入量、压力值均做详细记录,并根据地层变形监测信息及时调整,确保压浆的施工质量。

为防止浆液在注浆系统内的硬化,必须定时对工作面注浆系统进行清洗。

惰性浆液一般每天一次,即日班结束后用惰性浆液进行清洗。因特殊情况(如设备故障等),停止施工间隔可能超过 4 h 的,也应在停止施工时立即予以注惰性浆液清洗。

发现沉降变化较大时应进行二次注浆。二次注浆一般采用纯水泥浆,特殊情况(如遇涌水情况)时可采用化学注浆。二次压浆时必须指派专人负责,对压入位置、压入量、压力值均做详细记录,并根据地层变形监测信息及时调整,确保压浆的施工质量。

严格控制每环的压浆量,并确保同步注浆浆液的质量,防止注浆不足或者超量引起土体沉降,对结构造成破坏。注浆时,必须严格控制注浆压力,避免由于注浆压力过高而击穿上层覆土。上层覆土被顶破后,会造成如下两方面的危害。

①上覆土层顶破后,海、河水会与正在施工的隧道之间形成一个通道,海、河水可能通过盾尾、管片接缝进入隧道,给隧道施工带来危险。

②浆液通过这个通道进入河道、海底,会对河水和海水造成污染。

(4) 盾尾油脂及集中润滑的压注

为了保证盾构设备的正常运转,在盾构掘进过程中,须不定时地进行集中润滑油脂的压注,以避免轴承和其他设备的损坏,影响盾构推进施工。

在隧道掘进施工中,盾尾密封功能特别重要。盾构在整个穿越河流、湖泊或浅海过程中,必须切实保证盾尾内充满油脂并保持较高的压力,以免海、河水贯穿海、河床,通过盾尾进入隧道。

(5) 二次补压浆

当盾构穿越过河流、湖泊后,可能会有不同程度的后期沉降,因此必须准备足量的二次补压浆材料以及设备,根据后期沉降观测结果,及时进行二次补压浆,以便能有效控制后期沉降,确保安全。

(6) 隧道垂直及水平向变形监测及收敛变形监测

浅海、河流、湖泊下的土层含水量较高,隧道稳定性较差,须对隧道垂直及水平向的变形以及隧道收敛变形进行监测。

(7) 盾构纠偏控制

在浅海、河流、湖泊下覆土段施工中,应严格控制盾构的设定平衡压力、注浆量、注浆压力、出土量等参数,控制好盾构的姿态。施工中需纠正隧道轴线、环面平整度或倾斜度时,采用专门楔料(丁腈橡胶软木片),一次纠偏量最大不超过 5 mm,以减少对土体的扰动,防止海、河底的土体发生剪切破坏,造成海底、河底漏水危害。

3. 盾构掘进中可能遇到的风险和处理措施

盾构穿越浅海、河流、湖泊下覆土层,可能产生切口冒顶,盾尾漏泥、漏水等现象,对施工构成威胁,因此要充分估计可能发生的不利情况,采取相应的对策预防或处理。

(1) 防止切口冒顶措施

① 严格控制出土量,原则上按理论出土量出土,可适当欠挖,保持土体的密实,以免河流、湖泊水渗透入土体并进入盾构。

② 若出现机械故障或其他原因造成盾构停推,应采取措施防止盾构后退。

③ 每环推进结束后,关闭螺旋输送机闸门方可进行拼装。

④ 在螺旋输送机的出口设置防喷涌设施,在发生漏水情况时关闭螺旋输送机出口,将水堵在盾构外。螺旋输送机出口处加装一道手动闸门,发生紧急状况时,只要旋转手柄,闸门即能关上,和原闸门一起构成双保险。

⑤ 控制壁后注浆的压力,在注浆管路中设置安全阀,以免注浆压力过高而顶破覆土。

(2) 防止盾尾漏泥、漏水措施

① 定期、定量、均匀地压注盾尾油脂。

② 控制壁后注浆的压力,以免浆液进入盾尾,造成盾尾密封装置被击穿,引起土体中的水跟着漏入隧道,盾尾密封性能降低。

③ 管片尽量居中拼装,以防盾构与管片之间的建筑空隙过分增大,降低盾尾密封效果,引发盾尾漏泥、漏水。

④ 为防止盾尾漏泥、漏水,在河、海中段推进过程中,拼装管片时,在盾尾整圈垫放海绵用以止水,封堵管片与盾构间的间隙。

⑤ 在盾构工作面,配置适量的双快水泥、木楔、回丝、海绵等堵漏材料及工具。

⑥ 在盾构施工至江中或海底段时,聚氨酯的跟踪压浆是必不可少的,可根据实际情况,每隔一定的距离压注一圈,作为止水保护圈。

(3) 盾尾发生泄漏现象时的对策

① 针对泄漏部分集中压注盾尾油脂。

② 配制初凝时间较短的双液浆进行二次注浆。

③ 利用堵漏材料进行封堵。

④ 如上述措施效果均不好,可根据实际情况停止推进,在特殊位置进行聚氨

酯压注,进行封堵。

(4) 防止隧道上浮及保持纵向稳定的对策

在海底、河底中段,土中的含水量较高,土的渗透系数大,隧道不可避免地存在上浮的现象,且当隧道有坡度(特别是下坡)时,对周围土体的扰动较直线段推进时明显加大,对于隧道的稳定更加不利。为了减少隧道的上浮量,使隧道尽快稳定,可采取下列措施。

①下坡段施工期间严格控制隧道轴线,使盾构尽量沿着设计轴线推进。下坡时千斤顶对管片有一个向上的分力,可控制高程误差在 $-30\sim-20$ mm,以减少后期上浮。

②每环均匀纠偏,减少对土体的扰动。

③加强对隧道纵向变形的监测,并根据监测结果进行有针对性的注浆纠正,如调整注浆部位及注浆量、配制快凝及提高早期强度的浆液。

2.9 特殊环境条件下盾构掘进

2.9.1 叠线隧道盾构掘进

随着中国城市化、现代化进程的加快,城市空间的扩张逐渐向地下发展,由此催生了大量地下工程,已开发的地下空间在满足人们日益增长的生活和工作需求的同时,也给后续地下空间的开发带来了不可避免的技术困难。如何在顺利修建新的地下空间结构的同时确保既有地下空间结构的稳定与安全,成为亟须解决的技术问题。

叠线隧道指一条地铁线路在另一条地铁线路的上方或水平距离很近,隧道上下之间的净距在 2 m 左右,这在地铁建设中普遍存在。如深圳地铁二号线东延线东黄盾构区间叠线隧道;广州地铁五号线某盾构区间受线路条件所限,在中间车站前后左右线以平面 206 m 的小半径、纵断面 30‰ 的急坡进入上下重叠状态;杭州地铁一号线文昌盾构区间叠线隧道;上海市轨道交通明珠线二期工程浦东南路站—南浦大桥站盾构区间隧道全长 2000 m,在浦西段位于南浦大桥桩基间施工,为确保线形,同时避让南浦大桥桥桩,采用 437.7 m 叠线隧道;上海市轨道交通十号线工程虹井路站—虹梅路站区间隧道盾构叠交穿越中间井;上海黄浦江行人观光隧道掘进跨越上海地铁二号线;北京地铁八号线二期工程什刹海站—南锣鼓巷站区间、地铁六号线一期工程均采用了叠线盾构隧道;武汉地铁二号线和四号线工程在洪山广场站—中南路站区间采用了叠线盾构隧道,隧道上下净距离为1.5 m,水平净距离为7.0 m。

深圳地铁七号线农林站—车公庙站、车公庙站—上沙站、华新站—黄木岗站、黄木岗站—八卦岭站、红岭北站—笋岗站、笋岗站—洪湖站、洪湖站—田贝站7个盾构区间部分为上下重叠隧道,叠交段最小净距为2.0 m,施工中容易造成地面沉降超限,引起地面建构筑物破坏、地面交通中断等,先行完成的隧道在后续隧道施工中的安全保护以及如何控制沉降及施工本身的安全是其技术难点。

1. 叠线隧道施工次序

根据实践经验,我国叠线隧道盾构法施工多采用下层隧道先掘进、上层隧道后掘进的施工顺序。

2. 叠线隧道施工的加强处理措施

(1)管片结构的加强措施

考虑上下隧道在施工期间和使用阶段列车震动的影响,为保证安全,上下洞的衬砌结构均应做加强处理。考虑到管片模板的成本,盾构管片厚度、宽度均与一般段相同,加大管片配筋量和管片之间的连接螺栓直径(直径由24 mm调整为27 mm或采用高强度同直径螺栓),以满足管片的各项受力要求。同时,管片采用错缝拼装方式,以增大衬砌的空间刚度。

(2)对所夹土体的加固措施

上下隧道之间所夹土体为花岗片麻岩的残积层和全风化层时,应对中间夹土体进行改良,才能保证施工安全及后期的运营安全。首先通过下洞向夹土体进行注浆。在下洞掘进过程中,加大同步注浆量和注浆压力,以保证盾尾的土体与管片空隙及相邻土体的密实性。在二次注浆孔中设置一定长度的注浆管深入地层中,必要时在拱部管片中增设预留注浆孔,通过注浆管向地层注浆,以保证所夹土体的强度。注浆加固范围为隧道拱部120°范围内、衬砌环外3.0 m线以内的土体,加固后的土体无侧限抗压强度不小于0.4 MPa。同时上洞施工中也加大同步注浆和二次注浆量,并采用结硬性浆液。

(3)下洞内临时支架

若上下洞的净距较小,在上洞掘进过程中,为保护下洞的安全,在盾构机所处位置对应的下洞内前后各10环管片(总长30 m)设临时支架,保护下洞管片的安全。

3. 叠线隧道施工具体措施

（1）测量核准里程

在盾构穿越施工前，多次复核测量盾构机里程，确认上下行线的平面和垂直位置关系线的相对位置，同时明确盾构各施工段所在的位置，以便采取相应的技术措施。测量也是为确保盾构能及时调整，确保以良好的姿态完成叠线隧道施工。

（2）技术交底和工作安排

在穿越前，对所有施工人员进行技术交底，确保每个施工人员清楚了解叠线隧道施工注意点，以及在各个施工阶段应当采取的不同技术措施。此外，使施工人员了解相关的应急预案，以及发生突发事件的简单处理方法，便于争取时间。

（3）建立相关联系网络

在整个施工过程中，保持信息畅通，便于施工中的监测和突发事件的应急处理。同时，在施工中互通信息，保证叠线隧道施工圆满完成。

（4）保养设备

施工前，仔细对设备进行一次检查和保养，特别是盾构机，应认真检修存在的问题，保证以良好的工况条件进行穿越施工。同时，仔细检查盾构机的同步注浆设备和管路，并保证二次注浆设备的正常使用。

4. 叠线隧道施工技术措施

（1）叠线施工参数设定

根据试推进阶段的施工数据，并及时通过监测数据反馈来制定盾构施工参数，特别是盾构机的平衡压力，严格控制好土体沉降、隧道轴线和成环质量等。

（2）施工措施

①下部隧道施工。

a. 地面变形控制。

对于地面变形控制，盾构平衡压力的控制尤为重要，平衡压力直接关系到地面的最初变形程度以及对周边土体的扰动。在下部隧道施工时，要求推进坡度保持相对平稳，控制每次纠偏的量，减少对土体的扰动，并为管片拼装创造良好的条件。同时根据监测数据，及时调整盾构推进的速度、出土量和注浆量等施工参数。在同步注浆的基础上，为更好地控制地面变形，需要及时进行隧道二次补压浆,通过二次补压浆来及时稳定隧道的变形和地面沉降。

b. 隧道轴线控制。

在进行下部隧道施工时,必须考虑上部隧道对它的影响,并加以预先分析。在盾构前面,由于刀盘的开挖导致周围土体应力状态发生改变,开挖面土体原有的静止土压力随着盾构平衡压力的变化而变化,其土体应力的变化将直接影响下部已建成的隧道。

② 上部隧道施工。

a. 地面变形控制。

上部隧道施工时,土体已经扰动过,且盾构的覆土相对较浅,所以对盾构的平衡压力控制尤为重要,而建筑空隙有效合理地填充也是控制地面变形的关键。因此平衡压力调整的准确性和及时性、同步注浆的压力和数量,以及二次补压浆的技术措施都是施工控制的关键。

此外,为能更好地调整盾构推进参数,动态信息交流非常重要,因此要在现场建立监测信息交流沟通的动态信息传递网络。

b. 隧道轴线控制。

上部隧道晚于下部隧道施工,因此上部隧道的轴线控制主要还是考虑其自身的变形。

③ 盾构掘进注浆施工。

a. 同步注浆和二次注浆。

盾构推进中的同步注浆是充填土体与管片圆环间的建筑间隙的主要手段,也是盾构推进施工中的一道重要工序。二次注浆则是减少后期沉降的措施。盾构推进施工中,应选择具有和易性好、泌水性小且具有一定强度的浆液进行及时、均匀、足量压注,确保其建筑空隙得以及时和足量地充填。

在同步注浆的基础上,特殊地段可根据实际情况和地层变形监测信息进行二次注浆。浆液采用双液浆。

压浆属于重要工序,施工中应指派专人负责,对压入位置、压入量、压力值均做详细记录,并根据地层变形监测信息及时调整,确保压浆的施工质量。

b. 叠交隧道部分的注浆加固。

整个隧道叠交部分处,考虑分四次进行注浆加固,以确保隧道的安全和地面变形的稳定。

在做好同步注浆的基础上,考虑到两条叠交隧道在施工时的相互影响,在下部隧道施工后、上部隧道施工前,通过管片的拼装孔对完成的下部隧道进行二次注浆,使加固后的土体具有良好的均匀性和较小的渗透系数,减小上部隧道施工时对其的影响。

上部隧道施工时,要通过对下部隧道内监测数据的反馈,调整上面隧道的推进参数、隧道内注浆量、注浆压力及注浆部位,同时在下部隧道内进行隧道径向变形及隧道沉降的监测。

(3) 施工监测措施

对于叠交段隧道,首先应建立地面变形监测系统,及时将信息反馈给施工人员,以便根据地面变形情况指导盾构和注浆施工。

①对施工进行全过程监测。

②在隧道推进方向上,沿隧道中心线每5 m布置一沉降观测点,每50 m布置一沉降测量断面。每一测量断面以轴线为中心,向两侧每2 m、4 m、7 m各布置一沉降测点,总计7个点(含轴线上的点)。

③施工前所得的初始数据为三次观测平均值,以保证原始数据的准确性。

④监测频率为2次/d,对于沉降变化量大的点,根据实际情况加密监测频率,必要时进行跟踪监测。

⑤将监测结果及时反馈给有关施工人员。当监测值接近报警值时应提请有关方面注意,当监测值达到报警值时及时报警。

⑥施工监测工作延续到施工结束后,观测值稳定一周后方可停止监测。

2.9.2 盾构穿越既有建(构)筑物施工

1. 穿越前的准备工作

若盾构须穿越建筑物,从盾构始发开始就要做好穿越建筑物的准备,并以建筑物前100 m范围相近地层掘进段为穿越建筑物试验段,对前期施工的参数设定及地面沉降变化规律进行摸索,分析盾构所穿越土层的地质条件,掌握这种地质条件下土压平衡盾构推进施工的方法。根据土体变形情况不断对施工参数(尤其是同步注浆量)的设定进行优化,以期达到最佳效果,控制好地面沉降,保证盾构以最合理的施工参数顺利、安全地穿越建筑物。

2. 穿越阶段施工技术措施

(1) 土压力的设定

根据前期盾构推进施工的设定土压力、覆土深度以及土体重度推算出平均侧向压力系数,据此来计算穿越建筑物时的土压力初步设定值。

根据土体静压力公式 $P=K_0 \times v \times z$,推算出侧向压力系数 K_0,然后根据穿越区域盾构覆土深度和建筑物自重来计算此区域内的设定土压力 P。

穿越施工前,先对建筑物自重进行估算,然后再根据计算结果来推算土压力。应根据此计算值来确定盾构刚进入建筑物时的土压力设定值。在实际施工过程中,根据房屋及地面监测情况,再对此设定值进行适当调整。

同时,盾构司机在控制盾构推进的过程中要尽量减小土压力波动值。

(2) 同步注浆

同步注浆浆液压注要及时、均匀、足量,确保其建筑空隙得以及时和足量充填。压浆量和压浆点视压浆时的压力值和地层变形监测数据而定。

(3) 推进速度

穿越建筑物期间按 10~15 mm/min 的速度进行推进施工,施工过程中尽量保持推进速度稳定,确保盾构均衡、匀速地穿越建筑物,减少盾构推进对周边土体的扰动,以免对建筑物产生不利影响。

(4) 刀盘转速

为充分发挥刀盘的性能,减少刀盘旋转对土体的扰动,在穿越建筑物施工过程中,刀盘采用低速旋转。在穿越过程中,应注意观察刀盘扭矩和盾构转角等数据。

(5) 正面土体改良

在穿越建筑物过程中,还可通过在刀盘上部的注浆孔压注水或膨润土来改良刀盘前方土体,增加土体的和易性,减少刀盘扭矩和降低螺旋输送机油压。

(6) 螺旋输送机设定

在穿越建筑物施工过程中,盾构司机要密切注意螺旋输送机的转速及油压,根据土压力及时调整螺旋输送机转速,并要保证平缓调整,不能产生突变,导致土压力大幅度波动。

螺旋输送机压力应与正常使用时的压力值无太大的差异,在特殊情况下,也可通过机械内部调节适当超载,以满足穿越施工的需求。

在穿越建筑物施工过程中,如果螺旋输送机因吸入不明杂物等而造成压力过大,无法正常运转,可通过反复进行螺旋输送机正反转来疏导土体,排出障碍物。

3. 人员配置及信息化施工

为确保盾构顺利穿越建筑物,减少盾构穿越建筑物过程中可能发生的风险,施工单位必须设立专项工作小组,在施工现场成立盾构穿越建筑物施工现场指挥部,对穿越期间的施工进行全面的指挥与协调。

盾构机穿越建筑物施工过程中,应进行 24 h 不间断连续施工,以避免盾构长时间停顿引起的后期沉降。班组人员实行井下交接班制度,相关人员各自移交工作。

值班室作为穿越施工的实时控制中心,各种信息、数据均在此收集、汇总。值班室内应备有盾构姿态测量报表、地表土体和建筑物沉降监测报表、盾构推进施工参数表、盾构穿越建筑物的位置关系图、建筑物穿越段的布点图、地质剖面图等技术资料。值班室的工作人员随时和监测人员保持联系,在第一时间获取监测成果;通过陀螺仪对推进的实时情况进行监控,对各种信息进行分析,及时调整施工参数,将指令传达给施工班组,指导盾构推进施工;根据监测情况,如有需要,及时通知二次注浆单位,由其进行补压浆施工;推进结束时,通知地表监测单位进行监测;若出现异常情况,及时向上级技术部门汇报。

质量管理人员重点做好同步注浆、二次注浆浆液的监控、抽检工作。若发现浆液质量不能满足使用要求,应及时找出原因,进行调整。

在建筑物处安排监测人员进行地表及建筑物监测,根据中央控制室的指令控制监测频率,并及时将数据报送至中央控制室。

在施工现场安排盾构机等专业机械维修人员值班,一旦设备发生故障,及时进行维修。

在施工现场张贴各管理部门、设备维修单位、材料供应商、施工管理人员以及其他相关人员的联系方式。所有管理人员的通信工具 24 h 开机,以便及时联络。

4. 穿越后期二次注浆

根据以往推进施工过程中所总结的土体沉降变化规律可知,穿越后期的土体沉降占整个由盾构推进施工引起的土体沉降的很大部分,因此为控制土体后期沉降量,应采用二次注浆,通过脱出盾尾的隧道管片进行补充压注浆液,来起到阻止土体后期沉降的作用,从而维持建筑物的稳定。补压浆采用 S 型补浆,即在封顶块不同注浆点间间隔补浆。

(1) 注浆区域

二次注浆施工区域主要为处于建筑物下部的衬砌环,注浆部位为隧道上半部的预留注浆孔。

(2) 注浆孔位及方量

盾构在穿越过程中,对当前推进环的后面第三环进行二次注浆。注浆位置为 L1 块的预留注浆孔,每环压注 0.5 m³,注浆压力不得大于 0.3 MPa。

如果压注完成后仍未达到注浆效果,可根据实际情况再次进行压注。压注量为每次 0.1~0.5 m³,浆量根据实际注浆情况调增。

如 L1 块的注浆孔被堵死无法利用时,可根据实际情况使用 L2 块的注浆孔进行压注。

5. 地面沉降监测

(1) 测点及监测断面的布置

①穿越建筑物前 10 m 开始加密测点布置,至穿越后 10 m 加密结束。

②在测点加密范围内,加设 2 个监测断面,每 3 环布置 1 个监测点。

③每个监测断面上各设测点 9 个,轴线上设测点 1 个,对称于轴线 1 m、3 m、5 m、11 m 各布置 1 个测点。

(2) 深层点和墙面点的布设

①在建筑物墙壁下布置 3 个深层监测点。

②在建筑物的四角及墙壁中间各布置一个墙面点。

(3) 监测频率

进入推进试验段时监测频率为 2 次/d。穿越建筑物期间的监测频率加密至 4 次/d(2 次/环)。

2.9.3　盾构下穿铁路施工技术

列车运行的动载和震动对盾构隧道结构安全有较大影响,而隧道结构的安全性又将直接影响列车行车安全。因此在隧道施工过程中,应对穿越区域铁路进行保护和监测。

项目进场后,应立即进行盾构穿越区的铁路调查,详细了解穿越部位铁路情况,并请业主、监理、铁路部门共同研究铁路保护方案,召开专家论证会,制定切实可行的保护方案。

1. 铁路保护措施

盾构机下穿铁路时可采取的措施有加强与铁路产权部门的协调、加强地面监测、采用袖阀管跟踪注浆、对轨道进行扣轨加固。

（1）盾构穿越前的保护措施

掘进前做好护轨工作，并按照设计要求采取预埋注浆管等预防措施。施工期间必须进行监护和监测，根据监测结果调整施工参数，并签订合同，委托铁路部门对线路进行及时养护。

（2）盾构掘进控制措施

①在盾构机到达铁路影响范围前进行一次盾构检修，保证盾构机顺利穿越铁路。

②在盾构穿越期间，加强盾构维保工作，保证盾构正常运行，快速通过铁路。

③控制好盾构掘进参数，保证盾构姿态平稳，避免蛇行纠偏造成超挖。

④根据地层情况制订适当的渣土改良措施，控制出渣量和出渣速度，保证掘进速度和稳定。

⑤控制好盾构掘进速度和推力，避免地面隆起和沉降。

⑥控制好盾构同步注浆和二次注浆，调节压力和注浆量，使管片外空隙充填饱满，将地面变形控制在允许范围内。

（3）配套控制措施

①盾构推进实行信息化反馈施工，在铁路两侧埋设沉降观测点，穿越期间实行24 h监测制度。每0.5 h进行一次跟踪测量，并进行信息分析，及时通知井下调整掘进施工参数。

②施工前邀请铁路部门对施工人员进行培训，从思想和技术上提高认识。

③请求铁路管理部门密切配合，加强穿越期间的铁路管理，确保铁路安全。

2. 铁路监测

加强施工过程中的沉降监测，对轨道进行穿越施工全过程监测，其中对轨道沉降、轨道横向差异沉降、轨距变化和道床纵向沉降等内容进行24 h远程实时监测。根据监测结果，及时优化调整掘进施工参数，做到信息化动态施工管理。

（1）隧道外监测

隧道外监测内容包括：

①隧道洞外沉降（地表沉降）；

②线路影响（线路沉降、方向偏移）；

③线路深层土体变化；

④隧道两侧地下水位观测。

(2) 隧道内监测

隧道内监测内容包括：

①隧道内沉降；

②管片与围岩接触压力；

③钢筋应力；

④管片混凝土应力。

3. 预注浆加固

①为防止盾构施工过程中铁路路基沉降过大，施工前必须对铁路路基范围内的土层进行预注浆加固。

采用直径 60 mm 袖阀管注水泥浆加固。加固范围为：宽度为洞身两侧各 3 m(即 12.7 m)，长度为 18 m，深度为地面以下、隧道洞顶高程以上(约 13 m)。首先在铁路两侧不影响列车运行区域采用地质钻斜向造孔，再向孔内下放袖阀管，待袖阀管安装完成后开始孔内注浆，注浆参数及浆液配合比根据现场试验及相关经验确定。

②优化盾构施工技术参数。盾构通过前，选择类似地质及埋深条件下 150 m 区段作为模拟推进段，对施工参数进行进一步分析、优化和总结，为穿越铁路时选择施工参数提供可靠依据。

在盾构机穿越过程中，根据模拟段总结的施工参数，结合盾构刀盘所处位置的水文地质及埋深等情况，选取最佳的掘进参数。严格控制盾构掘进过程中的土压、出土量、掘进速度等施工参数，及时对环形空隙进行同步注浆，并且根据量测结果做好二次注浆工作；同时加强盾构掘进、同步注浆、管片拼装等关键工序的监督管理工作，并对成型后隧洞进行实时监测管理，根据现场实际情况动态调整相关参数，确保盾构施工质量。

③加强施工监测。施工前，根据专家组的意见及铁路部门的建议编写监测方案，并按要求布设监测点。

a. 在穿越过程中，加强沉降监测。严格控制掘进速度和同步注浆量，避免因盾尾空隙未能及时充填而产生下沉，及时进行二次注浆，控制后期沉降。

b. 加强地面沉降监测，根据施工和沉降情况调整观测的频率，及时反馈监测信息并指导施工。

④浆液控制及补充注浆。在施工过程中应严格控制浆液质量。首先，施工前对拌浆班组施工人员进行技术交底，严格按照浆液配合比进行浆液拌制。同

步注浆过程中,按要求抽样、取样检测,确定浆液质量。

同步注浆要保证浆液匀速、均匀、连续压注,防止推进尚未结束而注浆停止的情况发生。压浆前根据推进速度,初步算出同步注浆的流量,并在压注过程中根据实际情况及时进行调整。

根据以往推进施工过程中所总结的土体沉降变化规律可知,穿越后期的土体沉降占整个由盾构推进施工引起的土体沉降的很大部分,因此必须及时对脱出盾尾的隧道管片进行二次补充压注浆液,以控制土体后期沉降量,从而保证地面铁路的安全。为确保二次补浆的及时性和有效性,必须安排专人现场检查洞内渗水及管片破损情况,并对监测报表进行分析。重点区域为铁路轨道前后各 9 m 范围,补压浆采用 S 型补浆。

⑤扣轨加固措施。

a. 沿每条轨道纵向在左、中、右布置 3 道平行于线路方向的纵扣轨,在轨道下每隔 0.8～1 m 布置 1 道木枕(布置于混凝土枕间),并将纵扣轨与木枕以扣件连接固定。另外用道钉将轨道固定于木枕上。

b. 扣轨采用 12.5 m 或 25 m 长的 P50 钢轨,扣轨采用两层,上层 7 扣 8,下层 8 扣 9,纵轨每隔 1.2 m 用 U 型箍绑紧一次。

⑥应急措施。根据铁路部门提供的控制标准,建立完善的预警机制,实行三级预警管理制度,在监测结果超过预警值时立即采取措施,将铁路隆起和沉降控制在允许范围内,或启动应急预案将影响降至最低。

a. 为确保盾构顺利穿越铁路,减小盾构穿越铁路过程中可能发生的风险,施工单位须成立专项工作小组,以单位负责人为第一责任人,在施工现场成立盾构穿越铁路施工现场指挥部,对穿越期间的施工进行全面的指挥与协调。

盾构机穿越铁路施工过程中,进行 24 h 不间断连续施工,以避免盾构长时间停顿引起的后期沉降。班组人员实行井下交接班制度,相关人员各自移交工作。

b. 根据施工蓝图、地质图纸等细部资料编制专项应急预案,并报监理单位审批后实施,按照预案要求逐一组织落实。

在施工现场准备充足的材料,例如工程用料(管片、止水带、螺栓等)、注浆材料(水泥、膨润土等)、堵漏材料(海绵)以及盾构设备使用材料(液压油、盾尾油脂、集中润滑油脂等),以满足连续施工和工程抢险的需求。在其他物资的供应上,与物资供应部门通力合作,密切保持联系,确保施工物资材料的及时供应。

2.9.4 盾构下穿既有地铁隧道施工

1. 对既有地铁隧道的处理

①对受影响地段进行全面整修,轨道扣件拧紧,调整轨距和水平。
②受影响地段每隔3对短轨枕设置1根绝缘轨距拉杆。
③受影响地段钢轨内侧安装防脱护轨。
④受影响地段设置警示标志。
⑤采用调高垫板调整轨面高程。

2. 监测控制值

①结构绝对沉降(隆起)值不大于10 mm,变形速率不大于4 mm/年。
②纵向变形曲率半径$R \geqslant 15000$ m,隧道相对变形曲率不大于1/2500。
③左右轨不均匀沉降值不大于10 mm。
④自动化监测项目频率:施工关键期为1次/30 min,一般施工状态为1次/2 h(从开工前一周至数据稳定为止)。
⑤人工监测项目频率:1次/d(从开工至竣工后数据稳定为止,夜间停运后进行)。
⑥接触网距离轨面高度不小于4000 mm、纵向坡度不大于0.6%,带电体部分和结构体、车体的静态净距不小于150 mm、动态净距不小于100 mm、绝对最小动态净距不小于60 mm。
⑦轨道变形控制。
正线:轨距为-2~4 mm,水平为3 mm,高低为3 mm,轨向为3 mm。专用线:轨距为-2~4.5 mm,水平为4 mm,高低为4 mm,轨向为4 mm。

3. 穿越前的准备工作

(1) 进行模拟穿越
穿越既有隧道之前,工程技术人员应组织模拟穿越,并根据模拟穿越的实际情况,确定穿越施工中的最合理施工参数,包括正面土压力、盾构推进速度、同步注浆量、注浆压力、后期注浆量、出土量等。

(2) 人员准备
对施工技术人员及操作人员进行培训,在穿越前对全体施工人员进行全面、详细的技术交底,使穿越方案中拟定的各项技术措施得到彻底落实。

(3) 设备及物资准备

在穿越前,对盾构机及其他辅助设备进行一次全面的彻底检修,对盾构机上现存的机械故障和缺陷进行检测和修理,并对可能产生的故障预先做好修理准备。在穿越推进期间,与盾构零配件供应仓库建立 24 h 有效的联系及供应渠道,同时确保其他施工物资材料的及时供应。

4. 合理设置土压力值,防止超挖和欠挖

盾构穿越施工的土压力控制原则是以模拟穿越工况为基础,结合理论计算,采用信息化施工,根据反馈信息实时调整。

盾构推进时,根据电子水平尺的数据采集器和地面沉降监测信息的反馈,及时调整土压,从而科学合理地设置土压力值及相宜的推进速度等参数,防止超挖和欠挖,以减少对土体的扰动。

5. 穿越时降低推进速度,严格控制盾构方向,减少纠偏

盾构推进速度对已建隧道的隆起沉降变形有明显的影响,它与土仓正面土压力、千斤顶推力、土体性质等因素有关,一般应综合考虑。

在盾构机穿越已建隧道之前,应对地面导线控制网及井下、隧道内的测量控制点进行复测。在确认无误的情况下,根据测得的盾构机姿态,将轴线误差调整到小于 10 mm,以准确的姿态穿越已建隧道。

在穿越已建隧道的过程中,每 50 cm 测量一次盾构机的姿态偏差,盾构司机根据偏差及时调整盾构机的推进方向,尽可能减少纠偏,特别是要杜绝大量值纠偏。同时在盾构穿越期间,适当降低推进速度,一般为 10 mm/min,从而保证盾构机平稳地穿越已建隧道。

6. 穿越期间采用合理的注浆工艺,并确保注浆量

隧道是需重点保护的地下构筑物。由于其保护要求极高,盾构穿越后半年内的累计沉降量须控制在 5 mm 之内,因此须采用合理的注浆工艺。

随着盾构的推进,脱出盾尾的管片与土体间会出现"建筑空隙",须及时注浆予以充填。注入管片背面的浆液会发生收缩,为此实际注浆量要达到理论建筑空隙体积的 150%~200%。

然而,过量压注会引起地表局部隆起甚至跑浆。因此,除了保持压浆量,还

须控制注浆的均匀性与注浆压力。

7. 对穿越段两隧道之间的土体进行双液注浆加固

盾构穿越后,须对穿越段两隧道之间的土体进行注浆加固。根据两隧道的相对位置,选取不同部位的预留注浆孔注浆,加固注浆深度1.5 m。依据已建隧道内的电子水平监测数据,做到信息化施工。

8. 变形监测

在已建隧道内设置电子水平尺等自动监测仪器,测量数据及时传输到支线隧道盾构操作台,实行实时信息传输,及时调整盾构机参数,并根据观测结果对已建隧道采取相应处理措施(会同业主、设计、监理专家等共同讨论后的技术处理措施)。

(1)电子水平尺自动监测系统

盾构穿越前,在已建隧道受影响区段内布设电子水平尺自动监测系统,通过连接电缆将监测数据传输到监控室,进行实时精确监测。

电子水平尺首尾相接地安装在整体道床上,实时沉降曲线的精度为0.3 mm。同时,道床上单独横向布设3~5支电子水平尺,以监测隧道内两轨道的横向高差。

自动监控室与施工现场值班室之间的计算机通过局域网每隔5 min传输一组数据。

(2)隧道变形监测系统

盾构穿越前,在已建隧道受影响区段内布设巴赛特收敛监测系统,对隧道的横断面(圆度)变形进行实时、精确监测。

巴赛特收敛监测系统在穿越施工中作为辅助监测措施。

(3)隧道内的人工监测

在上述电子水平尺监测范围内的隧道衬砌及道床上,布设人工高程监测点,每24 h监测1~2次,用于检验和校核电子水平尺的实时沉降数据。

(4)加密设置深层监测点,加大测量频率

在穿越区段内布设深层沉降监测点,对指导整个盾构穿越施工具有重要意义。在穿越已建隧道上方的地面上布设2个沉降观测断面,轴线每5 m布设一个沉降监测点。穿越已建隧道时每4 h监测一次,穿越初期为每2 h监测一次。如遇变形超过报警值,进行跟踪监测。

9. 应急措施

盾构穿越已建隧道具有很高的工程风险,因此必须制订相应的应急措施。在穿越区段的已建隧道四周预设 5~10 支注浆管,预埋注浆管深度最深为 3 m。如孔位距正线隧道管片外壁距离不足 3 m,预埋注浆管打入深度为距已建隧道管片外壁 20 cm 左右。预埋注浆管打入后,根据监测数据与实际要求,随时准备进行跟踪注浆加固,以达到保护正线隧道的目的,在变形较大时起到必要的保护作用。

第 3 章　新奥法施工

新奥法施工是在传统的矿山法施工的基础上发展起来的。20 世纪 60 年代,喷射混凝土和锚杆技术的出现创造了新奥地利施工法,简称新奥法(NATM),也称锚喷法。新奥法的精髓是充分利用围岩的自承能力和开挖面的空间约束作用,以锚杆和喷射混凝土为主要支护手段,及时对围岩进行加固,以约束围岩的松弛和变形,并通过监控量测来指导设计与施工。

3.1　超 前 支 护

3.1.1　大管棚施工

1. 施工准备

根据用于管棚施工的机械设备情况,在开挖至管棚施工段时,预留下台阶不开挖,作为管棚施工操作平台。

2. 套拱施工

采用 C25 混凝土套拱作为管棚的导向拱。套拱在隧道衬砌的外轮廓线以外。护拱内设 2~3 榀用 I20a 工字钢制作的钢拱架,作为环向支撑,管棚的导向管焊接固定在钢拱架上。

3. 管棚制作

管棚采用 $\phi 108$ 和 $\phi 60$ 钢管制作,壁厚 6 mm,管壁打孔,布孔采用梅花形,孔径为 10~16 mm,孔间距为 15 cm,钢管尾留 2~3 m 不钻孔作为止浆段。

4. 钻孔

采用管棚钻机钻孔。为减少因钻具移位引起的钻孔偏差,钻进过程中经常采用测斜仪量测钻杆钻进的偏斜度,发现偏斜超过设计要求时及时纠正。钻孔直径:直径为 108 mm 的管棚采用直径为 127 mm 的钻孔。钻孔平面误差:径向不大于 20 cm。

5. 清孔、顶管、放钢筋笼

用高压风或清水清孔。钻孔检测合格后,将钢管连续接长(钢管搭接方式采用螺纹连接),用钻机旋转顶进,将其装入孔内。在钢管中增设钢筋笼,以增强钢管的抗弯能力。钢筋笼由 4 根 22 mm 主筋和固定环组成。

6. 注浆

注浆浆液采用 42.5 级普通硅酸盐水泥,水泥浆水灰比为 0.5∶1~1∶1。当地下水发育时,注浆浆液改为水泥-水玻璃,水玻璃浓度为 35~40°Bé。注浆压力采用 0.5~1.0 MPa,施工中应根据实际情况调整。

注浆实施过程中,应采用全孔压入方式向大管棚内压注水泥浆,选用大功率注浆泵注浆。注浆前先进行现场注浆试验,确定注浆参数及外加剂掺入量后再用于实际施工。注浆按先下后上、先稀后浓的原则进行。注浆量由压力控制,达到标准后关闭止浆阀,停止注浆。

7. 施工有关注意事项

①孔口位于开挖轮廓外边缘,外插角为 1°~1.5°,钻孔最大下沉量控制在 20~30 cm。

②管棚钢管不得侵入隧道开挖线内,相邻的钢管不得相撞,也不得相交。

③钻孔过程中,在开孔后 2 m、孔深 1/2 处、终孔处三次进行斜度量测。如误差超限,应及时改进钻孔工艺进行纠偏。至终孔仍超限时,则须封孔重钻。

④钢管与管箍丝扣必须上满,使各管节连成一体,受力后保证不脱开。

⑤注浆压力一般为 0.5~1.0 MPa,并稳定 15 min。若注浆量超限,未达规定压力,则仍须继续注浆,并调整浆液,直至符合注浆质量标准方可终止注浆,确保管棚与围岩固结紧密,增强其整体性。

3.1.2 小导管施工

在隧道工作面开挖前,沿隧道拱部开挖轮廓线外打入带孔小导管,并通过小导管向围岩压注起胶结作用的浆液,在隧道轮廓线外形成一个 0.6~1.2 m 厚的弧形加固圈。在此加固圈的保护下即可安全地进行开挖作业。

1. 小导管结构

小导管前端加工成锥形,以便插打,并防止浆液前冲。小导管中间部位钻直径为 10 mm 的注浆孔。注浆孔呈梅花形布置(防止注浆出现死角),间距为 15 cm,尾部 1 m 范围内不钻孔以防漏浆,末端焊直径为 6 mm 的环形箍筋,以防打设小导管时端部开裂,影响注浆管连接。

2. 注浆材料

双液浆:又称 CS 浆。
水灰比:0.8∶1～1.5∶1。
水玻璃浓度:35～40°Bé。

3. 注浆工艺

①小导管安设。

a. 用 YT-28 风钻或用重锤将小导管送入孔中,然后检查导管内有无充填物。如有充填物,用吹管吹出或掏钩钩出。

b. 用塑胶泥(40°Bé 水玻璃拌和 52.5 级水泥即可)封堵导管周围及孔口。

c. 严格按设计要求打入导管,管端外露 20 cm,以安装注浆管路。

②注浆浆液配制及搅拌。

a. 水泥浆搅拌在拌和机内进行。根据拌和机容量大小,严格按要求投料。水泥浆浓度根据地层情况和凝胶时间要求而定,一般应控制在 1.5∶1～1∶1。

b. 搅拌水泥浆的投料顺序为:在加水的同时将缓凝剂一并加入并搅拌,待水量加够后继续搅拌 1 min,最后投入水泥并搅拌 3 min。

c. 缓凝剂掺量根据所需凝胶时间而定,一般控制在水泥用量的 2%～3%。

d. 注浆用水玻璃的浓度一般为 35°Bé,浓水玻璃液的稀释采用边加水、边搅拌、边用波美计测量的方法进行。

e. 制备水泥浆或稀释水玻璃时,严防水泥包装纸及其他杂物混入,注浆时设置滤网过滤浆液,未经滤网过滤的浆液不得进入泵内。

③小导管注浆采用双液注浆法,使用双浆泵将浆液输入至孔口混合器,经分浆器流入导管进入地层。注浆施工时应注意以下几点:

a. 注浆口最高压力须严格控制在 0.5 MPa 以内,以防压裂工作面;

b. 进浆速度不宜过快,一般控制每根导管双液浆进浆量在 30 L/min 以内;

　　c. 导管注浆采用定量注浆,即每根导管内注入 400 L 浆液后即结束注浆。如压力逐渐上升,流量逐渐减少,虽然未注入 400 L 浆液,但孔口压力已达到 0.5 MPa,也应结束注浆。

　　④注浆时,水泥浆与水玻璃浆的体积比(即 C∶S)应按所需凝结时间选定,一般应控制在 1∶0.6～1∶1。

　　⑤注浆结束后应及时清洗泵、阀门和管路,保证机具完好,管路畅通。

　　⑥注浆量的估算:为了获得良好的固结效果,必须注入足够的浆液量,确保有效扩散范围。注浆范围为开挖轮廓线外 0.3～0.5 m,并使浆液在地层中均匀扩散。浆液单孔注入量 Q 和围岩的孔隙率有关,根据扩散半径及岩层的裂隙进行估算,其值为:

$$Q = \pi R^2 L \eta \tag{3.1}$$

式中:R 为浆液扩散半径,m,取相邻孔距的一半加 0.1 m;L 为压浆段长度,m;η 为扩散系数,根据地质勘探报告选用。

3.2　初期支护

　　隧道衬砌大多采用复合式衬砌结构,即以锚杆、钢筋网、喷射混凝土和钢架为初期支护,以模筑钢筋混凝土为二次衬砌。

　　新奥法区间隧道初期支护有锚杆、型钢钢架或格栅钢架、挂钢筋网和喷射混凝土等几种,根据隧道断面和围岩级别选择不同的支护组合。

3.2.1　锚杆施工工艺

　　隧道使用的锚杆有中空注浆锚杆、砂浆锚杆、药卷锚杆和自进式对拉锚杆等类型。各类锚杆施工方法如下。

1. 中空注浆锚杆

　　中空注浆锚杆是一种可测长排气的中空注浆锚杆。中空注浆锚杆由锚头与锚杆体连接。

　　锚杆体上设有止浆塞、垫板以及紧固螺母,具有沿锚杆体轴向设置、位于锚杆体外侧并与锚杆体连接的测长排气管。测长排气管前端封头与锚头平齐,测长排气管后端开口,并伸出锚杆体,测长排气管管壁上遍布可阻止水泥砂浆进入的气孔,结构简单,使用方便,既可在锚杆施工后方便地检查锚杆体真实长度,确保锚固施工质量,又可在注浆施工时排出锚孔中的空气,有利于注浆施工的进行。

工程中常采用带排气装置的 $\phi 25$ 中空锚杆。锚杆设置钢垫板,垫板尺寸为 150 mm×150 mm×6 mm。

中空锚杆孔使用手风钻或凿岩台车钻孔。钻孔前,根据设计要求定出孔位,钻孔保持直线并与所在部位岩层结构面尽量垂直,钻孔直径为 42 mm,钻孔深度大于锚杆设计长度 10 cm。中空注浆锚杆施工程序如下:钻孔完成后,用高压风吹净孔内岩屑;将锚头与锚杆端头组合后送入孔内,直达孔底;固定好排气管,将止浆塞穿入锚杆末端与孔口齐平,并与杆体固紧;锚杆末端戴上垫板,然后拧紧螺母;采用锚杆专用注浆泵向中空锚杆内压注水泥浆,水泥浆的配合比为 1:(0.3~0.4),注浆压力为 1.2 MPa,水泥浆随拌随用。

2. 砂浆锚杆

系统锚杆和临时支护常采用 22 mm、25 mm 两种直径的砂浆锚杆。

(1) 准备工作

检查锚杆类型、规格、质量及其性能是否与设计相符。根据锚杆类型、规格及围岩情况准备钻孔机具。

(2) 钻孔

砂浆锚杆钻孔采用手风钻或凿岩台车进行,孔眼间距、深度和布置应符合设计参数的要求,其方向垂直于岩层层面。

(3) 锚杆安装及注浆

砂浆锚杆由人工配合机械安装,采用砂浆锚杆专用注浆泵往孔内压注早强水泥浆。砂浆配合比(质量比):砂灰比宜为 1:1~1:2,水灰比宜为 0.38~0.45。注浆开始或中途停顿超过 30 min 时,应用水润滑注浆管路。注浆孔口压力不得大于 0.4 MPa。

注浆时,注浆管要插至距孔底 5~10 cm 处,随水泥浆的注入缓缓匀速拔出,随即迅速将杆体插入,锚杆杆体插入孔内的长度不得短于设计长度的 95%。若孔口无砂浆溢出,将杆体拔出后重新注浆。

3. 药卷锚杆

系统锚杆和临时支护有时采用 25 mm 直径的药卷锚杆。

(1) 准备工作

检查锚杆类型、规格、质量及其性能是否与设计相符。根据锚杆类型、规格及围岩情况准备钻孔机具。

(2) 钻孔

药卷锚杆钻孔采用手风钻或凿岩台车进行,孔眼间距、深度和布置应符合设计参数的要求,其方向垂直于岩层层面。钻孔完成后,用高压风水洗孔。

(3) 锚杆安装

安装前,先将"药卷"在水中浸泡,浸泡时间按说明书确定,不能浸泡过久,保证在初凝前使用完毕。安装时,用锚杆的杆体将"药卷"匀速地顶入锚杆安装孔,边顶边转动杆体,使"药卷"在杆体周围均布密实,但不可过度搅拌。安装好后,用楔块将锚杆固定好。

4. 自进式对拉锚杆

为增强岩体的稳定性,在两条隧道间距较小的部位常设置若干根自进式对拉锚杆。

①自进式锚杆采用气腿钻或潜孔钻机钻进。自进式锚杆安装前,先检查锚杆体和钻头的水孔是否畅通。若有异物堵塞,须及时清理干净。

②锚杆体钻进至设计深度后,先用水和空气洗孔,再将钻机和连接套卸下,并及时在锚杆两端头安装垫板及螺母,临时固定杆体。

③锚杆灌浆料宜采用纯水泥浆或 1∶1 水泥砂浆,水灰比宜为 0.4～0.5。采用水泥砂浆时,砂子粒径应不大于 1.0 mm,并通过试验确定。

④自进式锚杆在确认达到施工图纸或监理人指示的钻孔要求后,及时进行注浆锚固。注浆后,在砂浆凝固前,不得敲击、碰撞和拉拔锚杆。浆体强度达到设计要求后,可上紧螺母,并按设计要求用扭力扳手张拉。

3.2.2 型钢钢架及格栅钢架制作安装

①新奥法隧道工程施工所用钢拱架可采用型钢、工字钢、钢管或钢筋制成。现场通常采用工字钢和 $\phi 25$ 钢筋制作。

②钢拱架安装工艺。钢架按设计要求预先在洞外钢构件场地加工成型,在

洞内用螺栓连接成整体。型钢钢架采用冷弯成型;格栅钢架采用胎模焊接。钢架加工焊接不得有假焊,焊缝表面不得有裂纹、焊瘤等缺陷。每榀钢架加工完成后,放在水泥地面上试拼,周边拼装允许误差为±3 cm,平面翘曲小于2 cm,施工图纸有要求时按图纸要求执行。钢架在初喷混凝土后应及时架设。钢架安装前清除基底虚渣及杂物。钢架安装允许偏差:钢架间距、横向位置和高程与设计位置的偏差不超过±5 cm,垂直度允许误差为±2°,施工图纸有要求时按图纸要求执行。钢架拼装可在开挖面以外进行,各节钢架间以螺栓连接,连接板密贴。沿钢架外缘每隔2 m用混凝土预制块楔紧。钢架底脚置于牢固的基础上。钢架尽量密贴围岩并与锚杆焊接牢固,钢架之间按设计要求设置纵向连接筋连接。

③采用分部开挖法施工时,钢拱架拱脚打设锁脚锚杆或锁脚锚管。下半部开挖后,钢架及时落底接长,封闭成环。钢架与喷混凝土形成一体,钢架与围岩间的间隙用喷混凝土充填密实;钢架全部喷射混凝土覆盖,保护层厚度应满足设计要求。

④除应控制好安装误差,保证节点连接平顺并打好锁脚锚杆外,还应注意以下几点:

a. 钢拱架的安设应在开挖后的2 h内完成;

b. 钢拱架应尽可能多地与锚杆露头及钢筋网焊接,以增强其联合支护效应;

c. 可缩性钢拱架的可缩性节点不宜过早喷射混凝土,待其收缩合拢后,再补喷射混凝土;

d. 喷射混凝土时,应注意将钢拱架与岩面之间的间隙喷射密实;

e. 喷射混凝土应分层分次完成。初喷混凝土应尽早进行,复喷混凝土应在量测指导下进行,以保证其适时、有效。

⑤钢筋网施工:挂网使用的钢筋须经试验检测合格,使用前除锈,在洞外钢筋加工场区制作成钢筋网片,用起重机经施工竖井吊入,然后用汽车运输到工作面,采用机械配合人工安装,安装时搭接长度为1~2个网格。钢筋网应贴近岩面铺设,并与锚杆和钢架焊接牢固。按照设计图纸要求,钢筋网焊接在钢架靠近岩面一侧或内外双层布置,以确保整体结构受力合理。喷混凝土时,减小喷头至受喷面距离和控制风压,以减少钢筋网振动,降低回弹。钢筋网喷混凝土的内外保护层厚度须符合设计要求。

⑥喷射混凝土:喷射混凝土料采用商品混凝土,通过混凝土搅拌运输车直接向洞内送料,或用混凝土搅拌运输车运输到洞口后,用起重机械经施工竖井吊

入,转由小型汽车运输至洞内。喷射混凝土量较少时,在业主授意下,也可在工点生产区适当位置设立混凝土搅拌机,现场拌制喷射混凝土料。喷射混凝土采用湿喷工艺。

a. 原材料要求:砂选用颗粒坚硬、干净的中、粗砂,符合国家二级筛分标准,细度模数应大于2.5,含水率控制在5%~7%,含泥量不大于3%;碎石选用坚硬耐久、最大粒径不大于15 mm的碎石,含泥量不大于1%;水泥用42.5R普通硅酸盐水泥;使用的外加剂根据设计要求确定。速凝剂等外加剂选择质量优良、性能稳定的产品。速凝剂在使用前,要做与水泥的相容性试验及水泥净浆凝结效果试验,保证喷射混凝土凝结时间控制在规范要求范围内。

b. 湿喷混凝土施工方法:混凝土喷射机安装调试好后,在料斗上安装振动筛,以避免超粒径骨料进入喷射机;喷射前首先清除基面松动岩块,对个别欠挖部分进行凿除、对个别超挖部分喷射混凝土补平;用高压水冲洗基面,对遇水易潮解的岩层,则用高压风清扫岩面;检查喷射机工作是否正常;要进行喷射试验,一切正常后可进行混凝土喷射工作。混凝土喷射送风之前先打开计量泵(此时喷嘴朝下,以免速凝剂流入输送管内),以免高压混凝土拌和物堵塞速凝剂环喷射孔;送风后调整风压,将风压控制在0.45~0.7 MPa,若风压过小,粗骨料则冲不进砂浆层而脱落,风压过大将导致回弹量增大。可按混凝土回弹量大小、表面湿润易黏着力度来掌握。喷射压力根据喷射仪表反馈的信息及时调整风压和计量泵,控制好速凝剂掺量。

c. 为保证喷射混凝土的厚度和质量,喷射混凝土分两次完成,即初喷和复喷。初喷在刷帮、找顶后进行,喷射混凝土厚度4~5 cm,及早快速封闭围岩,开挖后由人工在渣堆上喷护。复喷是在初喷混凝土层加固后的围岩保护下,完成立拱架、挂网、锚杆步骤等作业后进行的。

喷射混凝土分段、分片、分层进行,由下向上,从无水、少水向有水、多水地段集中。在有水或多水段,采用干喷止水或用小导管引流后再喷混凝土。施喷时,喷头与受喷面基本垂直,距离保持为1.5~2.0 m,并根据喷射效果适时调整。

设钢架时,钢架与岩面之间的间隙用喷射混凝土充填密实,喷射顺序为先下后上,对称进行,先喷钢架与围岩之间的空隙,后喷钢架之间部分,钢架应被喷射混凝土覆盖,保护层不得小于4 cm或符合设计要求。喷前先找平受喷面的凹处,再将喷头呈螺旋形缓慢均匀移动,每圈压前面半圈,绕圈直径约30 cm,力求喷出的混凝土层面平顺光滑。一次喷射厚度控制在5 cm以下,每段长度不超过6 m,喷射回弹物不得重新用作喷射混凝土材料。新喷射的混凝土按规定洒水养生。回弹量取决于混凝土的稠度、喷射技术、骨料级配等多种因素。要将边墙部分回弹率控制在15%以内,拱部回弹率控制在20%以下。施工前应制定作业指导书,并在施工中根据实际情况不断完善。

在实际工作中,应尽快摸索掌握有关工作风压、喷射距离、送料速度三者之间的最佳参数值,使喷射的混凝土密实、稳定、回弹最小。必要时,在混凝土中掺加硅粉或粉煤灰,以增加混凝土的和易性,以减少回弹。

3.3 全断面注浆加固

当隧道穿越富水地段时,为确保施工安全,应采用全断面注浆加固或半断面注浆加固。

1. 全断面加固方案

全断面注浆纵向长度一般为12 m,径向加固范围为隧道开完工作面及开挖轮廓线以外4 m。为减少注浆盲区,在前8 m注浆盲区内增设补浆孔。

2. 注浆材料

注浆材料以普通水泥—水玻璃双液浆为主,以普通水泥、超细水泥单液浆为辅。普通水泥为42.5R硅酸盐水泥,水玻璃浓度为35°Bé,模数为2.4~2.8。

3. 注浆参数

选择双液注浆。水泥浆水灰比1∶1,即15袋水泥搅拌1 m³浆液,消耗750 L水。水玻璃浆浓度为30~35°Bé,实际注浆过程中,根据浆液变化及压力变化情况,可适当调浓或调稀一级,以确保施工质量,施工过程做好施工记录。注浆压力设计值根据断面、地面隆起情况取3~5 MPa,注浆时要严格控制压力,防止因地面隆起而破坏地面结构。根据现场监测情况,可适当调整注浆压力。

4. 注浆有限扩散半径

注浆有限扩散半径$R=1.5$ m。

5. 注浆结束标准

按设计要求达到注浆压力,并持续30 min,且进浆量明显减少。

6. 封闭死角注浆

检查孔不出水后,在断面底部按断面45°方向进行死角注浆封闭。

7. 注浆作业

注浆采取从下向上、间隔跳孔、先外圈后内圈的顺序进行。

8. 注浆工艺流程

(1) 施工准备

根据现场情况,焊接搭设钻机平台。平台结构为双层工字钢结构,每层高度为3.2 m,其他尺寸根据现场和钻机布置需要而定,保证平台强度以便架立钻机打孔,确保安全。

(2) 测量放线及标定孔位

施工前,测量组根据设计图纸放出断面中心点,现场按设计要求在掌子面上标出开孔位置,采用罗盘仪确定注浆外插角,调整钻机至满足设计钻孔方向要求。

(3) 开孔

钻机采用低压力、满转速,直径为130 mm的钻头开孔,钻深2 m,退出钻杆,安装孔口管。

(4) 安装孔口管及高压闸阀

开孔完成后,在孔口上安装孔口高压管及高压闸阀。孔口管及高压阀必须事先加工好。

(5) 注浆

钻孔至设计位置后,按照注浆方式和注浆工艺流程进行注浆作业。

(6) 注浆效果检查

注浆结束后,在注浆薄弱区域钻设检查孔,检查孔数量按设计注浆孔数量的5%~10%考虑。检查孔要求不涌泥、不涌砂,出水量小于0.2 L/(min·m),否则应补孔注浆。

(7) 浆液充填率反算

通过统计总注浆量,反算浆液空隙填充率。浆液填充率要求达到70%以上。

(8) 质量保证措施

①在钻孔过程中如发生涌水、涌砂,应及时退钻,并安装好注浆压盖、强力

注浆。

②当采用后退式分段注浆时,待钻至设计深度后,应及时安设止浆塞及法兰盘,将止浆塞放入孔口管内,并用法兰盘固定牢固。钻杆要保持匀速转动,并按设计分段的长度和注浆量进行退钻。

③配制浆液要严格按照制浆要求顺序投料,不得随意增减数量。为避免杂物堵管,应设置滤网过滤。浆液搅拌好后放在储浆桶中,在吸浆过程中不停搅拌防止沉淀,以免影响注浆效果。

④注浆过程遇突然停电,要立即拆下注浆管,用高压水清洗管内浆液。注浆过程发现注浆量很大,但注浆压力长时间不上升时,可通过调整浆液配合比、缩短凝结时间来达到控制注浆范围的目的。

⑤如注浆过程压力突然上升,应立即停止注浆,打开泄浆阀泄压,查明原因并经处理后继续注浆。

⑥注浆过程如发生与其他孔串浆,可关闭该串浆孔继续注浆。若此现象频繁发生,应加大注浆孔间距或钻一孔注一孔,减少串浆现象。

⑦严格按照设计定长进行分段注浆,不得任意延长分段长度,必要时可以进行重复注浆,以确保注浆质量。

⑧注浆时,应根据地质情况调整注浆参数和工艺,严格控制结束标准,保证注浆质量和效果。

(9)安全保证措施

①施工时应做好排水准备工作及抢险准备工作,防止大量涌水、涌砂。
②钻孔、灌浆人员应熟练掌握有关作业规程,并戴好防护用具。
③在扫孔时,人员应撤离至安全地带,防止由孔口吹出的土石块伤人。
④每次注浆完成后,先泄压,再拆管,防止注浆管内高压伤人。
⑤加强地表巡视,发现冒浆及时通知注浆人员。
⑥加强地表监测,尤其是对周边建筑物、管线的监测。如发现指标超限,应及时报警,并采取相应措施。

3.4 防水层施工

3.4.1 总体布设

新奥法区间隧道防水应遵循"以防为主,刚柔结合,多道设防,因地制宜,综合治理"的原则。

区间结构采用全包防水夹层防水。区间隧道的防水材料一般为无纺布＋PVC防水板，全包设置。二次衬砌采用 P8 或 P12 防水钢筋混凝土，并掺入外加剂，以减少混凝土微裂缝。在二衬内每纵向 2 m 设置 2～3 根预埋注浆管（注浆管不得穿透防水层），便于后续注浆堵漏处理，注浆材料为 1：（0.4～0.5）普通水泥砂浆；注浆压力宜根据实际情况确定，一般控制在 0.2～0.5 MPa。

3.4.2 防水层施作

1. 砂浆找平层施工

在防水层与初期支护之间设置一层砂浆找平层。找平层使用 1：1 水泥砂浆。

主要工作是凿除初期支护喷射混凝土表面"葡萄状"结块，用电焊或氧焊将初期支护外露的锚杆头和钢筋头等铁件齐根切除，在割除部位用细石混凝土抹平覆盖，以防刺破防水板。凸出部位应凿除，并用 1：1 的水泥砂浆找平；凹坑部位应采用 1：1 水泥砂浆填平，使基面洁净、平整、圆顺、坚实，不得有疏松、起砂、起皮等现象。

2. 防水层施工

区间隧道防水层采用无纺布＋PVC防水板。防水层采用无钉铺设工艺。

3. 施工要领

（1）施工准备

测量隧道断面，利用作业台车对断面再次进行修整。基层平整度采用 1 m 的靠尺进行检测。当靠尺至弧形中部的距离小于图纸及规范要求或圆弧的最小半径大于图纸及规范要求时，即满足要求。在砂浆找平层面上标出拱顶中线和垂直于隧道轴线的断面线。

检查防水板的质量，看是否有变色、老化、波纹、刀痕、撕裂、孔洞等缺陷；在防水板边缘划出焊接线和拱顶中线；防水板按实际轮廓线长度截取，对称卷起备用。纵向铺设长度按二衬边拱混凝土长度外大于 50 cm 安排。

（2）无纺布铺设

首先在隧道拱顶标出隧道纵向中线，将无纺布用射钉、塑料垫片固定在找平层基面上,并使无纺布的中心线与隧道中心线重合,其搭接宽度不小于 15 cm,侧墙无纺布的铺设位置在施工缝以下 250 mm,以便搭接。塑料垫片在拱部的间距为 0.5~0.7 m、在边墙的间距为 1.0~1.2 m,呈梅花形布设。对于变化断面和转角部位,钉距应适当加密。

(3) 防水板铺设

防水板铺设长度与无纺布相同。先在隧道拱顶部的无纺布缓冲层上正确标出隧道纵向中心线,再使防水板的中心线与隧道中心线重合;铺设时,与无纺布一样,从拱顶开始向两侧下垂铺设,边铺边用圆垫片热熔焊接;附属洞室铺设防水板时,按照附属洞室的大小和形状加工防水板,将其焊在洞室内壁的喷锚支护上,并与边墙防水板焊接成一个整体。

防水板的铺设要松紧适度,既能使之紧贴在喷射混凝土表面上,又不致因过紧被撕裂。如果过松,将会使无纺布防水板褶皱堆积形成人为蓄水点。

为防止电热加焊器将防水板烧穿,可在其上衬上隔热纸。防水板一次铺设长度应根据混凝土循环灌筑长度确定,一般应领先于衬砌施工 2~3 个循环。

仰拱防水层铺设完毕后,应立即浇筑 50 mm 厚的 C20 细石混凝土保护层,侧墙防水层须采取临时保护措施避免防水层受到破坏。

(4) 防水板接缝焊接

防水板接缝采用爬行热焊机双缝焊接。将两幅防水板的边缘搭接,通过热熔加压而有效黏结。防水板搭接宽度不小于 15 cm,单条焊缝的有效焊接宽度不小于 1.5 cm。热合器预热后,放在两幅防水板之间,边移动融化防水板边顶托加压,直至接缝黏结牢固。

竖向焊缝与横向焊缝成十字相交(十字形焊缝)时,在焊接第二条焊缝前,先将第一条焊缝外的多余边削去,将台阶修理成斜面并熔平,修整长度应大于 12 mm,以确保焊接质量和焊机顺利通过。

焊缝质量与焊接温度、电压和焊接速度有密切关系。施焊前必须先试焊以确定焊接工艺参数。焊接时,不可高温快焊或低压慢焊,以免造成假焊或烧焦、烧穿防水板。加压时应均匀,不可忽轻忽重,以免轻压处产生假焊现象。焊缝若出现假焊、漏焊、烧焦、烧穿现象应进行补焊。防水板被损坏处,必须用小块防水板焊接覆盖。

(5) 防水板质量检查

①外观检查。

防水板应均匀连续铺设,焊接采用双焊缝,焊缝应平顺、无褶皱、均匀连续,无假焊、漏焊、过焊、焊穿或夹层等现象。

②焊缝质量检查。

防水板搭接部位焊缝为双焊缝,中间留出空隙以便充气检查。检查方法为:先堵住空气道的一端,然后用空气检测器从另一端打气加压。用 5 号注射针头与打气筒相连,并在针头处设压力表。当打气筒充气压力达到 0.25 MPa 时,停止充气,稳压 15 min。压力下降幅度在 10% 以内为合格焊缝,否则说明有未焊好之处,应用肥皂水涂在焊接缝上检查,对产生气泡的地方重新焊接,直到不漏气为止。采取随机抽样的原则检查,每 10 条焊缝抽试 1 条。

钢筋在绑扎时要对防水层进行防护。所有靠防水板一侧的钢筋弯钩及绑扎铁丝接口均应设在背离防水板一侧。焊接钢筋时,必须在其周围设防火板遮挡,以免电火花烧坏防水层。混凝土振捣时不能触碰到防水板。

3.4.3 施工缝及变形缝防水

1. 施工缝防水处理

①环向施工缝设置间距一般取 9~12 m,纵向施工缝可根据实际情况考虑。

②施工缝防水材料,采用反应性止水带或缓膨性止水胶,要求防水可靠、耐久、施工方便、有弹性,与混凝土黏结牢固,不得产生缝隙。止水带安装在钢筋混凝土结构厚度的二分之一处,应严密连接,不得断开。

③施工缝防水设置预注浆系统,与反应性止水带和缓膨性止水胶形成完整的防水结构。在后浇混凝土衬砌块内预埋注浆管,后浇衬砌完成后,向施工缝内注浆。

④施工缝外设置防水卷材加强层,宽度为 500 mm,材质与外包防水卷材相同。

2. 变形缝防水处理

区间隧道与车站的结合部位和区间隧道在与风道、横通道及联络通道相交处应设置变形缝。变形缝宽度为 30 mm。变形缝设钢边(不锈钢)橡胶止水带。变形缝防水处理施工程序和技术要求如下。

①首先安设钢边橡胶止水带,安设位置要准确,其中间空心圆环与变形缝中心线重合,并安设到防水钢筋混凝土衬砌厚度的二分之一处,做到平、直、顺。止水带之间连接橡胶采用黏结法,钢板采用焊接,要求连接缝严密、牢固,钢边橡胶

止水带两侧钢板应设置预留孔。预留孔间距为 250 mm,两侧错开布置,以便用铁丝穿孔和钢筋固定牢靠。

②当一侧混凝土达到一定强度后拆模。拆模时防止破坏橡胶止水带,在变形缝的缝间设置聚苯板,要求填缝紧密、平直,与设计缝宽相同。止水带部位的混凝土必须振捣充分,保证止水带与混凝土咬合密实。振捣时严禁振捣棒触及止水带。

③拆模后,将槽体(深 30 mm)内和封口处的预埋泡沫板清除干净,混凝土面平顺、干净、干燥,两侧钢筋不允许侵入槽体内。

④槽体内嵌入单组分聚氨酯密封胶。采用胶枪(专用工具)将单组分聚氨酯密封胶填充在槽体内,先打底胶后填密封胶,并用隔离层将密封膏与槽内上下嵌缝材料隔开,只能与槽内两侧混凝土黏结。

⑤底板变形缝槽口内填充聚合物防水砂浆。

⑥顶、侧墙变形缝槽口设不锈钢接水槽,并用 M8 不锈钢膨胀螺栓钉固定在结构上,侧墙用单组分聚氨酯密封胶封堵钢板与混凝土间缝隙,防止槽体内的水流出。

⑦变形缝外设柔性防水加强层,宽度为 600 mm,材质与外包防水层相同。

3. 穿墙管件防水措施

穿墙管件穿过防水层的部位应采用止水法兰和双面胶粘带以及金属箍进行防水密封处理。先将止水法兰焊接在穿墙管件上,然后浇筑在模筑混凝土中,必要时在止水法兰根部粘贴遇水膨胀腻子条;双面胶粘带先粘贴在管件的四周,然后再将塑料防水板粘贴在双面胶粘带表面,将防水板的搭接边用手工焊接密实,最后用双道金属箍件箍紧。

3.5 衬砌施工

新奥法区间隧道二次衬砌分为仰拱和边墙拱部进行施工,分块浇筑长度一般为 9~12 m。仰拱衬砌采用定型组合钢模,用钢管脚手架支撑。边墙拱部衬砌分为两种方式:变截面段边墙拱部衬砌采用简易钢平台+定型钢拱架作支撑体系+定型组合钢模(变断面双线隧道采用小钢模)的模板体系;标准断面边墙拱部衬砌采用钢模液压台车。混凝土采用泵送入模。边墙拱部衬砌滞后仰拱 2~3 个循环段。

3.5.1 仰拱及仰拱回填

在二衬施工时,仰拱、仰拱回填须超前施工。单线隧道待隧道贯通后施工仰拱及仰拱回填;双线隧道及大断面隧道待初期支护全断面施作完成后及时施工仰拱及其回填。仰拱衬砌采用上挂式移动衬砌模板。双线隧道由于出渣运输与仰拱施工存在干扰,无法正常作业。为此,采取简易栈桥或自行式仰拱液压栈桥作为临时通道,以保证掌子面正常施工。

自行式仰拱栈桥走行轮可以 90°旋转,这样栈桥既可纵向走行,也可横向走行,利于半幅清理仰拱,全幅一次浇筑。

仰拱部位端头采用钢制大模板,混凝土由中心向两侧对称浇筑,仰拱与边墙衔接处应捣固密实。仰拱一次施工长度应与二次衬砌确定的长度相匹配。仰拱施工完毕后,进行仰拱回填混凝土施工。混凝土采用混凝土泵泵送入仓,用插入式振捣器捣固。

仰拱施工步骤见表 3.1。

表 3.1 仰拱施工步骤表

序号	施工步骤图	说　明
1		栈桥就位后准备浇筑 A1 段混凝土
2		A1 段仰拱混凝土浇筑完毕后,提起前坡桥、后坡桥
3		前坡桥、后坡桥抬起后,伸出其后走行轮,液压缸顶起栈桥,准备移位

序号	施工步骤图	说 明
4		栈桥自动走行至A2位置后，收起前、后走行轮、落栈桥，放下前后坡桥
5		浇筑A2段仰拱混凝土

3.5.2 二次衬砌施工

二次衬砌的施作时间应安排在围岩和初期支护变形基本稳定、量测监控数据表明位移率明显减缓时，但是对于破碎围岩或浅埋段等情况，应尽早施作二次衬砌。衬砌施工中应注意及时埋设回填注浆的预埋注浆管及其他附属设施的预埋件。新奥法区间二次衬砌主要使用钢模台车施工，根据单洞单线、单洞双线隧道的断面形式配置相应尺寸的钢模台车。如部分新奥法区间隧道断面尺寸变化频繁、隧道岔口多、断面不规则，则不适合使用钢模台车浇筑。对不适用钢模台车的洞段，应架设满堂式脚手架支撑，使用组合钢模板或定型钢模板浇筑。

1. 衬砌台车

隧道二次衬砌采用整体式液压衬砌台车施工，台车长度一般为9~12 m，挡头模板采用木模。衬砌台车配置数量需满足工期要求。区间长度较短且该段工期相对较长的地段，可考虑与其他工作面共用一个台车。

2. 脚手架支撑

不适用钢模台车浇筑的洞段，分段搭设钢管脚手架支撑，在支撑端头设置可调节丝杠，以便调节模板位置。脚手架搭设严格按照相关规范进行。搭设完成并经检查验收后，再根据隧道断面形式安装定型钢模板或组合钢模板。

3. 钢筋制作及安装

①钢筋在洞外下料加工,弯制成型,洞内绑扎。

②钢筋焊接。洞内主筋、箍筋采用电弧焊。

③钢筋冷拉调直。采用钢筋调直机在洞外进行钢筋的冷拉和调直。

④钢筋下料。根据设计图纸的规格尺寸,在下料平台上放出大样,然后进行钢筋的下料施工。

⑤钢筋成型。在钢筋加工平台上根据钢筋制作形状焊接一些辅助设施,钢筋弯曲加工成型。

⑥钢筋骨架绑扎。严格按照图纸尺寸进行绑扎。

4. 混凝土拌制及运输

隧道衬砌均为商品混凝土,采用混凝土搅拌运输车运输。运输过程中,要避免出现离析、漏浆,并要求浇筑时有良好的和易性,坍落度损失减至最小或者损失不至于影响混凝土的浇筑与捣实,确保入模混凝土的质量。

5. 混凝土浇筑

混凝土的入模采用输送泵。浇筑混凝土之前,模板外表面需涂抹脱模剂。浇筑混凝土时,先从台车模板最下排工作窗口左右两侧对称浇筑,混凝土快要平齐工作窗口时,关闭工作窗,然后从第二排工作窗口浇筑混凝土,以此类推,最后于拱顶输料管处关闭阀门封顶。脚手架支撑模板段混凝土浇筑顺序与钢模台车浇筑段相同。

采用插入式振捣棒振捣,按"快插慢拔"操作。混凝土分层浇筑时,其层厚不超过振动棒长的 1.25 倍,并插入下层不小于 5 cm,振捣时间为 10~30 s。振捣棒应等距离地插入,均匀地捣实全部混凝土,插入点间距应小于振捣半径的 1 倍。前后两次振捣棒的作用范围应相互重叠,避免漏捣和过捣。振捣时严禁触及钢筋和模板。

6. 衬砌质量控制

合格的原材料、优质的混凝土拌和料以及严格的施工控制,对确保混凝土质量来说缺一不可。主要施工环节工艺质量控制措施如下。

(1) 混凝土拌和料的监督管理

通过市场调查、比选,选择信誉良好、产品质量稳定可靠的厂商。供货厂商必须具备相应的资质、能力,确保能满足工程混凝土使用数量、高峰强度及质量要求,必须提供产品质量合格证明材料等。

混凝土浇筑开始前,根据施工图纸和相关规范的要求,将混凝土计划浇筑时间、地点、数量、用料强度、级配、强度等级、防水等级、出机口温度及坍落度等相关参数递交给混凝土供应厂商,供应厂商据此进行配合比设计和试验,提供符合要求的混凝土拌和料。委托具有相应资质的试验检测中心对商品混凝土按规范要求进行抽样检测,不合格料禁止用于工程。

(2) 运输和泵送

混凝土在运送途中,运输车应保持 2~4 r/min 的慢速转动。为减少混凝土坍落度损失,保持混凝土必要的工作性,应尽量缩短混凝土运输延续时间。对运到浇筑地点的混凝土应进行坍落度检查,并不得有明显偏差。泵送混凝土操作应符合泵送混凝土的相关规定,先用同水灰比砂浆润滑管道,避免人为因素造成堵管。

(3) 浇筑

隧道衬砌施工多在起拱线以下的边墙上出现麻面、水泡和气泡等表面缺陷,严重影响混凝土外观质量及防水性能。缺陷的产生与浇筑和振捣环节的控制有关,应采取综合措施加以改进。为防止混凝土表面缺陷的出现,可采取以下措施。

①分层、分窗浇筑,泵送混凝土入仓应自下而上,从已浇筑段接头处向未浇筑方向分层对称浇筑,防止偏压使模板变形。

②浇筑下层混凝土时,应开启台车中层窗口,以利排气;同理,浇筑中层混凝土时,应开启台车顶层窗口。浇筑混凝土时,应在泵管前端加长若干米的软管,进入窗口时应伸入窗内并使管口尽量垂直向下,以避免混凝土直接泵向支护面,造成墙角和边墙出现蜂窝麻面。

③混凝土浇筑时的自由倾落高度不宜超过 2 m。当超过 2 m 时,应采用滑槽、串筒等器具或通过模板上预留的孔口浇筑,杜绝超高度浇筑。

④严禁在泵送处加水。水灰比是混凝土强度的第一保证要素,加水会严重影响混凝土的技术指标。混凝土封顶时应严格操作,尽量从内向端模方向灌筑,以排除空气,保证拱顶浇筑饱满和密实。

⑤加强施工组织管理,保证混凝土连续浇筑,避免间歇时间过长。若间歇时

间超过 2 h,则必须按浇筑中断进行工作缝处理。

(4) 振捣

插入式振捣器的移动间距不宜大于其作用半径的 1.5 倍,且插入下层混凝土中的深度宜为 5~10 cm。每个振点的振捣持续时间,以混凝土不再显著沉落、不再出现气泡和表面明显出现浮浆为度。在振捣过程中要使振捣棒避开钢筋,但要保证钢筋周围的混凝土均匀受振。附着式振捣器开动时间为混凝土浇满附着式振捣器振捣范围时,每次振动时间为 1~2 min,谨防空振和过振。操作人员还要注意加强观察,防止漏振和过振。

(5) 拆模及养护

选择合理的拆模时间,利用全液压衬砌台车液压系统进行脱模。混凝土达到拆模控制强度所需时间应通过试验确定。脱模后要防止衬砌表面受到碰撞。混凝土洒水养护时间不得少于 14 d。

(6) 拱顶填充密实

在模板台车上预留观察(注浆)孔,间距为 3~5 m,观察孔用直径 50 mm 锥形螺栓紧密堵塞,混凝土初凝后拧开螺栓,探测拱顶是否回填密实。如果有空洞,在混凝土具备一定强度后且于模板拆除前压浆回填。

如果混凝土灌筑过程中拱顶回填不满,则采取二次浇筑的方法,首先在挡头板位置预留排气孔,然后由内向挡头板方向压灌混凝土。

在挡头板处,拱顶下 1/4 处预埋注浆管,间距为 3 m。如果发现有空洞,在混凝土具备一定强度后且于模板拆除前压浆回填。

(7) 施工注意事项

①衬砌施作前先检查断面尺寸,并报请监理工程师检查。检查合格后,根据有关测量数据将衬砌台车就位,并调试、配套有关设备。

②首先测量定位。测量工程师和隧道工程师共同进行水平、高程测量放样。通过轨道将台车移至衬砌部位,调好高程,按隧道衬砌内轮廓线尺寸调整好模板支撑杆臂。将基础内杂物和积水清除干净,斜坡基底要修凿成水平或台阶状,确保边墙混凝土基础稳固。

③根据技术交底的中线和高程铺设衬砌台车轨道,要求使用标准枕木和接头夹板,轨距与台车轮距一致,左右轨面高差小于 10 mm,启动电动机使衬砌台车就位,涂刷脱模剂。

④启动衬砌台车液压系统,根据测量资料使钢模定位,保证钢模衬砌台车中线与隧道中线一致,拱墙模板成型后固定,测量复核无误。

⑤清理基底杂物、积水和浮渣,装设挡头模板,按设计要求装设橡胶止水带,并自检防水系统设置情况。自检合格后,报请监理工程师做隐蔽检查,经监理工程师同意后浇筑混凝土。

⑥当衬砌段地下水较大时,要加强对地下水的检测,采取注浆封闭,做好防水处理后再进行衬砌。

⑦施工缝端头必须进行凿毛处理,用高压水冲洗干净。

⑧按设计要求预留沟、槽、管、线及预埋件,并同时施作附属洞室混凝土衬砌。

⑨混凝土衬砌浇筑过程中,要杜绝破坏防水层现象发生。施工缝接头处要严防漏浆,确保接缝质量。

3.5.3 回填注浆

在二衬施工完成后,为防止二衬与防水层之间形成空洞,应及时进行二衬后的注浆,其纵向注浆管设于拱顶模筑衬砌外缘、防水板内侧,纵向注浆管孔径为20 mm,采用聚乙烯管。在防水板敷设完成后,将注浆管胶粘于防水板内侧,结合9～12 m的衬砌段施工缝布置,注浆管按设计要求布置,两端分别与预设的 ϕ20 镀锌钢管注浆口连接。镀锌钢管凸出衬砌内缘 3～5 cm,以便连接注浆管。环向间距为 2～3 m,纵向间距为 2.5 m。回填注浆材料采用 1∶1 水泥浆液。水泥浆采用浆液搅拌机拌和,单液注浆泵注浆。注浆采用隔孔注浆方式,当发生各孔串浆现象时,采用群孔注浆方式。注浆压力为 0.2～0.3 MPa,注浆严格按设计和施工规范进行。注浆材料、注浆方式及注浆压力等参数根据注浆试验结果及现场情况调整。注浆作业中认真填写注浆记录,随时分析和改进作业。

3.6 附属结构施工

3.6.1 竖井施工

竖井是为增加新奥法施工的工作面而设置的,属临时结构。施工注意事项如下。

①做好场地的平整及总体规划,包括井架布设、拌和站位置的摆布、材料堆放、钢筋焊接及排水等,均应统筹规划好。

②严格控制锁口梁的施工质量,这是施工过程中进出洞的第一道卡。

③搞好维护结构施工或井壁支护施工。

④如采用格栅钢架加固井壁,一定要按设计要求使格栅钢架闭合成环,且与锚杆、连接钢筋成一整体。

⑤混凝土喷射一定要保证喷射厚度及喷射质量。

⑥搞好洞口排水及井内施工中的排水。如发现漏水,一定要先堵漏再往下施工。

⑦严格竖井与横通道接口处(即马口)的施工质量,切忌将竖井一次性施工到底再回过头来施工横通道,要根据横通道开口部分的施工进度,逐渐将竖井施工到设计高程。

⑧做好附属设施的预留,包括下井楼梯和正洞施工时的风、水、电等管线的安装路径规划。

⑨搞好监控量测,随时观察竖井工作时的变形及位移情况。

⑩井架设计合理。起吊能力、斗容量应根据承担的工程内容、工作量大小、工期要求,综合、科学计算确定。

3.6.2 工作风井施工

当区间长度超过 600 m 时,须在区间适当部位设立工作风井。工作风井是永久结构,其寿命按 100 年考虑。

此基坑分两级,一级大基坑采用锚杆土钉加固,二级深坑采用桩基围护结构,其施工方法已在围护结构施工中讲述。和区间相连的通道,一般采用新奥法施工。

3.6.3 联络通道及泵房施工

当地铁区间较长时,常设一处或多处联络通道及泵房。

联络通道及废水泵房一般采用新奥法施工。某些情况下,也采用冷冻法施工。以下重点讲述位于盾构区间内的联络通道及水泵房施工。在盾构区间管片拼装完一个月左右后,即可按设计部位进行联络通道及废水泵房的施工。

1. 地层加固

(1)旋喷桩地基加固

根据工程地质条件及其他施工条件,采用"旋喷桩临时加固土体,新奥法暗挖构筑"的施工方案,加固必须在盾构机到达前进行。加固范围为隧道左线中心至右线中心,旁通道上下各 3 m,沿隧道轴线方向 9 m。旋喷桩桩径为 800 mm,间距为 600 mm,采用梅花形布置。旋喷桩要求水泥浆液压力不小于 20 MPa,并可根据需要加入适量的外加剂及掺合料,用量应通过试验确定,水泥浆液的水灰比为 1.0～1.5。加固后的土体应有很好的均质性、自立性,其无侧限抗压强度为不小于 0.8 MPa,渗透系数小于 10 cm/s。

联络通道施工步骤见表 3.2。

表 3.2　联络通道施工步骤表

序号	施工步骤图	说　明
1	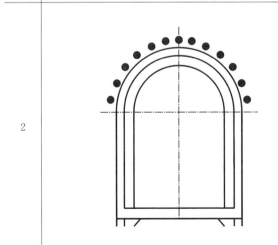	(1) 加固暗挖段地层; (2) 打设小导管超前支护并注浆; (3) 安装临时钢架和竖向支撑,切除部分特殊管片
2		(1) 根据地层情况,按每循环进尺 0.5～0.75 m 开挖联络通道土方; (2) 封闭掌子面并初喷 5 cm 厚混凝土; (3) 打设注浆锚管并注浆; (4) 架格栅,挂网喷射 C20 混凝土

续表

序号	施工步骤图	说　明
3	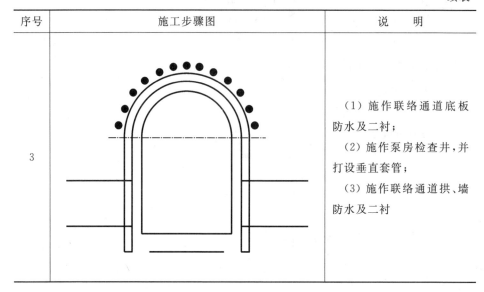	（1）施作联络通道底板防水及二衬； （2）施作泵房检查井,并打设垂直套管； （3）施作联络通道拱、墙防水及二衬

(2) 型钢支架安装

开挖施工之前,需在通道开口处隧道中设置简易预应力隧道支架,以减轻联络通道开挖对隧道产生的不利影响。简易预应力隧道支架为圆形支架,每榀钢支架间距为 2.5 m,在联络通道两侧沿隧道方向对称布置,两榀支架间用 67 mm×67 mm 等边角钢搭焊组合。

架设时要有专人负责指挥,拼装时螺栓必须拧紧,每榀支架有 8 个支点,由 6 个 50 t 螺旋式千斤顶提供预应力,施加预应力时每个千斤顶要同时慢慢平稳加压,且以压实支撑点为宜。高处千斤顶应固定在支架上,防止脱落。要定期检查千斤顶压力状况,发现特殊情况要及时处理。

2. 开挖与结构施工方案

联络通道开挖构筑施工占用一侧隧道,在联络通道开口处搭设工作平台,利用隧道作为排渣及材料运输通道。经探孔试挖确认可以进行正式开挖后,先切开特殊环管片,然后根据"新奥法"的基本原理进行暗挖法施工。联络通道采用矿山全断面法施工,二次衬砌(现浇混凝土)在初期支护完成后施作。

(1) 开管片

管片表面用切割机切割分块,然后用风镐破除。

开管片时,准备两台 32 t 千斤顶,5 t、10 t 和 2 t 手拉葫芦各一个。两台千斤顶架在被开管片两侧,中间用一根横梁直接相连,在管片破除过程中要注意观察管片外移情况,并随时注意调整 2 t 手拉葫芦的拉紧程度和方向。

(2) 开挖顺序

根据工程结构特点,联络通道开挖掘进采取分区分层方式进行。

开挖掘进采用短段掘进技术,开挖步距控制在 0.5 m 左右。由于旋喷桩加固强度高,普通手镐无法施工,须采用风镐进行挖掘。为了提高挖掘效率,加快施工进度,缩短土体暴露时间,风镐尖须做特殊处理,并要求每个掘进班配备 5、6 把风镐,以避免不能正常工作而影响施工进度。在掘进施工中,根据外露土体的加固效果以及监控监测信息,及时调整开挖步距和支护强度,确保安全施工。

(3) 支护方式

采用二次支护方式。首先采用小导管超前注浆,第一次支护(临时支护)采用型钢支架加砂浆锚杆,挂网喷射混凝土,第二次支护(永久支护)采用现浇钢筋混凝土。

(4) 结构施工

应按防水施工→钢筋捆扎→模板定位→混凝土灌筑的顺序组织施工。

(5) 应注意的问题

①在隧道的一条线路中搭设管片割除及联络通道施工的平台,尽量不影响正常区间施工时的交通。

②在管片切割处的上下两侧应进行管片加固,加固长度为两侧各 6~7 环。采用型钢框架结构加固最好。

③正式开口切除管片前,一定要确认土体加固、注浆堵漏等措施可靠,做到施工时不坍塌、不漏水。

④严把锁口处的施工质量关,做好超前支护及锁口梁的施工。

⑤加强监控量测。

3.7 地 质 预 报

根据各新奥法施工区间地质条件,采用红外线探测仪、地质雷达、超前钻孔探测及地质素描等综合地质预报技术,长距离预报与短距离预报相结合,预测开挖工作面前方一定范围内的工程地质。施工中将超前地质预报工作纳入施工步骤管理,由专人负责。

超前地质预报的重点内容是预测开挖面前方地质情况,如围岩整体性、断层破碎带、软弱围岩、涌水、突泥等不良地质在前方的位置和对施工的影响,地下水活动情况等。

3.7.1 地质预报计划

施工过程中必须将超前地质预报纳入施工步骤管理,做到先探测后施工,不探测不施工。

实施计划总的思路是指地质预报与设计勘查地质资料相结合,一般地段采用地质素描、超前钻孔对前方地质情况在设计勘查基础上进一步细化、补充和验证,地质复杂、周围环境敏感地段采用地质雷达、红外探水以及孔内成像等先进技术手段,对前方复杂地质进行综合分析研究,拟定相应对策以指导施工。多管齐下,力争把发生地质灾害的概率降至最低。

超前地质预报计划见表3.3。

表3.3 超前地质预报计划表

预测预报手段	仪 器	预 报 内 容	预报频率及计划
地质素描	罗盘仪、地质锤、放大镜、皮尺、数码相机等简单工具	对开挖面围岩级别、岩性、围岩风化变质情况、节理裂隙、产状、破碎带分布和形态、地下水等情况进行观察和测定后,绘制地质素描图,通过对洞内围岩地质特征变化分析,推测开挖面前方地质情况	地质素描在每次开挖后进行
地质雷达周边探测	SIR-3000型地质雷达	重点进行隧道周边的地质体探测,查找地质破碎带及其他不良地质体,防止开挖通过后,隧道顶板、底板及侧壁出现灾害性的涌水、突泥	每隔30～40 m内
红外探水	红外探水仪	根据构造探测结果,趋近不良地质体和地质异常体时,利用便携式红外线探水仪进行含水构造探测。当洞内个别区段渗水量较大时,亦用红外探水仪探测预报,探明隧道周边隐伏的含水体	每隔20～30 m对掌子面进行一次含水构造探测

续表

预测预报手段	仪　器	预　报　内　容	预报频率及计划
钻孔射频透视技术	KSY-1型钻孔窥视仪	利用钻孔射频透视法探测掌子面前方隧道开挖断面内的水型导水通道,查明其空间分布,以便制定相应措施,在施工时预防和整治	依据红外探水和高密度电法探测结果确定进一步探测的距离和频率
水平超前钻孔	钻机选型用GLP 150型全液压钻机	将超前钻孔作为主要的探测手段,用以验证超前地质预报的精度,并直接探明前面围岩地段的涌水压力及其含量。按隧道全长进行探测,孔径50 mm	每次钻孔深度30 m,必要时进行取芯分析

3.7.2　预报方法

1. 地质素描

地质素描是根据岩体节理产状确定不稳定块体出露位置。地质素描预测法分为岩层岩性及层位预测法、条带状不良地质体影响隧道长度预测法以及不规则地质体影响隧道长度预测法三种。应对掌子面已揭露出的岩层进行地质素描(观察岩石的矿物成分及其含量,结构构造特征和特殊标志),给予准确定名,测量岩层产状和厚度。测量该岩层距离已揭露的标志性岩层或界面的距离,并计算其垂直层面的厚度。

将该岩层与地表实测地层剖面图和地层柱状图相比较,确定其在地表地层(岩层)层序中的位置和层位。依据实测地层剖面图和地层柱状图的岩层层序,结合 TSP 探测成果,反复比较分析,最终推断出掌子面前方一定范围内即将出现的不良地质在隧道中的位置和规模。施工过程中,每次爆破后由地质工程师进行地质素描,内容包括掌子面正面及侧面稳定状态、岩层产状、岩性风化程度、节理裂隙发育程度(产状、间距、长度、充填物、数量)、喷射混凝土开裂及掉块现象、涌水情况、水质情况、水的影响、不良气体浓度等,同时定期对地表水文环境进行观测和监测记录,及时了解隧道施工对地表水的影响,确定施工控制措施,最终绘制出掌子面地质素描图和洞身地质展示图。

及时对洞内涌水进行水质分析和试验,提交分析和试验结果,对影响隧道衬砌结构的水质提出处理意见,并上报技术部门,以便采取有效的防护措施。

2. 地质雷达预报

①地质雷达或 ZGS 型智能工程探测仪是通过发射天线 T 将高频电磁波以脉冲形式发射至地层中,再由天线 R 接收反射回的信息,最后通过分析,达到对短距离进行超前预报的目的。地质雷达或 ZGS 型智能工程探测仪探测范围为前方 30 m 内,可作为补充设计地质勘察的辅助手段。

②数据处理及资料判释。地质雷达数据处理的目的是排除随机和规则的干扰,以最大可能的分辨率在图像剖面上显示反射波,提取反射波的各种参数(包括振幅、波形、频率等)帮助判释。

③地质雷达反映的是地下介质的电性分布,将其转化为地质体分布时必须把地质、钻探、地质雷达记录三方面的资料有机结合,以获得检测对象的整体状况。

3. 红外探测

①探测内容:地下岩体、水体由于分子振动和转动,每时每刻都在向外界发射红外波段的电磁波,从而形成红外辐射场。物理场具有密度、能量、方向等信息特征,所以地质体不同,红外辐射场也不同。红外探测仪通过探测隧道前方地段红外辐射场强的变化来确定地质异常体的存在。红外探测仪可以测出沿隧道轴线一定范围内的围岩场强值,根据这些场强值可绘出一系列的曲线。当隧道掌子面前方围岩的介质相对正常时,所获得的红外探测曲线近似为直线,离散度较小,该红外辐射场就为正常场,意味着被探隧道掌子面前方 20~30 m 范围内不存在含水构造的地质异常体。当掌子面前方或隧道外围存在含水构造时,曲线上的数据产生突变,含水构造产生的红外辐射场叠加到围岩的正常辐射场上使探测曲线发生弯曲,形成异常场。但红外线探测仪也存在局限性,它只能探测含水断层、含水破碎带、含水溶洞、含水陷落柱、地下暗河等,更多定量的信息则难以得到。

②现场探测进入探测地段,沿隧道边墙以 5 m 点距用粉笔或油漆标好探测顺序号,直至掘进工作面。在掘进工作面,先对前方进行探测。在返回的路径上,每遇到一个顺序号,就在隧道中央分别用仪器的激光器打出光斑,使光斑落在左侧边墙中心位置、拱部中线位置、右侧边墙中心位置、隧底中线位置,并扣动报机分别读取探测值,做好记录,然后转入下一序号点,直至全部探完。也可以

在掘进断面上自上而下测5排数据,每排5个点,做好记录,进行对比。

③资料处理:将探测数据输入计算机,由专用软件绘成顶板探测曲线、底板探测曲线和两边墙探测曲线,断面上测的四排探测数据也分别绘制成曲线。通过分析,对隧道前方的地质情况做出预报。

红外探测曲线以直角坐标系表示,其中纵轴表示红外辐射场场强值,横轴表示以某点为起点的隧道距离(断面曲线图横轴则表示隧道断面上的5个测点及间距)。探测曲线大致平行于横坐标表示正常,反之则表示异常。

4. 超前水平钻探

超前钻探是隧道施工期超前地质预测预报最直接、最有效的方法,也是对其他探测手段成果的验证和补充。通过钻孔钻进速度测试和对钻孔岩芯的观察及相关试验可获取隧道掌子面前方岩石的强度指标、可钻性指标、地层岩性资料、岩体完整程度及地下水等诸方面的资料。与地震波反射法、地质雷达探测法相比,超前水平钻探法具有更直观、更准确的特点。超前水平钻探法主要用于探测煤层、瓦斯、断层、溶腔、突水、涌泥等不良地质。超前水平钻探法探测的距离长,探明的不良地质距工作面较远,便于提前调整施工方案和技术措施。

超前水平钻探法地质预报为单孔,孔深一般为 $10\sim 20$ m,采用水平地质钻机接杆钻孔。

为防止遇高压水时突水失控,开孔采用 $\phi 120$ 钻头,孔内放入 3.0 m 长的 $\phi 108$ 钢管作为孔口管,孔口管伸出掌子面 50 cm,孔壁间用环氧树脂加水泥浆锚固,孔口管伸出部分安装封闭装置,并与注浆泵连接,以便遇高压水时及时封堵并注浆。

钻孔时,作业平台要平稳、牢固,钻机施工时不晃动。

施钻过程中,由地质工程师详细记录钻速、水质、水量变化情况,并对岩芯进行统一编录、收集,综合判断预报前方水文、地质情况。

3.7.3 预报效果检查

开挖到预报位置时,将实际地质进行素描,和预报地质资料进行对比,以此来评价预报的准确性,积累经验,为以后的预报提供参考,并及时将预测数据、结果反馈至设计单位,作为调整设计、改变施工方案的依据。

第4章 隧道工程施工

4.1 超前小导管(含超前锚杆)施工

4.1.1 基本原理

在隧道开挖轮廓线外一定距离,以一定的外插角,向开挖面前方打(钻、压)入小导管(锚杆)并压注具有胶凝性质的浆液,使浆液在压力的作用下渗透、扩散到地层孔隙或裂隙中,以改善围岩物理力学性能,在开挖面周围形成一个具有既可止水又有一定强度骨架的硬壳固结体,从而提高围岩的整体性、抗渗性和稳定性。超前小导管(含超前锚杆)是辅助隧道稳定开挖的一种方法。

4.1.2 施工方法

1. 超前小导管

(1) 参数选择和加工

超前小导管一般选用 $\phi42\sim\phi50$ 热轧无缝钢管加工制作,多采用的长度为 3~6 m。布置间距根据围岩地质通过试验确定,视地质条件按 20~50 cm 选用。可以采用均匀间距布置,也可由拱顶至拱脚采取由密至疏的不均匀布置。外插角大多为 5°~10°,但用于塌方处理,以注浆固结塌体形成人工护顶,其倾角宜选为 30°。超前小导管可根据围岩的地质情况设置一排或数排。对于超前小导管注浆加固范围较长的地段,前后排之间的搭接长度一般在 1~1.5 m。小导管前部应钻注浆孔,孔径一般为 6~8 mm,孔间距为 10~20 cm,呈梅花形布置。小导管前端加工成锥形,尾部长度不小于 30 cm,作为不钻注浆孔的预留止浆段。

(2) 测量布孔

小导管管孔一般布置在开挖轮廓线以外 5~10 cm。用全站仪进行小导管位置的测量放样工作,并用红油漆在作业掌子面上做好小导管位置的标记。

(3) 钻孔

钻孔时一般采用风钻(台车)开孔,以设计的外插角向外钻孔。为保证超前小导管的有效搭接长度,施工过程中严格控制隧道开挖的进尺,以使下一循环的施工顺利进行。

钻孔直径应大于设计导管直径 3~5 mm,孔深大于设计长度 10 cm。对于砂类土,也可采用直径比小导管稍大的钢管制作吹风管,将吹风管缓缓插入土中,用高压风射孔,成孔后将小导管插入。

(4) 布管

钻孔完毕后,通常要对钻孔进行冲洗并检查钻孔孔深、孔径和倾斜度符合设计要求后,方能进行小导管的安装,工程中多采用气水联合法对钻孔进行冲洗。

钻孔检查合格后,用带冲击的风钻将小导管顶入孔中,或直接用锤击插入钢管,再用塑胶泥封堵导管孔口周围及工作面上的裂缝,以利于后续注浆工作。

布管顺序:从拱顶分别向左、右方向进行,采取隔孔间隔布置。小导管的外露长度一般为 30~50 cm。

(5) 注浆

注浆是小导管施工工艺中一道重要的工序,注浆质量的好坏直接影响小导管施工的效果。

①浆液的选择。

注浆有单液注浆和双液注浆两种。在砂砾层、中粗砂层、圆砾层中宜选用单液注浆(一般分纯水泥浆和改性水玻璃浆液);砾质黏性土及砂质黏性土中宜选用双液注浆(一般为水泥-水玻璃浆液);断层破碎带和砂卵石地层,宜选用水泥浆液和水泥-水玻璃浆液;中、细粉砂层及细小裂缝岩层、断层泥堵水注浆,宜选用渗透性好、低毒及遇水膨胀的改性水玻璃浆液。

单液注浆是将注浆材料全部混合搅拌均匀后,用一台注浆泵注浆。这种方法适用于凝胶时间大于 30 min 的注浆。

双液注浆是用两台注浆泵或一台双缸注浆泵,按一定比例分别压送甲、乙两种浆液,在孔口混合器混合后,再注入岩层中。采用这种方法,浆液凝胶时间一般为几十秒到几分钟。

(2) 浆液的配制。

一般根据现场试验确定,通常情况下按如下原则配制。

a. 纯水泥浆液:浆液的水灰比宜为 0.5∶1~1∶1,采用标号为 32.5R 以上水泥。如需缩短注浆的凝结时间,可以加入食盐、三乙醇胺速凝剂等外加剂。

b. 改性水玻璃浆液：由硫酸与水玻璃配制而成。首先将 98% 的工业浓硫酸稀释成 18%～20% 的稀硫酸，将 40°Bé 的水玻璃稀释成 20°Bé 的水玻璃；然后在快速搅拌的情况下，将水玻璃缓慢地倒入稀硫酸中，并用试纸测量 pH 值，以 3～4 为宜。

c. 水泥-水玻璃浆液：浆液水灰比宜为 0.8∶1～1.5∶4，水泥浆与水玻璃的体积比一般为 1∶1～1∶0.3。

③注浆参数的选择。

注浆参数根据试验确定。一般情况下扩散半径可按式(4.1)计算：

$$R = (0.6 \sim 0.7)L \qquad (4.1)$$

式中：L 为注浆导管之间的中心距离，m。

单管理论注浆量可按式(4.2)计算：

$$Q = \pi R^2 L \eta \qquad (4.2)$$

式中：Q 为单管注浆量，m^3；R 为注浆半径，m；L 为导管长度，m；η 为围岩孔隙率，%。

注浆压力应根据地层致密程度和选用的浆液类型决定，一般为 0.3～1.0 MPa。纯水泥浆的注浆压力可稍微大一些，一般为 0.6～1.0 MPa，其余浆液的注浆压力一般为 0.3～0.6 MPa。注浆压力一般可按式(4.3)计算：

$$P = (0.4 \sim 0.6)\gamma h \qquad (4.3)$$

式中：P 为注浆压力，kPa；γ 为砂、围岩的容重，kN/m^3；h 为被注浆岩体的厚度，m。

注浆过程根据实际情况确定，可以通过加入少量的缓凝剂（如磷酸氢钠）来控制初凝时间，初凝时间一般控制在 8～10 min，但加缓凝剂的浆液对结石体的强度有明显的不良影响，因此，其掺量不能超过水泥质量的 2%。

④注浆工艺。

选用合适的注浆泵注浆，采用浆液搅拌桶制浆。为防止浆液从其他孔眼溢出，注浆前对所有孔眼安装止浆塞，注浆顺序宜从两侧拱脚向拱顶。由于岩体孔隙不均匀，考虑开挖的方便，同时要达到固结破碎松散岩体的目的，保证开挖轮廓线外环状岩体的稳定，形成有一定强度及密实度的壳体，特别是确保两侧拱脚的注浆密实度和承载力，宜采取注浆终压(0.8～1.2 MPa)和注浆量来双重控制注浆质量。拱脚的注浆终压高于拱腰至拱顶的注浆终压，通过现场试验确定拱脚终压值。注浆时相邻孔眼须间隔开，不能连续注浆，以确保固结效果，同时达到控制注浆量的目的。

超前小导管施工应注意如下几点:准确测量线路或结构物控制中心线及高程,并按设计标出小导管的位置,误差为±15 mm;用线绳定出结构物中心面,随时用钢尺检查钻孔或推进小导管的方向,以控制外插角达到设计的标准;注浆前喷5~10 cm厚混凝土封闭掌子面作为止浆墙。

2. 超前锚杆

(1) 分类

超前锚杆可分为悬吊式超前锚杆及格栅拱支撑超前锚杆。工程上一般采用格栅拱支撑超前锚杆。

悬吊式超前锚杆是在爆破前将超前锚杆打入掘进前方稳定岩层内,末端与径向悬吊锚杆外露端焊接的一种形式,如不相交导致无法焊接,可用短钢筋焊接连接。

格栅拱支撑超前锚杆是超前锚杆末端从格栅钢架腹部空间穿过,尾部与钢架焊接连成一体,与格栅钢架一起,有效地约束围岩在爆破后的一定时间内不发生松弛坍塌,为大断面开挖与喷锚支护创造条件的一种锚杆形式。

(2) 参数选择

锚杆一般设置在隧道拱部,少数也设置在边墙上,其直径一般为20~25 mm,也有部分直径为32 mm。锚杆长度一般为3~5 m,与钻孔机具的钻眼能力和开挖工序的循环进尺相配合。拱部超前锚杆纵向两排之间应重叠1 m以上的水平搭接段。锚杆环向间距常规控制在30~50 cm,外插角一般为5°~10°。

(3) 插入杆体

钻孔完毕后,通常利用气水联合法对锚孔进行冲洗。经检查钻孔孔深、孔径和倾斜度符合设计要求后,可以进行锚杆的安装。安装前,要除去锚杆的油污、铁锈和杂质。

插入杆体,当采用人工手持插入有困难时,可用锤击或风动凿岩机送入,杆体插入孔内长度应不小于设计规定的95%,锚杆安装后不得随意敲击。

(4) 注浆

超前锚杆注浆一般采用普通硅酸盐水泥加水玻璃浆液,采用标号32.5R以上水泥。水玻璃浓度为40°Bé,用量为水泥重量的3‰~5‰,浆液水灰比宜为0.7:1~1:1。如遇到隧道涌水量比较大,可加入3%~4%的氯化钙作为速凝剂。

注浆压力一般为1.0~1.5 MPa,注浆量以锚杆末端未发现不必要的浆液溢出为依据。注浆时采用自下而上的顺序进行,为保证注浆效果,在孔口处设置止浆塞和排气管。注浆结束后,应根据观测的结果,确定是否进行补注浆。

3. 超前小导管(含超前锚杆)的质量验收

①小导管或锚杆入孔前,检查孔深、孔径、孔的倾斜度及孔位至初期支护开挖轮廓线的距离是否符合设计要求和规范要求。

②注浆完成后,随机用抽芯机进行固结岩体的抽芯,检查注浆效果。

③开挖后,观察开挖面的注浆效果。

4.1.3　施工中常见问题的处理

①在钻孔时,如因围岩松散破碎成孔困难,先要沿开挖轮廓线外围注浆,然后再钻孔。

②钻孔常因孔内坍塌致使导管或锚杆插不到位,影响注浆效果,所以在成孔后应及早打入导管或锚杆。

③注浆前,应对开挖掌子面用5～10 cm喷射混凝土封闭作为止浆层,待止浆层有一定的强度后再注浆,以防止浆液从岩面裂隙中渗漏。

④注浆时,应先注无渗水孔,后注有渗水孔。

⑤注浆时,如发生浆液从其他管流出的现象,则应在串浆管口处用木楔堵塞管口,待该管注浆时再拔下木楔,并以高压风和高压水清洗管内杂物,然后再注浆,直至全部注浆结束。

⑥要观察压浆过程并控制压力,一旦注浆受阻,压力上升超限应立即停止,以免损坏表件或造成事故。

⑦注浆泵的控制:根据注浆变化的情况,及时开、停注浆泵,并时刻观察注浆泵的注浆压力,以免发生堵塞爆管现象。

⑧孔口管路连接控制:应注意前方的注浆情况,及时发现漏浆、堵管等事故,并掌握好注浆量及注浆压力,及时拆除和清洗注浆阀门。

4.2　大管棚施工

4.2.1　概述

现代隧道施工技术相对于传统的"矿山法"已有明显的提高。在软弱围岩中采用暗挖法施工时保证掌子面前方围岩的稳定始终是关键的施工技术之一。从20世纪90年代中后期开始,超前预支护技术得到了极大发展。这些技术包括超前小导管、超前锚杆、管棚、预衬砌、水平高压旋喷压注、围岩注浆等。大管棚施工技术在我国地下工程施工处理特殊及不良地质隧道时得到了广泛应用,并取得了较好的效果。

4.2.2 施工工艺

1. 施工准备

(1) 管棚的加工制作

管棚钢管直径宜为 70~127 mm,一般采用直径为 108 mm、壁厚 6 mm 的热轧无缝钢管。管棚钢管单节长度通常为 4~6 m,接头采用 15~20 cm 长丝扣连接(套管采用内丝扣,钢管端采用外丝扣),以保证连接强度和管体顺直。钢管接头位置应错开,避免设置在同一横断面上。钢管壁加工注浆花孔,孔径一般为 6~8 mm,间距 10~15 cm,一周 4 排左右,呈梅花形排列,前端为尖形,尾端 50 cm 范围内不钻孔作为止浆段。

(2) 测量定位

根据设计的大管棚和导向墙位置,分别用全站仪和精密水准仪进行管棚位置和导向墙位置的放样,特别要控制大管棚位置与隧道开挖线之间的距离,以免出现大管棚位置侵入隧道初期支护或衬砌混凝土的现象。

2. 开挖工作室施作导向墙

(1) 开挖工作室

为设立管棚推进基地和钻孔施工空间,在地下工程洞内施作大管棚的开端应开挖工作室。

工作室的开挖尺寸应根据钻机和钢管推进机的规格确定,一般应超出隧道外轮廓线 0.5~1.0 m,并设钢支架。

(2) 施作导向墙

一般情况为便于施钻和提高钻孔精度,常在明挖和暗挖交界处(或隧道坍塌位置)施作混凝土导向墙。

①导向墙在隧道外廓线以外施作,内埋设 3~4 榀工字钢支撑,钢支撑与管棚孔口管焊成整体。孔口套管沿拱圈环向布设,孔径比管棚钢管大 20~30 mm。

②孔口套管间距、位置及方向应准确。用经纬仪以坐标法在工字钢钢架上定出其平面位置,用激光导向仪设定孔口管的倾角,用前后差距法设定孔口管的外插角。孔口管应牢固焊接在工字钢上,防止浇筑混凝土时产生位移。

3. 钻机配置

钻机选型由一次钻孔深度和孔径决定。如采用直径为70～127 mm的大管棚,根据现场实际情况,可选用YG型全液压驱动动力头式钻机、KQL型钻机或者其他地质钻机。这里介绍YG50型全液压驱动动力头式钻机。

(1) 钻机主要技术参数

钻机主要技术参数如下:钻孔深度50 m;钻孔直径90～168 mm;钻孔倾角0～90°;动力头行程1800 mm;桅杆滑移行程500 mm;最大输出扭矩2000 N·m;动力头输出转速(正反)5～120 r/min;最大提升力30 kN;最大给进力15 kN;电动机型号Y180M-4;功率18.5 kW;液压系统额定压力20 MPa;主机外形尺寸3000 mm×1000 mm×1500 mm。

(2) 钻机主要特点

①钻机钻进能力强,适用范围广,钻进速度快,处理事故能力强,钻进效率高。

②钻机动力头输出轴设有伸缩机构,可以有效保护钻具。动力头及孔口板调转方向可直接钻凿仰孔,大大增加钻孔倾角范围。

③钻机机架前部设有上下调节立柱,可调节桅杆高度,有利于施工时对准孔位。

④钻机结构为分体式,管路连接采用快速接头,可拆性好,安装迅速,可远距离操纵。

⑤钻机全液压驱动,可实现无级调速,操纵简单,维修方便。

⑥钻机可适用多种钻进工艺方法,如合金回转钻进、螺旋钻进、潜孔锤钻进、跟管钻进等。

架设钻机时应搭设钻孔平台。

4. 钻孔

(1) 钻机就位

①钻机平台一般用钢管脚手架搭设。平台搭设长度为钻机长度(单根管棚长度)加50 cm。搭设平台应一次性搭好,可同时采用多台钻机进行钻孔。钻孔

时应避免钻机互相影响,便于钻机定位。

②平台支撑连接要牢固、稳定,防止在施钻时钻机产生不均匀下沉、摆动、位移等影响钻孔质量的现象。平台上可准备短方木若干,调节钻机高度时使用。

③钻机要求与已设定好的孔口管方向平行,必须精确核定钻机位置。用经纬仪、挂线、激光导向仪导向相结合的方法,反复调整,确保钻机钻进时的倾角、仰角准确。

(2)导向系统选择

导向成功与否直接关系到导向孔成孔精度。导向系统可根据现场实际灵活选择,一般采用激光导向仪进行导向控制。选用 ECLIPSE 无线地下定位系统,管棚埋深在 8 m 以内配备普通探棒,埋深在 8~10 m 范围内配备加强型探棒,埋深超过 10 m 后采用地磁地下定位系统。

(3)导向控制

随着导向孔的钻进,导向技术人员必须时刻观察探头角度变化情况,角度偏差大于 0.3°时,应及时纠偏。当纠偏无效、偏差大于 0.6°时,应停止钻进,及时报告,研究对策后再施工。

现场须及时进行导向数据记录和钻具前端长度及每次加管长度详细记录。根据不同的导向系统,进行导向孔水平偏差调整和导向孔高程偏差调整。

(4)泥浆系统

泥浆系统对于不易成孔的地层来说,是钻进过程中的又一关键环节。泥浆作为冷却钻头、悬浮钻屑的流动体,以膨润土及外加剂为原料按一定比例搅拌而成。不同地层对泥浆黏度有不同的要求,采用马氏漏斗黏度进行测定,泥浆使用前要试配。

(5)钻进技巧

①为了便于安装钢管,钻头直径采用比大管棚钢管直径大 5~10 mm 的钻头。钻孔前先检查钻机机械状况是否正常。

②利用预埋的钢套管作为导向管进行钻孔。掌子面必须按要求先喷一层素混凝土作为止浆墙,以确保掌子面在进行压力注浆时不出现漏浆、坍塌。

③钻机开钻时,可低速低压,待成孔达到一定深度后,可根据地质情况逐渐调整钻速及风压。钻孔时根据情况确定是否加泥浆或水泥浆钻进。岩质较好时可以一次成孔。

④钻进过程中确保动力器、扶正器、合金钻头按同心圆钻进。

⑤钻孔速度应保持匀速,特别是钻头遇到夹泥夹沙层时,应控制钻进速度,

避免发生夹钻现象。当钻至易塌孔砂层时,加泥浆护壁后方可继续钻进;如不能成孔,可加套筒或将钻头直接焊接在钢管前端钻进。

⑥为避免钻杆太长、钻头因自重下垂或遇到孤石钻进方向不易控制等现象,开钻上挑角度控制在 1°～3°,并随时用测斜仪量测角度和钻进方向。

⑦在遇到松散的堆积层和破碎地质时,在钻进中可以考虑增加套管护壁,确保钻机顺利钻进和钢管顺利顶进。在塌方体钻进时由于有大量钢格栅、锚杆、注浆小导管,一般钻头遇到这种情况无法继续钻进,所以在钻孔初期用专门设计的合金钻头进行切割,这种合金钻可切割螺纹钢、小导管、钢板等。一般当钻孔深度达到 2 m 后,受倾角控制,钢格栅、锚杆、注浆小导管已基本不再出现,此时改用潜孔锤钻进、压缩空气清孔,潜孔锤后连接 4 m 长扶正器,以便保证钻孔方向与孔的轴线吻合。

⑧认真做好钻进过程的原始记录,及时对孔口岩屑进行地质判断、描述,作为开挖洞身的地质探测预报,亦作为指导洞身开挖的依据。

5. 清孔、验孔

①通常用地质岩芯钻杆配合钻头进行来回扫孔,清除浮渣至孔底,确保孔径、孔深符合要求,防止堵孔。

②用高压风从孔底向孔口清理钻渣。

③用经纬仪、测斜仪等检测孔深、倾角、外插角。

6. 安装管棚钢管

①钻孔完成后及时安设管棚钢管,避免出现塌孔。

②棚管顶进采用大孔引导和棚管机钻进相结合的工艺,即先钻大于棚管直径的引导孔,然后可用 10 t 以上卷扬机配合滑轮组反压顶进,也可利用钻机的冲击力和推力低速顶进钢管。

③钢管在专用的管床上加工好丝扣,棚管四周钻 6～8 mm 出浆孔。钢管逐节顶入,采用丝扣连接,丝扣长 15～20 cm。

④为保证管棚钢管的焊接相连处不集中在同一断面,相邻两孔的管棚钢管接头应前后错开,确保受力情况良好。同一横断面内的接头数不大于 50%,相邻钢管接头至少错开 1 m。对长大管棚,为加强其刚度,可在钢管内加钢筋笼,然后再注浆。

⑤及时将钢管与钻孔壁间缝隙填塞密实,在钢管外露端焊上法兰盘、止浆

阀,并检查焊接强度和密实度。

7. 管棚注浆

(1) 浆液配制

注浆材料及配合比:注浆材料和配比根据试验现场确定,一般情况下注浆浆液多采用水泥砂浆或水泥-水玻璃双液浆。对于孔洞较多的塌方体,可先注入水泥砂浆,等到注入压力达到预计压力时,再注入水泥-水玻璃双液浆。水泥可采用标号32.5(R)以上普通硅酸盐水泥。水泥砂浆浆液水灰比宜为0.5∶1~1∶1;双液浆配合比(体积比)为水泥浆∶水玻璃=1∶1。

单根钢管理论注浆量(不同的地层计算数值有所不同):

$$Q = \pi R^2 L \eta \alpha \beta \tag{4.4}$$

式中:L 为钢管总长度,m;R 为浆液扩散半径,m;η 为地层孔隙率,%;α 为浆液有效充填系数;β 为浆液损耗系数。

(2) 注浆管的设置

注浆采用分段后退式注浆,利用自制的注浆套管与管棚用套丝连接,注浆套管上准备出气管与进浆管,由阀门来控制开关。然后安装塑料管作为排气管,连接注浆管等各种管路,利用锚固剂封闭掌子面与管棚间的孔隙,防止漏浆。关闭孔口阀门,开启注浆泵进行管路压水试验,如有泄漏及时检修。试验压力应等于注浆终压。

(3) 注浆控制

①管棚施工完成后开始注浆,注浆前对所有孔眼安装止浆塞,同时对管口与孔口外侧进行密封处理。

②水泥砂浆浆液采用拌和机制浆,采用液压注浆机将浆液注入管棚钢管内,注浆前先检查管路和机械状况,确认正常后做压浆试验,确定合理的注浆参数,并作为施工依据。

③注浆分两步完成,当第一次注浆的浆液充分收缩后,进行第二次注浆,以使管棚填充密实。注浆采取注浆终压和注浆量双重控制措施,拱脚的注浆终压高于拱腰至拱顶的注浆终压。初压以0.5~1.0 MPa为宜,终压宜控制在2 MPa,持压3~5 min后停止注浆,注浆量一般为钻孔圆柱体体积的1.5倍。若注浆量超限,仍未达到注浆压力要求,应调整浆液浓度继续注浆,直至符合注浆质量标准,确保钻孔周围岩体与钢管周围孔隙均被浆液充填,方可终止注浆。注浆过程中压力如突然升高,可能发生堵管,应停机检查。

④注浆结束后及时清除管内浆液,并用标号不低于 M30 的水泥砂浆充填,增强管棚的刚度和强度。

⑤注浆过程应派专人负责,填写"注浆记录表",记录注浆时间、浆液消耗量及注浆压力等数据,观察压力表值,监控连通装置,避免因压力猛增而发生异常情况。

⑥为防止注浆浆液到处扩散,可根据隧道的实际情况,设置浆砌片石、混凝土或挂网喷射混凝土等形式的止浆墙。

(4)注浆效果判断

①对注浆加固区进行钻孔取芯,观察注浆充填情况。

②管棚注浆后再打无孔管作为检查管,检查注浆质量。有水地层可观察无孔管孔内涌水颜色及涌水量,如涌水颜色较澄清或夹带水泥渣块,则注浆效果较好,如涌水颜色为泥浆色或涌水量较大,应补注或重注。

4.3　帷幕注浆施工

4.3.1　概述

在地质特殊地段(富水、破碎岩层或自稳性差的地质地段),采用预注浆(地表超前注浆、洞内围岩全断面注浆等)对围岩进行处理,即可形成较大范围的筒状加固区,这种注浆方式称为帷幕注浆。

帷幕注浆分为两种:对于破碎岩层,砂卵石层,中、细、粉砂层等有一定渗透性的地层,采用中低压力将浆液压注到地层中的裂缝、孔隙里,经过物理化学作用凝固后将岩土或土颗粒胶结为整体,称为"渗透注浆";对于颗粒更细的不透水、不透浆液的地层,采用高压浆液强行挤压孔周,使黏土层劈裂成缝并使浆液充塞凝结于其中,从而对黏土层起到挤压加固的作用,称为"劈裂注浆"。

帷幕注浆是加固地层、封堵水源的一种方法,对保持围岩稳定、增强隧道施工安全有着积极的作用。

4.3.2　帷幕注浆施工技术要点

1. 地质判断及注浆范围确定

进行地质判断是为了搜集有关帷幕注浆施工地段的工程地质和水文地质情

况,为正确选择注浆参数和采取相应的技术参量提供依据。一般的超前地质判断手段有超前探水孔钻探、红外线、TSP 地质雷达超前地质预测预报和地质素描等。通过对地质预报信息的综合分析,可以比较准确地判明相应施工区域的地质情况,从而可以掌握岩土的渗透性、土颗粒的组成、孔隙率、饱和度及地下水量、水压和水质等物理化学性质,为合理地采取注浆方法和获得理想的注浆效果提供理论依据。

注浆范围与地质情况、开挖断面大小、开挖方法、对周边的影响等密切相关,可根据自身工程所处的地质环境、设计图纸和试验效果来确定注浆范围。如下面工程实例中明月山隧道的注浆加固范围为隧道开挖断面及开挖轮廓线外 5~10 m。

2. 注浆材料的选择及配比

注浆材料的选择与地质条件和涌水量有关,通常有以下几个方面。

①断层破碎带和砂卵石地层,当裂隙宽度(或粒径)大于 1 mm 时,加固地层或者堵水注浆,宜优先选用料源广、价格便宜的单液水泥浆和水泥-水玻璃浆液。

a. 采用单液水泥浆时,水灰比宜采用 0.8:1~2:1,若须缩短胶凝时间,可加入食盐或三乙醇胺速凝剂。

b. 采用水泥-水玻璃浆液时,应根据胶凝时间配制。一般水泥浆液的水灰比为 0.8:1~1.5:1,水玻璃浓度为 25~40°Bé,水泥浆与水玻璃的体积比宜为 1:0.3~1:1。

②断层泥地带,当裂隙宽度(或粒径)小于 1 mm 时,加固注浆宜优先采用水玻璃类浆液和木胺类浆液。

③中、细、粉砂层及细小裂隙岩层、断层泥地段,宜采用渗透性好、遇水膨胀的化学类浆液。

根据注浆工程的需要,水泥浆中可掺入下列掺合料,但有一定的要求。

a. 砂:应为质地坚硬的天然砂或机制砂,粒径不宜大于 2.5 mm,细度模数不宜大于 2.0,三氧化硫(SO_3)含量宜小于 1%,含泥量不宜大于 3%,有机物含量不宜大于 3%。

b. 黏性土:塑性指数不宜小于 14,黏粒(粒径小于 0.005 mm)含量不宜低于 25%,含砂量不宜大于 5%,有机物含量不宜大于 3%。

c. 粉煤灰:应为精选的粉煤灰,烧失量宜小于 8%,SO_3 含量宜小于 3%,细度不宜低于同时使用水泥的细度。

d. 水玻璃：模数宜为 2.4～3.0，浓度宜为 30～45°Bé。

另外帷幕注浆要求的水泥细度为通过 80 μm 方孔筛的筛余量不宜大于 5%，注浆材料采用重量称量。现场制浆时，要求加料准确并注意注浆顺序，即先往搅拌机中放入规定量的水，加入水泥搅拌均匀后再加入外加剂。

总之，应根据工程的具体要求、地质条件、浆液性能和注浆工艺及成本等综合考虑，选择最合适的注浆材料。

3. 止浆墙的设置

为了便于钻孔布置注浆管和防止注浆时浆液从前方掌子面渗出，注浆时必须设置止浆墙对前方临空掌子面进行封闭。首先，止浆墙不但可以防止注浆时浆液漏失，还可以起到稳定和加强掌子面的作用。其次，在注浆过程中通过观察止浆墙的表层变化，可以直观判断前方土体的受力状况和有无崩塌发生的信息等，这对在实际施工过程中控制注浆压力和注浆间歇时间有很重要的现实指导意义。止浆墙设置可以采用 5～10 cm 的喷射混凝土或模筑混凝土封闭层，也可以在围岩稳定性差的部位打设锚杆，充分利用加固围岩作为止浆墙。

根据相关资料，止浆墙厚度一般可按式(4.5)计算：

$$B = K_0 \sqrt{Wb/2h[\sigma]} \quad (4.5)$$

式中：K_0 为安全系数，取 1.5；W 为作用在止浆墙上的荷载（$W = P \times F$，P 为注浆终压，F 为混凝土止浆墙面积），N；b 为隧道跨度，m；h 为隧道高度，m；$[\sigma]$ 为混凝土允许抗压强度，Pa。

4. 注浆量的计算

注浆量的大小与很多因数有关，且存在着诸多的不确定性，所以精确地计算注浆量十分困难。理想情况下，可以根据浆液的扩散半径、注浆导管的密度来计算注浆量，考虑注浆范围互相重叠的原则，扩散半径可按式(4.6)计算：

$$R = (0.6 \sim 0.7)L \quad (4.6)$$

式中：L 为注浆孔之间的中心距离，m。

单孔注浆导管的注浆量采用式(4.7)计算：

$$Q = \pi R^2 H \eta \alpha \beta \quad (4.7)$$

式中：R 为注浆加固半径，m；H 为注浆段长度，m；η 为岩体孔隙率，%；α 为浆液有效充填系数，一般取 0.8～0.9；β 为浆液损耗系数，取 1.15。

注浆作业时，可参照理论量来估算注浆量的大小，但实际操作时，以注浆压力和现场实际情况来灵活控制进浆量,以免发生安全事故。

4.3.3 注浆作业施工

为了确保注浆堵水顺利进行,保证注浆质量和注浆效果,在钻孔前先在止浆墙上预设注浆孔口管或在止浆墙施工完成后重新钻孔布设注浆孔口管,注浆孔口管宜布置成伞状,按设计好的位置和角度钻孔预埋,同时在孔口管上安设高压闸阀。

1. 钻孔

待止浆墙强度达到设计强度的 70%,孔口管与止浆墙连接牢固,并检查止浆墙及周边范围无渗漏水时方可进行钻孔。

孔位布设:严格按照设计图纸对孔位的要求进行布孔,将其位置直接定位标识在掌子面上,孔位偏差不得大于 5 cm,钻孔偏斜率最大允许偏差为 0.5%,同时应满足设计要求。在进行钻孔定位时,孔口依据钻孔设计用全站仪按三维坐标进行标准控制,钻孔偏角采用地质罗盘定向,水平角采用在钻孔平台上放设标准点的方式控制,并用全站仪按三维坐标进行抽检,精度要满足允许偏差要求。

钻机就位:根据孔位位置将钻机定位,钻头对准孔口管,在技术人员指导下按照注浆孔的角度设计要求调整钻杆角度。孔位对准后,钻机不得移位,也不得随意起降。

钻进成孔:第一个钻孔施工时,要慢速运转,掌握地层对钻机的影响情况,以确定在该地层条件下的钻进参数。密切观察钻屑或溢水、出水情况,出现大量溢水、出水时,应立即停钻,分析原因后再进行施工。钻孔时,安排专业工程师值班,及时对岩层、岩性以及孔内各种情况进行详细记录,特别是对钻孔穿越破碎带和溶蚀空腔进行详细记录,以便为注浆浆液及方案的确定提供依据。钻到出水较大,无法继续钻进时,停止钻孔,安装闸阀,进行关水,测量涌水量和水压力,然后进行注浆。

2. 注浆参数的确定

注浆参数的确定主要取决于注浆的目的、围岩特性及注浆方式,大量注浆前先在施工现场做单孔或群孔压注试验,根据试验结果来确定注浆压力、注浆速度、注浆量及注浆间歇时间等,主要视地层情况而定,并可做适当的调整。

岩石地层注浆压力宜比静水压力大 0.5~1.5 MPa,当静水压力较大时,宜为静水压力的 2~3 倍;注浆泵的压力应达到设计压力的 1.3~1.5 倍。

3. 浆液配制

配制浆液时采用经鉴定准确的计量工具,按照经试验确定的设计配方配料。配制浆液时严格按照配制顺序将注浆材料逐一加入均匀搅拌,搅拌顺序一般为水、水泥、外加剂及其他材料,搅拌时注意控制搅拌时间。一般来讲,使用普通搅拌机时不少于 3 min,使用高速搅拌机时不少于 3 s。搅拌时间大于 4 h 的浆液应该废弃。任何季节注浆浆液的温度应保持在 5~40 ℃。浆液搅拌成型后应该取样检查其凝结时间是否符合设计要求,以便对浆液进行分析、评价。另外,配制的浆液应在规定的时间内用完。

4. 注入浆液

在每次进行注浆前,均对该钻孔的水压、水量进行测定,以便对浆液类型和终止注浆压力进行选定。出水量通常采用桶装法测定,水压采用关闭高压闸阀并在止回阀位置安装一高压水表进行测定。注浆时按照顺序施作:从注浆段两边到中间,间隔跳孔,逐渐加密,以达到挤密加固的目的。开始注浆后,随时控制好注浆压力(测量水压加上 0.5~1.5 MPa)。注浆压力表安装在注浆泵靠出浆管上,记录压力波动的平均值,压力波动范围不大于注浆压力的 20%。

在压力突然迅速增加时,应立即停机,以防破管伤人。准确测量吸浆量,以此判断是否更改水灰比,监测浆液性能(密度、含灰量等),适时调整浆液性能,使浆液性能保持在最佳状态。为防止注入浆液过早堵塞浆液渗透通道及过多的浆液向要求的帷幕范围以外扩散,通常注浆浆液浓度遵循由稀到浓的原则逐级改变,在注浆量达到预期数量后注入浓浆对外渗通道予以封堵。

但对注浆孔周围有裂隙水渗流部位,浆液采取由浓到稀或先双液后单液的方式进行注浆,使先注入的浆液与地下水一道流动,在流动通道中凝固,堵塞地下水外排通道,然后换注稀浆或单液浆,使浆液沿注浆孔内出水通道压入(浆液转换模式必须精确掌握转换时间,过早会导致对出水通道封堵无效,过迟则会堵塞后续浆液的压入通道)。

单孔注浆结束条件:预注浆各孔段均达到设计终压并稳定 10 min,且注浆量不小于设计注浆量的 80%,进浆速度为开始进浆速度的 1/4。

注浆过程应派专人进行过程控制,负责填写"注浆记录表",记录注浆时间、注浆压力、浆液消耗量等数据,以便注浆结束后进行效果检查。

注浆结束后,必须在分析资料的基础上进行注浆效果检查,可采取钻孔取芯法对注浆效果进行检查,或进行压(抽)水试验。当检查孔的吸水量大于1.0 L/(min·m)时,必须进行补充注浆,或采取连续测流量的方法,当所测流量小于设计涌水量时,则注浆效果满足要求。

4.3.4 注浆异常现象的处理

1. 串浆、跑浆现象

注浆过程中随时检查孔口、邻孔、覆盖层较薄部位有无串浆、跑浆现象,如发生串浆、跑浆现象,应立即停止注浆,可采用间隔一孔或几孔压注的方法来控制上述现象,亦可采用间歇式注浆封堵串浆口,或采用麻纱、木楔、快硬水泥砂浆及锚固剂封堵,直至不再串浆、跑浆时再继续注浆。

2. 注浆压力突然升高

注浆过程中严格控制注浆压力,同时密切关注注浆量,当压力突然升高,可能发生了以下情况:

①若浆液是单液注水泥浆,此时可能发生了堵管,应立即停机进行检查;
②若浆液是水泥-水玻璃双液浆,此时应该关闭水玻璃泵,进行单液注浆或注清水,待泵压正常时再进行双液注浆。

3. 浆液进浆量很大且注浆压力长时间不升高

注浆过程中,若浆液进浆量很大且注浆压力长时间不升高,首先应调整浆液浓度和配合比,缩短胶凝时间,进行少量低压力注浆或间歇式注浆,使浆液在裂隙中有相对滞留时间,以便凝结,其中需要注意的是滞留时间不能超过混合浆液的胶凝时间。

4.4 钻爆法开挖施工

4.4.1 概述

钻爆法是工程活动中石方开挖的传统方式,在明山及地下工程施工中被广泛使用。

在隧道施工中,钻爆法具有施工组织简单、容易掌握,对地质条件适应性强,开挖成本低的特点。尽管掘进机在许多国家已被广泛使用,但从长远来看,钻爆法仍将是修建岩石隧道的主要方法。

采用钻爆法开挖隧道,其施工进度、工程质量都与爆破技术密切相关。提高爆破循环进尺、降低爆破成本、减少对围岩的扰动是隧道爆破的重点。

隧道爆破是单自由面条件下的岩石爆破,关键技术是掏槽以形成掘进方向的爆破临空面,从而提高爆破循环进尺和炮孔利用率。对工程质量而言,尽量减少对围岩的扰动是十分重要的,因此隧道周边的光面爆破是隧道爆破的另一个关键点。

成功的隧道爆破应该做到:爆破进尺达到预期效果,掌子面平整,岩渣块度适宜装运,周边轮廓平顺,超欠挖符合要求,围岩稳定。

4.4.2 钻爆法开挖设计

1. 全断面或上半断面掘进爆破设计

隧道爆破开挖根据其断面大小、地质情况,分为全断面一次开挖成形及分部开挖成形。无论采用何种方式,最先爆破开挖的部分都必须进行掏槽爆破,这是隧道爆破的关键。掏槽对钻爆技术要求较高,炮孔数较多,炸药消耗也较大。

循环进尺控制:一般来说,Ⅴ级围岩循环进尺控制在 0.8~1.0 m,Ⅳ级围岩循环进尺控制在 1.5~2.0 m;Ⅱ、Ⅲ级围岩采用全断面爆破,炮孔深度以不超过 4.0 m 为宜,手持风钻不宜超过 3.5 m,液压台车不宜大于 4.5 m。

隧道爆破炮孔(眼)一般分为掏槽孔(眼)、掘进孔(眼)和周边孔(眼)。

(1) 掏槽眼设计

掏槽方式通常分为直眼掏槽和斜眼掏槽两类。掏槽方式的选定需要考虑以下几方面的因素:开挖断面的几何尺寸,地质条件,设备情况,钻眼爆破水平,对开挖的技术要求等。一般来说,手持凿岩机施工常采用斜眼掏槽,凿岩台车施工一般采用直眼掏槽。

①直眼掏槽。

直眼掏槽是借助于不装药空孔作为临空面,掏槽各装药孔向空孔按一定起爆顺序爆破而逐渐形成槽腔,其后掘进孔再向槽腔按一定顺序爆破。

直眼掏槽一般有以下几种形式:龟裂直眼掏槽、五眼梅花小直径中空直眼掏槽、螺旋形掏槽、菱形掏槽、无空眼直眼掏槽以及大直径中空直眼掏槽等。

大直径中空直眼掏槽一般在采用凿岩台车等重型设备钻眼时使用，通过较大直径的中眼，逐渐扩大形成槽腔。常用的有单螺旋掏槽、双螺旋掏槽、对称掏槽等几种形式。

为避免掌子面因掏槽区过度破碎带来卡钻事故，前后两茬炮的掏槽孔采取绕中线左右交错布置，整个掏槽孔位置布置在掌子面中线一侧略偏下部位。

大直径中空直眼掏槽中心空孔根据岩石的可爆性及孔深等要求，一般设置2～4个，其孔径不小于64 mm，装药孔到空孔间距一般控制在1.5～2倍孔径。

②斜眼掏槽。

斜眼掏槽有单向掏槽、锥形掏槽、楔形掏槽等形式，目前常用的是水平楔形掏槽。

水平楔形掏槽通常是利用多对斜向炮孔同时对称爆破而形成楔形临空面，之后各孔向该临空面爆破。如果爆破进尺要求较大，在断面允许的情况下，可以采用多重楔形掏槽。

楔形掏槽参数与炮孔夹角、间距及掏槽眼的对数相关。

（2）掘进孔设计参数

Ⅱ、Ⅲ级围岩的掘进孔间距通常控制在$a=0.6\sim1.0$ m，岩石爆破移动方向间距不大于0.8 m；垂直于岩石爆破移动方向相邻两孔连线的间距不大于1.2 m，通常在0.8～1.2 m取值。

Ⅳ、Ⅴ级围岩的掘进孔间距通常控制在$a=0.8\sim1.4$ m，岩石爆破移动方向间距不大于1.0 m；垂直于岩石爆破移动方向相邻两孔连线的间距不大于1.4 m，通常在1.0～1.2 m取值。

（3）周边孔设计参数

一般情况下，周边孔间距$E=0.45\sim0.65$ m。在软弱破碎围岩洞段施工时，结合围岩构造发育情况对周边孔做合理布置，通常要求孔位内移5～10 cm，间距按40 cm左右考虑。对均质、可爆性好的围岩可放宽至70 cm，通常中硬及以上岩石取55～60 cm，软岩45～50 cm。炮眼密集系数$m=W/E=0.5\sim1.0$，通常按$m=0.8$取值来确定光爆层的厚度，软岩$m=0.5\sim0.7$，完整岩石$m=0.8$。周边孔的外斜角度不大于3°，且外斜值不大于20 cm，计算最小抵抗线要计入该影响值。

(4) 起爆网络设计

①起爆网络设计原理。

起爆网络通常按矩形或梯形原理进行设计,即同段炮孔的连线为多边形,相邻两边之夹角范围为 90°<θ<180°;对下部开挖宜按梯形起爆方式设计,即同段炮孔的连线为梯形,相邻两边之夹角范围为 90°<θ<180°。

②起爆网络类型。

根据起爆方式不同,起爆网络分为非电起爆网络和电起爆网络。非电起爆网络包括导火索起爆网络、导爆索起爆网络、导爆管起爆网络,目前规范要求采用导爆管起爆网络。电起爆网络在一般地下工程中使用不多,但在有瓦斯的地下工程爆破强制性要求使用。

③非电起爆网络。

隧道(洞)爆破法开挖使用导爆管雷管网络,通常周边光面爆破或预裂爆破时结合使用导爆索网络。导爆管雷管网络根据掏槽类型、断面大小、振动要求,常使用多段位的非电雷管。

目前国产有毫秒级、半秒级及秒级以及高精度多段位雷管。但随着生产技术的发展,非电雷管段别已发展到 60 个段别以上,实际使用时可根据具体情况选用。建议一般隧道爆破使用第一系的 ms1~25 段即可,在瓦斯隧道中爆破,雷管总延时不超过 130 ms,且只能使用电雷管。

当采用普通非电雷管时,选用毫秒与半秒差雷管相结合,有条件时与厂家联系定做高精度雷管,时差满足减振要求,即段间时差与合理微差时间一致。

全断面起爆网络设计时,雷管除 ms2 段可不选用外,一般均可连段使用。在对振动控制要求较严格的地段,可根据要求选择是否跳段使用雷管。

对要求进行弱爆破的地段,根据现场监测记录曲线,合理选择孔间时差满足大于或等于主振周期的 3 倍及以上。在无监测仪器的情况下,根据地质、环境、允许振速的要求、炮孔所在部位等情况按 60~110 ms 选取。软弱围岩、孔深大于 1 m 时可在 90~110 ms 取值,中硬以上围岩、浅埋隧道、浅孔小于 1 m 时可在 60~90 ms 取值。全断面掘进的Ⅱ、Ⅲ级围岩非电雷管连段设置即可。

无论何种条件,第一个起爆孔与第二起爆孔的时差要大于 75 ms,光爆孔与内圈孔的时差不小于 150 ms。

④网络的击发。

网络击发可使用 8♯工业火雷管、击发枪击发导爆管雷管、导爆索击发导爆管、电雷管击发导爆管,但归根到底都为雷管击发。隧道常使用 8♯工业火雷管击发,但在瓦斯隧道的爆破施工中必须使用电雷管击发网络,严禁使用其他击发方式。

(5) 装药设计

①装药几何参数。

药卷直径:常选择 $\phi25$、$\phi32$、$\phi35$、$\phi40$ 四种规格,具体根据钻孔直径与孔深确定。

装药密度:$\rho=0.9\sim1.2$ g/cm³。

周边孔选用低爆速炸药,药卷直径为 25 mm,$\rho<1.0$ g/cm³。

炸药单耗:Ⅱ、Ⅲ级围岩全断面开挖为 $1.5\sim2.2$ kg/m³;Ⅳ、Ⅴ级围岩上半断面为 $0.85\sim1.5$ kg/m³,下半断面或下部开挖为 $0.5\sim0.8$ kg/m³。可爆性好、软岩、大直径空孔地段偏小值方向取值,浅埋隧道、难爆、坚硬岩石、小直径空孔地段偏大值方向取值。

②爆破材料的选择。

常使用防水乳化炸药,对坚硬难爆的岩石使用高爆速、高威力的炸药;对软岩使用低爆速、低威力的炸药。乳化炸药常为中等爆速的炸药,使用比较普遍。

③装药结构的设计。

掏槽孔、周边孔采用导爆索药串装药,其余各孔采用等直径药卷进行连续装药。

2. 下半断面开挖爆破设计

下半断面开挖爆破类似露天台阶爆破,但又有所区别,主要体现在钻孔方式上。隧道下部开挖常使用水平钻孔,除非为大洞室大断面分多层开挖,其方式完全等同于露天台阶爆破。

无论是水平钻孔还是竖直钻孔,其布孔参数与方式都相同,仅装药量计算不同,同时对隧道边墙的爆破质量要求较高。

(1) 孔网参数设计

水平炮孔的间距 $a=1.2\sim1.5$ m,最小抵抗线 $W=1\sim1.2$ m;中间各孔间距原则上控制在 $1\sim1.2$ m、排间距控制在 $0.8\sim1.0$ m;底板孔间距不大于 1.0 m。下部周边孔严格按光爆孔布置,但因不同于全断面爆破,因此周边孔间距可适当比全断面爆破布孔时的边墙布孔略大,但一般不超过 60 cm。炮孔深度控制在 $3\sim4$ m,若钻孔精度有保证,则可放宽到 5 m。

(2) 装药参数设计

单孔装药量按体积法进行计算,炸药单耗控制在 0.5~0.8 kg/m³;周边单孔平均线装药密度控制在 0.07~0.25 kg/m。药圈规格、装药方式同上部开挖。

(3) 网络设计

总体上按梯形起爆顺序进行网络布置,但周边应该分组同段安排起爆,以利提高光面爆破质量。

4.4.3　钻爆法施工技术

1. 钻孔施工技术

(1) 凿岩台车

①台车类型及钻孔操作。

目前,台车已经从普通台车发展到半电脑台车和全电脑台车。普通台车全靠司机操作,但这类台车设置了简易的控制钻孔精度的各种操作手柄,可凭司机的经验进行操作;半电脑台车能够借助参考系实现自动定位和在人工控制下实现按设计图进行钻孔操作,同时在电脑失去作用时,可按普通台车进行操作;全电脑台车在原理上比半电脑台车更好,几乎完全借助于参考系进行自动钻孔,但因隧道的环境(比如潮湿环境的影响)限制往往不能如愿,一旦电脑失去作用,仅一个操作台控制各臂,在这种情况下使用得不偿失。

装有电脑操作系统的台车可以解决钻孔精度问题,当操作者水平达不到要求时,建议选择该类型台车;如果钻孔经验丰富,不缺操作人员,则可选普通台车。两类电脑台车完全可以实现钻孔的各种操作要求,严格按图钻孔施工。普通台车常因钻孔精度达不到要求而导致过量超挖,甚至平均径向超挖达到 30~50 cm,若用混凝土回填,其带来的成本增加不可小视。

台车钻孔的速度及精度与台车的设计及台车司机的操作技能直接相关,其精度及钻孔速度远高于手持风钻钻孔。但不管如何,在钻孔精度的控制上,人工手持风钻和台车的操作要领是一样的,即钻孔必须做到"准、平、直、齐":准——开孔准确,平——各炮孔相互平行,直——炮孔垂直掌子面,齐——炮孔根部位于同一铅垂面上。

②设备维修保养。

台车维修与保养是极其重要的环节,必须设随机保养司机,加强日常维护与保养,并根据其运行状况,定期进行维修,以提高台车的完好率与使用率。

(2) 支腿式凿岩机(风钻)

支腿式凿岩机由人工控制,使用比较灵活,可同时使用多台以提高工作效率。但其工作环境远比台车差,尤其是噪声、掌子面水雾等。但因其使用技术容易掌握,成本低,配件多为国产,供应有保障,维修方便,辅助工作简单,因此比较常用。

手持风钻打眼一般利用作业台架操作,通常采用斜眼掏槽爆破,因此配置长短钻杆完成掏槽眼的钻孔。要保证钻孔精度,可设置专门的领钎工指挥钻孔,原则上单台钻安排一个人持钻,在同层平台上多安排一个人指挥钻孔和帮助在开孔时扶钎。

2. 爆破施工技术

(1) 布孔要求

①中心掏槽孔布孔误差不大于±3 cm。

②其余各孔不大于±5 cm。

若遇挂眼困难,炮孔位置可适当调整,但必须保证调整后,相邻各孔间距均匀布置,注意掏槽孔须整体移动,孔间调整范围不得大于其误差值。

③布孔。

a. 人工事先按爆破图,用红油漆将炮孔布置在齐头面上,布孔满足精度要求;b. 或者按照爆破设计图,输入测点坐标,利用 TAPS 自动布孔或其他方式完成自动布孔;c. 可以采用激光指向仪(3~5 台),控制周边轮廓或中线。

(2) 钻孔要求

钻孔必须做到"准、平、直、齐"四要素并满足以下精度要求。

①挂眼(开门)误差:掏扩槽孔不大于±3 cm,其余各孔不大于±5 cm。

②钻孔不平行误差:掏槽孔不大于±3 cm/m,其余各孔不大于±5 cm/m。

③各炮孔底部参差误差均不大于炮孔深度的10%。

(3) 装药要求

①按设计的装药量装药,当掌子面凹凸不平时,其各孔装药量可随炮孔深浅变化做相应调整;当实际炮孔所处位置有软层或裂隙通过时,应取消该孔装药并适当减少相邻内圈孔的用药量。

②起爆药包1#孔正向设置,其余各孔宜反向设置。

③炸药装填必须按安全规程执行,不得硬捅、硬捣。

(4) 炮孔堵塞要求

①预制炮泥,每条长 10～15 cm。

②各孔堵塞长度周边不小于 30 cm,其余各孔不小于 20 cm。

③堵塞过程妥善保护网络。

(5) 网络连接要求

①中间连接、击发用雷管一律反向设置且单发击发,每个击发雷管连接导爆管数不多于 24 根。

②塑料导爆管连接过程中不得打死结、弯折,更不能被岩石和其他东西刺破。

③网络连线应自由下垂,不得拉紧。

④所有中间连接雷管宜用即发雷管或连接元件,严禁使用高段位雷管。

⑤孔内雷管不得错段,具体操作时由班长分发导爆管雷管并监督。

4.5 喷射混凝土施工

4.5.1 概述

1. 喷射混凝土原理

喷射混凝土是不用任何模具,通过混凝土喷射机具(输送泵)、压缩空气、喷射头来实现混凝土布料、输送、添加外加剂,并把混凝土直接喷贴到岩土面的施工方法。从具体工艺上,可分为干喷、潮喷和湿喷。

①干喷是采用拌和机将骨料、水泥拌制成混合料,将混合料和粉状速凝剂加入喷射机料斗,加有速凝剂的混合料通过喷射机磨盘均匀布到出料口,通过压缩空气送至喷射头,在喷射头内对其加水后喷射到岩土面上。

②潮喷是采用拌和机将骨料、水泥、部分水、增黏剂拌制成水灰比在 0.16～0.19 的干硬混凝土,将干硬混凝土和粉状速凝剂加入喷射机料斗,加有速凝剂的干硬混凝土通过喷射机磨盘均匀布到出料口,通过压缩空气送至喷射头,在喷射头内对其再次加水后喷射到岩土面上。

③湿喷是采用拌和机将骨料、水泥、水拌制成混凝土,可采用湿喷机布料喷射,也可采用输送泵布料喷射。

a. 湿喷机布料喷射是采用湿喷机磨盘将成品混凝土均匀布到出料口,通过压缩空气将混凝土送至喷射头,在喷射头内对混凝土加液态速凝剂后喷射到岩土面上。

b. 输送泵布料喷射是采用输送泵将成品混凝土送至喷射头前端的流态转换套,由压缩空气进行气态悬浮输送至喷射头,在喷射头内加液态速凝剂后喷射到岩土面上。

2. 工艺特点

①干喷工艺设备简单、操作方便、使用的粉状速凝剂成本低,但喷射回弹量大,对环境污染严重,所喷射混凝土强度低,在受喷面本身有渗水的情况下比较适用。

②潮喷工艺设备简单、操作方便、使用的粉状速凝剂成本低,但喷射回弹量比干喷小,粉尘少,所喷射混凝土强度比干喷高,适用范围比较广。

③湿喷工艺相对前两类工艺具有喷射回弹量小、粉尘少、对环境污染小、所喷射混凝土强度高的特点,但喷射设备相对复杂,对混凝土的骨料和坍落度要求、风压及风量要求较高,使用液态速凝剂成本高,而且液态速凝剂的悬浮物对喷射手的身体伤害较大,不适用于受喷面本身有渗水的情况。

4.5.2 喷射混凝土施工工艺

1. 施工工艺

(1) 干喷工艺

①试验室严格控制好喷射混凝土的配合比。

②喷射时喷嘴垂直于受喷岩面,保持 1 m 左右距离,分片作螺旋往复运动,直到达到规定厚度,并控制好喷射混凝土表面的平整度。

③对渗漏水比较小的地方,喷射从无水处向有水处进行;对于渗漏水较大的地方,先采取引流措施后再喷混凝土。

④喷射先开风,后开喷射机;停喷时先停喷射机、后停风。

⑤喷射前先调水,当喷嘴喷射雾状水时开始喷射,喷射中检查喷射面是否有光泽,水量小会出现干斑,水量大会出现拉毛现象。

(2) 湿喷工艺

①试验室严格控制好喷射混凝土的配合比,根据混凝土运输距离选择好坍

落度,防止运输过程中喷射混凝土坍落度损失过大。

②喷射时喷嘴垂直于受喷岩面,保持 1 m 左右距离,分片作螺旋往复运动,直到达到规定厚度,控制好喷射混凝土表面的平整度。

③对渗水比较小的地方,喷射从无水处向有水处进行;对渗水较大的地方,采取引流措施后再喷混凝土。

④采用机器人喷射手喷射,根据喷射部位不同适当调整喷射量。

2. 喷射混凝土施工要点

(1) 混合料或混凝土加工运输

①干喷混合料加工一般采用小型拌和站拌制,用配料机严格按确定配合比将 0~15 mm 的碎石、中粗砂进行配料,通过拌和机将骨料与水泥均匀拌和,用自卸汽车运至喷射地点。

②潮喷混凝土的加工一般也采用小型拌和站拌制,用配料机严格按确定配合比将 0~15 mm 的碎石、中粗砂进行配料,通过拌和机将骨料、水泥与少量水均匀拌和成干硬性混凝土(水灰比控制在 0.16~0.19),用自卸汽车运至喷射地点。

③湿喷混凝土的加工一般采用大型拌和站拌制,用配料机严格按确定配合比将 0~15 mm 的碎石、中粗砂进行配料,通过拌和机将骨料、水泥、水均匀拌和成混凝土,用混凝土运输车运至喷射地点。

(2) 喷射混凝土现场准备

①干喷和潮喷混凝土现场准备是先平整场地,将喷射机移至喷射地点,将高压风管和喷射机连接,用电缆线将喷射机和配电箱连接,喷射管和喷射机连接、高压水管和喷射头连接、喷射头和喷射管连接。全部连接完成后先开风调试喷射管路是否通畅,再开水调试水压和水量,最后启动喷射机电源调试喷射机。

②湿喷混凝土现场准备是先平整场地,将喷射机移至喷射地点,将高压风管和喷射机连接,用电缆线将喷射机和配电箱连接,喷射管和喷射机连接、速凝剂管和喷射头连接、喷射头和喷射管连接。全部连接完成后先开风调试喷射管路是否通畅,再启动速凝剂泵并设置速凝剂掺量,最后启动喷射机电源调试喷射机。

(3) 外加剂的添加

①干喷和潮喷混凝土外加剂一般采用人工添加,掺量控制误差较大,随意性也极大。

②湿喷混凝土外加剂是机械添加,掺量控制比较准确。特别是机器人喷射手对外加剂掺量的控制极其标准,它是根据所设置的每小时喷射量及所设置的外加剂掺量进行自动调节的。

(4) 混凝土喷射作业

①三种喷射混凝土工艺的作业方法基本相同,都要求喷射头和喷射面垂直,喷射距离控制在 0.8~1.2 m,从下往上分片作螺旋往复运动,直到达到规定厚度。

②三种喷射混凝土工艺在具体操作上有所不同。

a. 干喷和潮喷的加水量由喷射手控制,喷射手的经验决定了水量的准确程度,因此在喷射前水的调试比较关键。在喷射机进料前先开风,然后慢慢开水,观察喷射头喷射出来的水是否呈雾状,喷水呈雾状后再启动喷射机进行喷射。喷射中,喷射手随时观察喷射面情况,喷射面上出现干斑就说明水量小了,喷射面上出现拉毛就说明水量大了,只有喷射面上有光泽时才说明水量合适。

b. 干喷和潮喷作业中,上料人员和喷射手之间的配合也非常关键,若上料一直保持均匀,则喷射手就不用适时调节水量,若上料不均匀,则喷射手就要适时调节用水量。

c. 干喷和潮喷作业中,只有上料人员和喷射手默契配合才能很好地进行受喷面找平工作,喷射手调小水量,上料人员减少上料量,即减少每小时喷射量,才能将较小的凹坑找平,保证喷射面的平整度。

d. 湿喷作业中的上料速度和外加剂掺量都是由机械控制的,水灰比也是标准的,喷射手主要控制喷射角度、距离、喷射厚度和平整度。

4.6 隧道锚杆施工

4.6.1 概述

1. 锚杆定义与分类

(1) 锚杆定义

锚杆是指在岩土体内部钻孔中,用黏结剂(如水泥砂浆、锚固剂、水玻璃双液浆等)将钢筋(或其他杆材)与岩土体黏结成一个整体,对岩体起支承、加固、提高层间摩阻力且形成"组合梁"和悬吊的作用,是将岩土体因工程改变而产生的重新分布力传至稳定结构物或岩土层的一种构件。当采用钢绞线或高强钢丝束做杆体材料时,也可称为锚索。

(2)锚杆分类

目前国内外使用锚杆种类已达数百种,其称谓各不相同。按锚固形式可划分为全长黏结型锚杆、端头锚固型锚杆、摩擦型锚杆和其他类型锚杆;按受力状态可划分为非张拉型锚杆和张拉型锚杆,张拉型锚杆又分为张拉锚杆和预应力锚杆。

①全长黏结型锚杆。

全长黏结型锚杆分为树脂锚杆和砂浆锚杆。

②端头锚固型锚杆。

端头锚固型锚杆分为机械锚固型锚杆和黏结锚固型锚杆。机械锚固型锚杆分为楔缝式锚杆、倒楔式锚杆和胀壳式锚杆;黏结锚固型锚杆分为水泥砂浆锚杆、快硬水泥卷锚杆和树脂锚杆。

③摩擦型锚杆。

摩擦型锚杆分为缝管式锚杆和楔管式锚杆。

④其他类型锚杆

其他类型锚杆包括屈服锚杆、可回收式锚杆、自进式锚杆、土中打入式锚杆等。

2. 锚杆特点

岩土锚固技术是通过埋设在岩土体中的锚杆,将结构物与岩土体紧紧地联锁在一起,依赖锚杆与岩土体的抗剪强度传递结构物的拉力或使岩土体自身得到加固,以保持结构物和岩土体的稳定。与完全依靠自身强度、重力而使结构物保持稳定的传统方法相比较,岩土锚固技术尤其是预应力锚固技术具有以下特点。

①在岩土体开挖后,能较快提供支护力,有利于保护岩体的固有强度,阻止岩土体的进一步扰动,控制岩土体变形的发展,提高施工过程的安全性。

②提高岩土体软弱结构面、潜在滑移面的抗剪强度,改善岩土体的其他力学性能。

③改善岩土体的应力状态,使其向有利于稳定的方向转化。

④锚杆的作用部位、方向、结构参数、密度和施作时机可以根据需要方便地

设定和调整,能以最小的支护力,获得最佳的稳定效果。

⑤将结构物与岩土体紧密地联锁在一起,形成共同工作的体系。

⑥其施工理念是尽可能通过锚杆发挥岩土体自稳性能,而使外支护结构变得简单,能显著节约工程材料,经济效益十分显著。

⑦对预防、整治滑坡,加固、抢修出现病害的结构物具有独特的功效,有利于保障人民生命财产的安全。

4.6.2 隧道锚杆的作用

1. 支承围岩

①系统锚杆是嵌入隧道开挖后未扰动的稳定围岩中,对隧道开挖后周边已扰动(需重新分布应力)的围岩圈起限制、约束变形的作用,并向其施加压力,使处于二维状态洞室内表面附近的围岩保持三维应力状态,起到支承围岩的作用。

②隧道超前锚杆前端嵌入稳定围岩(暂时未开挖到),后端支承于稳定支护结构上,能对隧道掘进新开挖扰动(须重新分布应力)的围岩起支抬或支挡作用。

2. 加固围岩

隧道系统锚杆使围岩松动区的节理裂隙、破裂面等得以联结,增大了锚固区围岩的强度(即黏聚力、内摩擦角的值)。实践证明,隧道施工中,锚杆对加固节理发育的岩体和围岩松动区是十分有效的,有助于裂隙岩体和松动区形成整体,成为"加固带"。

3. 提高层间摩阻力,形成"组合梁"

水平或缓倾斜的层状围岩,用锚杆群能把数层岩层连在一起,增大层间摩阻力,从结构力学观点来看,就形成了"组合梁"。

4. 悬吊作用

悬吊是指隧道开挖后,为防止个别危石的掉落或滑落,用锚杆将其同稳定围岩连接起来,主要用于加固局部失稳的岩体。

4.6.3 隧道锚杆施工

1. 隧道锚杆施工总述

①隧道施工中的锚杆,按其具体作用可分为系统锚杆、超前锚杆、锁脚锚杆和局部加强锚杆。

②锁脚锚杆是在隧道有钢架支护的前提下使用的。一般情况下,钢架安装定位好后,分别在隧道两侧,钢架对应的拼装节点上各打设两根锚杆,外露头与钢架焊接,起到锁定支护钢架的作用。锁脚锚杆的杆材一般选择螺纹钢筋,也有选择钢管的,称为锁脚锚管。

③无钢架支护段,系统锚杆是在隧道开挖并对岩面初喷完混凝土后开始打设;有钢架支护段,系统锚杆是在隧道开挖并对岩面初喷完混凝土,且钢架已安装和锁定后开始打设。系统锚杆打设后,其外露头需与钢架和钢筋网焊接。系统锚杆的杆材一般选择螺纹钢筋,也有选择钢管的,称为系统锚管,还有采用特种杆材的,如中空注浆锚杆、自进式锚杆,此外,还有采用PVC或聚乙烯塑料杆材的。

④超前锚杆一般是在软弱围岩隧道中,有钢架支护的前提下使用,在钢架已安装和锁定且系统锚杆都施作完后开始打设。超前锚杆的尾端与钢架焊接牢固。

⑤局部加强锚杆段在隧道开挖后小范围软弱围岩位置或隧道交叉洞群中使用。

2. 锚杆施工前准备

(1) 锚杆孔定位

锚杆钻孔前根据设计要求定出孔位,做出明显标记。锚杆孔定位通常采用挂中线,通过尺量;采用了自动极坐标测量系统的隧道掘进,系统锚杆可通过自动极坐标测量系统用极光定位。

(2) 锚杆及配件的加工或采购

①普通钢筋锚杆及垫板加工。

a. 用于加工锚杆及垫板的钢筋和钢板材料须复检合格,加工统一在场地加工房内完成。

b. 锚杆根据隧道不同围岩级别类型支护,截取成需要的长度,杆体须调直,表面无缺损、无锈、无杂物,尾部工出一段丝。加工后的锚杆尺寸符合设计要求,车丝部分无偏心,焊缝表面不得有裂纹、焊瘤等缺陷。

c. 垫板采用设计厚度的钢板加工,按要求规格下料,中间钻孔。

②装配式特种锚杆采购。

a. 常用的装配式特种锚杆有中空注浆锚杆和自进式锚杆,配件主要包括分段杆材、接头套筒、特制垫板,自进式锚杆还包括特种钻头。

b. 采购前对供应商进行考察,实行货比三家,招标采购;进场锚杆须进行检查,经验收合格后才能用于现场施工。

③锚杆辅助材料准备。

a. 水泥:普通水泥砂浆选用普通硅酸盐水泥,在自稳时间短的围岩条件下,宜用早强水泥砂浆锚杆。

b. 砂:宜采用清洁、坚硬的中细砂,粒径值不宜大于3 mm,使用前过筛。

c. 砂浆制备:砂浆严格按设计配合比拌和均匀,随拌随用。一次拌和的砂浆在初凝前用完,拌和过程须防石块、杂物混入。

d. 外加剂:一般采用减水剂、早强剂、膨胀剂等,应提前购买备用。

e. 锚固剂:若采用药卷锚杆,应提前采购好药卷锚固剂,使用前一定时间就开始浸泡。

④设备检查。

施工锚杆前,全面检查钻孔机具、风压动力、注浆设备以及其他机械是否正常,确保一旦锚杆开始施工,就能持续进行。

3. 锚杆成孔

①隧道锚杆钻孔一般在分部开挖台阶上或洞内钻爆支护台架上进行。钻设前严格按照设计间距布孔,选择与孔径大小对应的钻头。钻孔方向尽可能垂直结构面或初喷混凝土表面。

②钻孔过程中随时检查钻孔方向和钻进深度,随时留心感受或观察所穿过岩层的特性,为合理地进行支护提供依据。

③锚杆钻孔完成后,立即用高压风、水冲洗干净孔内石粉,确保下锚杆的顺利进行。

④钻孔过程常会卡钻头,当钻头确实无法取出时,在孔位旁边补钻一个孔。隧道处于软弱围岩中或岩层不均情况,总是卡钻头无法成孔,或者钻孔容易,取出钻杆后,孔就变形,无法下锚杆,建议将原设计锚杆更改为自进式锚杆。

4. 锚杆安装

(1) 普通水泥砂浆锚杆

①砂浆配合比:水泥与砂的配合比宜为1∶1.5～1∶1;水灰比宜为0.45～0.50。砂的粒径不宜大于3 mm;砂浆拌和均匀,随拌随用,一次拌和的砂浆在初凝前用完。

②灌浆前将钻孔吹净。注浆开始或中途停止超过30 min,用水润滑灌浆罐及其管路;灌浆孔口压力一般不大于0.4 MPa。

③灌浆时堵塞孔口,灌浆管插至距孔底5～10 cm处,随水泥砂浆的注入缓慢匀速拔出,随即迅速将杆体插入,若孔口无水泥砂浆溢出,将杆体拔出重新灌注。

④锚杆杆体宜对中插入,插入后在孔口将杆体固定。锚杆插入孔内的长度不小于设计规定。锚杆安设后,不得随意敲击。

(2) 早强水泥砂浆锚杆

早强水泥砂浆锚杆一般采用硫酸盐早强水泥并掺早强剂。灌浆作业开始或中途停止超过30 min时,需测定砂浆坍落度,其值小于10 cm时,不能注入罐内使用。

早强剂具有早强、缓凝、减水与防锈的效果,其主要成分是亚硝酸钠与缓凝型糖蜜成水剂。亚硝酸钠掺量为1%～3%,缓凝型糖蜜掺量宜为0.2%。

(3) 早强药卷锚杆

①选择好药卷直径和药卷长度,药卷使用前检查有无结块和受潮。安装前浸泡在清水中,随泡随用,药卷要求浸透。

②安装采用专用装药卷工具,缓慢地把药卷推入孔底,推入过程中,药卷不破裂。

③锚杆杆体插入后注意旋转,使药卷充分搅拌。

国内锚杆药卷已有多种产品通过鉴定,主要有硅酸盐与硫酸盐两大系列,分速凝型、早强型、早强速凝型几种。锚杆药卷也可自行生产。中国铁道科学研究院研制并生产的ZM-2型早强锚杆药卷,采用硫铝酸盐水泥加TS速凝剂和阻锈剂,属速凝早强型。TS速凝剂含锂盐,具有速凝、早强作用,掺量4%～6%。阻锈剂为亚硝酸,掺量0.5%。药卷浸水时间是施工关键,根据产品试验确定,一般为1～2 min。

(4) 缝管式摩擦锚杆

①缝管式摩擦锚杆安装采用一般风动凿岩机时需配备专用冲击器;宜随钻随安设锚杆,也可集中钻孔、集中安设,一般不隔班隔日安设。

②缝管式摩擦锚杆安装前检查风压,要求不小于 0.4 MPa。安设前再次清孔,并核对孔深是否符合要求。

③缝管式摩擦锚杆推进过程中,保持凿岩机、锚杆、钻孔的中心线在同一轴线上。凿岩机推进过程中可适当放水冷却冲击器;推到末端就降低推进力,当垫板抵紧岩石时立即停机,以免损坏垫板和挡环。

(5) 楔缝式锚杆

楔缝式锚杆安装前将楔子与锚杆杆体连接,送入孔内时不偏斜。打紧楔块过程中注意不破坏丝扣,安设后立即上好托板,拧紧螺帽。

(6) 树脂锚杆

①根据设计锚杆直径和胶凝时间选择树脂锚固剂的规格和型号。

②根据设计锚固长度,用杆体将选用的锚固剂送入孔底,启动搅拌器带动杆体旋转(30 ± 5)s,匀速推进到孔底。卸下搅拌器后,及时在孔口将杆体楔住,固化前使杆体不移位或晃动。

③安装测试时间把握。快速 7 min,中速 15 min 后上托板,旋紧螺母后即可承载;快速 15 min,中速 40 min 后测试锚固力。

④根据现场动力条件,搅拌安装工具可采用 TJ-9 风动锚杆搅拌机或电煤钻加连接头,紧螺母可采用 QB-16 风动扳手或手动扳手;若采用锚杆钻机作业,钻孔和安装锚杆同机操作更为方便。

5. 有水地段锚杆

①采用普通水泥砂浆锚杆,若遇孔内流水,在附近另行钻孔,安装锚杆。

②有水地段建议采用缝管式锚杆、速凝早强药卷锚杆。

③有水地段最好采用中空注浆锚杆或锚管,可利用锚杆或锚管向围岩进行压力注浆。

6. 锚杆拉拔试验

(1) 试验根数

锚杆拉拔力指锚杆能够承受的最大拉力,它是锚杆材料、加工和施工安装质量的综合反映,是锚杆质量检测的一项基本内容。

①基本试验和蠕变试验的锚杆数量不少于3根。

②边坡锚杆验收试验的锚杆数量为锚杆总数的5%,且不少于3根。

(2) 试验方法

①根据试验目的在隧道围岩指定部位钻锚杆孔。孔深在正常深度的基础上稍做调整,以便使锚杆外露长度大些,保证千斤顶的安装。

②按照正常安装工艺安装待测锚杆,用砂浆将锚杆口部抹平,以便支放承压垫板。

③根据锚杆的种类和试验目的确定拉拔时间。

④在锚杆尾部加上垫板,套上中空千斤顶,将锚杆外端与千斤顶内缸固定在一起,并装设位移量测设备和仪器。

⑤通过手动油压泵加压,从油压表读取油压,根据活塞面积换算锚杆承受的拉拔力。视需要可从千分表读取锚杆尾部的位移,绘制锚杆拉力-位移曲线,供分析研究。

(3) 注意事项

①安装拉拔设备使千斤顶与锚杆同心,避免偏心受拉。

②加载匀速,一般以 10 kN/min 的速率增加。

③无特殊需要,可不做破坏性试验,拉拔到设计拉力即停止加载。但用中空千斤顶进行锚杆拉拔试验,一般都要求做破坏性试验,测取锚杆的最大承载力,一方面检测锚杆施工质量,另一方面为调整设计参数提供依据。

④加压千斤顶应固定牢靠,有必要的安全保护措施。

4.7 隧道防排水施工

4.7.1 概述

矿山法隧道防、排水施工基本原则:防、排、截、堵相结合,因地制宜,以排为主、综合治理。

主要防、排水措施包括铺设防水板,二次衬砌采用抗渗混凝土,设置盲沟引排,施工缝、沉降缝设置止水板(垫),注浆封堵,设置土工布、透水软管盲沟等综合工程措施。

隧道工程完工后,要求做到不渗不漏。因此,结构物防排水工程是一项关键技术,其防排水效果是评定隧道工程质量的重要指标。结构物防、排水措施主要包括铺设防水板、透水软管,结构自防水,施工缝设置止水带(条)等。

防排水施工适用范围广泛,如山岭隧道、城市地铁及其他地下结构物工程等。

4.7.2 防水施工工艺

1. 铺设防水板

施工流程:基面清理→土工布垫层施工→塑料垫片施工→防水板铺设。

(1) 基面清理

①首先对隧道初期支护喷射混凝土表面进行处理,确保喷射混凝土表面平整,无尖锐棱角。

②隧道断面变化或转弯的阴角应抹成 $R \leqslant 5$ cm 的圆弧。

③防水层施工时基面不得有明水,如有明水应采取封堵或引排措施。

(2) 土工布垫层施工

土工布采用水泥钉和塑料圆垫片固定于已达到要求的喷射混凝土基面上。

(3) 防水板铺设

防水板固定到预定位置,然后用手动电热熔接器加热,使防水板焊接在固定无纺布的专用热熔衬垫上。

(4) 施工缝、变形缝防水

采用止水条、止水带等材料,施工缝按相关要求凿毛、清理后,安设止水条(带)。

(5) 二次衬砌采用抗渗混凝土

改善衬砌混凝土性能,随着二次衬砌混凝土的完成,增强衬砌结构自防水能力,达到增强防水功能的效果。

2. 防水层施工要点

①基面要认真处理,防止损伤防水板。

②采用无钉铺设技术安装防水板要确保防水板的完整性、密闭性(施工中要专门保护,不得有损伤)。

③防水材料搭接长度要符合设计、规范要求,接缝要错开防水的薄弱环节。

3. 排水施工

(1) 超前探测

采用各种探测手段,对未来前方水文、地质进行超前探测,查明前方可能存在的地下水状态,针对探测结果制定相应的施工方案。对于较大的地下水,采用注浆封堵等工程措施堵截地下水,防止大量的地下水排出而导致地表下沉等地质灾害。

(2) 设置排水盲沟(管)

对于一般渗水,在二次衬砌背后设置排水盲沟(管),将衬砌背后的地下渗水按指定的路径排出。

4. 矿山法隧道防、排水施工工艺原理

通过注浆堵截、铺设封闭的柔性外包防水材料等,将大量的地下水隔绝在结构的外层,起到"隔、离"作用;通过相应的工程措施,将少量的地下渗水按设计意愿引排到指定的地点,满足结构设计功能的应有作用,同时有利于水土保持。

4.7.3 操作要点

1. 防水层材料选择及进场检验

(1) 防水层材料选择

①防水卷材:根据施工设计要求或材质适用性选择防水卷材的种类(如:ECB卷材、SBS卷材、膨润土防水毯等)。根据设计和水文地质情况在Ⅰ级防水及水文地质复杂的地段选择厚度大的防水卷材(以 2.0 mm 厚度以上为宜);在Ⅱ级防水及以下或无水少水的地段时选择厚度较小的防水卷材(1.5 mm 厚度为宜)。

目前,隧道复合式衬砌防水层主要选用 PVC(聚氯乙烯)、ECB(乙烯-共聚物沥青)、LDPE(低密度聚乙烯)、HDPE(高密度聚乙烯)和 EVA(乙烯-醋酸乙烯共聚物)等防水板(膜),应用最多的是 EVA 膜。

②缓冲层材料:主要有无纺布和聚乙烯泡沫塑料衬垫(以下简称 PE 衬垫)两种。无纺布是用合成纤维材料经热压针刺无纺工艺制成的土木工程用卷材,厚度 3~5 mm,幅宽 2 m,按单位面积质量有 300 g/m², 400 g/m², 500 g/m² 及 600 g/m² 几种。PE 衬垫是由化学交联、化学发泡制成的团孔 PE 泡沫塑料材

料,其厚度一般为(4±0.5)mm,幅宽一般为(1200±50)mm,表观密度为(45±5)kg/m³,拉伸强度不小于0.4 MPa,断裂伸长率大于等于100%。

(2)防水卷材检验

①外观检查:检查卷材是否有变色、波纹、斑点、刀痕、撕裂、小孔等外观缺陷;卷材品种规格是否与设计相符。

②产品合格证检查:检查卷材的出厂时间和产品合格证以及卷材类型是否符合设计要求。

③取样复试:按规定取样检查卷材物理力学性能指标。

2. 防水层施工

(1)作业台架及机具就位

①作业台架。根据施工方法及具体的作业条件进行不同的准备,如果是大面积、全断面地进行铺设,以移动式钢管支架台车为首选;如果是分段、分层进行铺设,则以临时脚手架搭设施工平台或升降台车为宜。不论是支架台车或临时脚手架,均需按规范搭设,作业平台经检查合格后方可进行施工作业。

对作业台架的基本要求:坚固耐用,移动方便,净空要保证施工车辆能从下方台架通过。

②防水板铺设机具较为简单,主要有刀片、铁锤、卷尺、压力计、热缝焊枪、双缝热爬焊机,铺设前先将机具放置在铺设地点并进行检查,以确保施工机具能正常使用。

(2)基面处理

防水层铺设前,应先对隧道初期支护喷射混凝土表面进行处理,切除锚杆头和钢筋露头,凸出的管件等尖锐凸出物,并用细石混凝土抹平覆盖或用砂浆抹成圆曲面;基面凹坑深宽比应控制在1∶6以内;深宽比大于1∶6的凹坑应用细石混凝土填平,凹坑太大处要抹平补喷混凝土,确保喷射混凝土表面平整,无尖锐棱角,以免防水层被扎破。

(3)防水层铺设

①土工布(缓冲层)施工。

首先在简易作业台车上,于隧道拱顶沿纵向中心线,将土工布向两侧下垂铺设。用塑料胀管、木螺丝或射钉和塑料垫片(热熔衬垫)将土工布固定在已达要求的喷射混凝土基面上。专用热熔衬垫及射钉按梅花形布置;固定点之间的间距为:拱顶500~800 mm、边墙800~1000 mm、底板1500~2000 mm。

无纺布铺设要松紧适度,使之能紧贴在喷射混凝土表面,不致因过紧被撕裂,也不致因过松使无纺布褶皱堆积,形成人为蓄水点。无纺布幅间搭接宽度大于 10 cm。土工布的搭接宽度为 50 mm。在分段铺设的缓冲层连接部位应预留不少于 200 mm 的搭接余量。

②防水卷材。

防水卷材采用无钉铺设工艺。制备卷材时,要充分考虑隧道分段施工长度、搭接、预留搭接长度,卷材间的搭接宽度应不小于 100 mm(长边)或 150 mm(短边),上下两层和相邻两幅卷材接缝应错开 1/3 幅宽,平立面转角处卷材如留接缝,应留在平面上,距立面应不小于 600 mm,转角处和变形缝处,应用同等材料或抗拉强度和延伸率较高的材料进行加强。

防水板铺设前宜先行试铺,特别是调整控制好焊机温度(先试焊)。铺设底板和顶板防水层前先将隧道中线标定出来,铺设时沿中线向两边铺设。卷材铺设不宜过紧,以防止浇筑混凝土时将卷材胀破,铺设时如遇到变截面的地方,应先铺设大断面,再向小断面过渡。

防水卷材铺设好后,开始用调整后的焊机对防水板进行焊接,焊接时要平稳,不得中断焊缝,以确保焊接质量。

防水板之间用自动双缝热熔焊接机按照预定的温度、速度焊接,单条焊缝的有效焊接宽度不小于 1 cm。焊接后两条缝间留一条空气道,用空气检测器检测焊接质量。焊接前先除尽防水板表面的灰尘再焊接,防水板搭接宽度须大于 10 cm。

防水板间搭接缝应与变形缝、施工缝等防水薄弱环节错开 1 m 以上。

防水层属隐蔽工程,二次衬砌灌注前应检查防水层质量,若因其他施工作业损坏防水层,或发现层面有损坏时应及时修补并做好接头连接部分,以保证防水的质量。

(4) 防水层固定

防水板固定与铺设同步,边铺边将其用热缝焊枪与垫塑性圆衬垫暗钉圈焊接牢固。焊枪直接对圆形垫片进行加热,加热到热熔状态时将防水卷材粘贴于其上。

卷材固定于塑料圆垫片上时,不能拉得过紧或出现大的鼓包。特别注意阴阳角部位的卷材一定要与转角部位密贴,以免影响灌注混凝土的尺寸或将卷材拉破。

拱部防水板固定前先在缓冲层上标出隧道纵向中线,防水板由拱顶向两侧下垂铺设,边铺边与固定缓冲层的圆垫片热黏焊接牢固。

3. 防水层焊接

接缝焊接前应先将防水层的接头处擦拭干净,保证焊接质量。防水板焊缝:采用双缝热爬焊机将相邻两幅卷材进行热熔焊接,卷材之间的搭接宽度为 100 mm,接缝为双焊缝,焊缝宽度不小于 20 mm,中间留出空腔以便进行充气检查。

当纵向焊缝与环向焊缝成十字相交时(十字形焊缝),事先须对纵向焊缝外的多余搭接部分齐根处削去,将台阶修理成斜面并熔平,削去的长度不小于 130 mm,以确保焊接质量和焊机顺利通过。

焊接温度与电压及环境有密切关系,施焊前必须进行量测,点绘出电压—温度关系曲线,以便施焊前供查用。接缝焊接好后,应进行充气检验。

4. 止水带施工

(1) 背贴式止水带施工

在施工缝(变形缝)部位的模筑混凝土外侧设置背贴式止水带。利用背贴式止水带表面凸起的齿条与模筑防水混凝土之间的密实咬合进行密封止水,同时在背贴式止水带两翼的最外侧齿条的内侧根部固定注浆管,利用注浆管表面的出浆孔将浆液均匀地填充在止水带与混凝土的空隙部位,达到密封止水的目的。施工时用全站仪将变形缝和施工缝的位置标识在防水板上面,清除杂物后用热缝焊枪将背贴式止水带和防水板焊接牢固(焊接时止水带的中线与放样的施工缝、变形缝重合),之后将注浆花管安置在止水带的齿条内,并将管道预留保护好,以便日后注浆。

(2) 中埋式止水带施工

在变形缝部位设置中埋式止水带,变形缝内侧采用密封膏进行嵌缝密封止水,密封膏要求沿变形缝环向封闭,任何部位均不得出现断点,以免出现窜水现象。同时在结构施工时,在顶拱和侧墙变形缝两侧的混凝土表面预留凹槽,凹槽内设置镀锌钢板接水盒,便于渗漏水时将渗出水直接排入指定渠道内。止水带施工步骤如下。

①按照设计要求确定止水带的准确位置及尺寸规格。

②中埋式橡胶止水采用橡胶止水带时,连接采用黏结,并在结口周围粘贴缓膨胀型遇水膨胀腻子;采用钢边止水带时,连接采用 U 形长锚固,并在周围设置遇水膨胀腻子条。

③用模板固定橡胶止水带。先安装一端,浇筑混凝土,同时另一端应用箱形木板保护,待混凝土达到一定强度拆除模板和另一端止水带的箱形保护。

④在止水带中央圆孔的上下方混凝土基面上涂刷黏结剂,并固定填缝用的聚苯板。

⑤另一端的止水带端头固定在钢筋上,支模浇筑混凝土。

⑥拱墙变形缝在内侧的板底或墙面上预留 160 mm×30 mm 的凹槽,待变形缝经处理无渗漏水时,用水泥钉固定接水槽。接水槽之间的接头及转角处用氩弧电焊机焊接。

5. 止水条施工

止水条的防水原理为微膨胀防水,利用其遇水膨胀的性能,在有少量水侵入到施工缝位置时,止水条自动膨胀,将施工缝位置的新旧混凝土接缝密封,从而达到堵水的效果。

6. 防水层施工质量检查

(1) 防水板质量检查方法

防水板是结构的重要防水系统,为隐蔽工程,施工过程中应该加强过程控制,并设专人对其负责。防水板施作完毕后和浇筑混凝土前都要对防水板进行检查。可采用表 4.1 所示的方法检查。

表 4.1　防水板质量检查方法

检查方法	检 查 内 容
直观检查	1.查看塑料板是否与喷射混凝土层面密贴;2.看塑料板是否有被划破、扯破、扎破、弄破现象;3.看焊缝宽度是否符合要求,有无漏焊、假焊、烤焦等现象;4.外露的锚固点(钉子)是否有塑料片覆盖
焊缝检查	1、2、3、4 项同上;5.每铺设 20~30 延米,剪开焊缝 2~3 处,每处 0.5 m,看其是否有假焊、漏焊现象
充气检查	1、2、3、4 项同上;5.焊缝采用双焊缝,进行贯气试验,看其有无漏气现象。检查方法为:用 5♯注射用针头插入焊缝中间的空腔,用气筒打气进行检查,当压力表达 0.15 MPa 时停止充气,压力表不降或材料继续变形压力有所下降,但下降幅度在 20% 以内,保证 2 min 不漏气,说明焊接质量良好

(2) 防水板铺设质量标准

固定点间距:应符合规范要求,一般拱部 0.5~0.8 m、边墙 0.8~1.0 m、底板 1.5~2.0 m。凹凸变化点应增加固定点(塑料垫片)。

与基面密贴:用手托起塑料板,各处均应与基面密贴,不密贴处小于 10%。

焊接质量:防水板焊缝宽度不小于 2 cm,搭接宽度不小于 10 cm,焊接应平顺、无波纹、颜色均匀,无焊焦、烧糊或夹层;进行充气检查时,充气压力和控制时间应符合设计标准,否则应进行补焊或重焊,直到达到要求为止。

7. 检查频率

除按设计要求进行抽检外,还应对经肉眼检查有疑问处进行充气检查。

8. 结构排水

对于少量地下水,采取相应的工程措施将其汇集并排入指定的沟渠,确保工程结构物各项功能符合设计要求。

(1) 工程材料

一般有透水性好的土工布、透水软管、PVC 管、混凝土管、滤水材料等。

(2) 施工方法

根据当前地质状况及设计要求,二次衬砌前,防水板后铺设纵、环向透水软管,纵向与环向透水软管、横向排水管应用三通管相连接,透水管之间的纵向连接应采用套接,每隔一定的间距用 PVC 管横向与纵向透水软管相连,并接入设计侧沟或中心排水沟内。

4.8 不良地质条件下隧道施工

4.8.1 膨胀土围岩

膨胀土是指土中黏土矿物成分主要由亲水性矿物组成,同时具有吸水显著膨胀软化和失水收缩硬裂两种特性,且具有湿胀干缩往复变形的高塑性黏性土。决定膨胀性的亲水性矿物主要是蒙脱石黏土矿物。

1. 膨胀土围岩的特性

穿过膨胀土地层的隧道,常常可以见到开挖后不久围岩因开挖而产生变形,或者因浸水而膨胀,或因风化而开裂等现象。使坑道的顶部及两侧向内挤入,底部膨起,随着时间的增长导致围岩失稳,支撑、衬砌变形和破坏。这些现象说明膨胀土围岩性质是极其复杂的,它与一般土质的围岩性质有着根本的区别。膨胀土围岩的基本特性,主要有以下三个方面。

①膨胀土围岩大多具有原始地层的超固结特性,使土体中储存有较高的初始应力。当隧道开挖后,引起围岩应力释放,强度降低,产生卸荷膨胀。因此,膨胀土围岩常常具有明显的塑性流变特性,开挖后将产生较大的塑性变形。

②膨胀土中有各种形态发育的裂隙,形成土体的多裂隙性。膨胀土围岩实际上是土块与各种裂隙和结构面相互组合形成的膨胀土体。由于膨胀土体在天然原始状态下具有高强度特性,隧道开挖后洞壁土体失去边界支撑而产生胀缩,同时风干脱水使原生隐裂隙张弛,围岩强度急剧衰减。因此,隧道施工开挖过程中,常有初期围岩变形大,发展速度快等现象。

③膨胀土围岩因吸水而膨胀,失水而收缩,土体中干湿循环产生胀缩效应:一是使主体结构破坏,强度衰减或丧失,围岩压力增大;二是造成围岩应力变化,无论是膨胀压力还是收缩压力,都将破坏围岩的稳定性,特别是膨胀压力将对增大围岩压力起叠加作用。

2. 膨胀土围岩对隧道施工的危害

由于膨胀土围岩具有上述基本特征,施工中常见下列几种情况。

(1) 围岩裂缝

隧道开挖后,由于开挖面上主体原始应力释放产生胀裂;另外,因为表层土体风干而脱水,产生收缩裂缝。同时,两种因素都可以使土中原生隐裂隙张开扩大。沿围岩周边产生裂缝,尤其拱部围岩容易产生张拉裂缝与上述裂缝贯通,形成局部变形区。

(2) 坑道下沉

由于坑道下部膨胀土体的承载力较低,加之上部围岩压力过大,而产生坑道下沉变形。坑道的下沉,往往造成支撑变形、失效,进而引起主体坍塌等现象。

(3) 围岩膨胀凸出和坍塌

膨胀土开挖过程中或开挖后,围岩产生膨胀土变形,周边土体向洞内膨胀凸出,开挖断面缩小。在土体丧失支撑或支撑力不够的状态下,由于围岩压力和膨胀压力的综合作用,土体产生局部破坏,由裂缝发展到出现溜塌,然后逐渐牵引周围土体连续破坏,形成坍塌。

(4) 底鼓

隧道底部开挖后,洞底围岩在上部压力解除又无支护体约束的条件下,产生卸荷膨胀;加之坑道积水,洞底围岩产生浸水膨胀,因而造成洞底围岩鼓出变形。

(5) 衬砌变形和破坏

在先拱后墙法施工中,拱部衬砌完成后至开挖马口的这段时间,由于围岩和膨胀压力,常常产生拱脚内移,同时发生不均匀下沉,拱脚支撑受力大,发生扭曲、变形或折断,拱顶受挤压下沉,也有向上凸起。拱顶外缘经常出现纵向贯通拉裂缝,而拱顶内缘出现挤裂、脱皮、掉块现象。拱腰部位出现纵向裂缝,这些裂缝有时可发展到张开、错台。当采用直墙时,边墙常受膨胀侧压而开裂,甚至张开、错台,少数曲墙也有出现水平裂缝的情况。当底部未做仰拱或仅做一般铺底时,有时会出现底部鼓起,铺底被破坏。

3. 膨胀土围岩的隧道施工要点

(1) 加强调查、量测围岩的压力和流变

在膨胀土地层中开挖隧道,除了认真实施设计文件所提出的技术要求,在施工过程中应对围岩压力及其流变情况进行充分的调查和量测,分析其变化规律。对地下水亦应探明分布范围及规律,了解水对施工的影响程度,以便根据围岩动态采取相应的施工措施。如原设计难以适应围岩动态情况,也可据此做适当修正。

(2) 合理选择施工方法

膨胀土隧道围岩压力的施工效应,是导致隧道变形病害的主要原因。采用合理的施工方法,对隧道的稳定性有着十分重要的作用。因此,在施工中应以尽量减少对围岩产生扰动和防止水的浸湿为原则,所以宜采用无爆破掘进法,如采用掘进机、风镐、液压镐等开挖。在开挖过程中尽可能缩短围岩暴露时间,并及时衬砌,以尽快恢复洞壁因土体开挖而解除的部分围岩应力,减少围岩膨胀变形。开挖方法宜不分部或少分部,多采用正台阶法、侧壁导坑法和眼镜法。正台阶法适用于跨度小的隧道,它分部少,相互干扰小,且能较早地使支护(衬砌)闭合;侧壁导坑法和眼镜法较适用于跨度较大的隧道,它具有防止上半断面支护(衬砌)下沉的优点,但全断面闭合时间较迟,必须注意防止边墙混凝土受压向隧道内挤。

(3) 防止围岩湿度变化

隧道开挖后,膨胀土围岩风干脱水或浸水,都将引起围岩体积变化,产生胀缩效应。因此,隧道开挖后及时喷射混凝土,封闭和支护围岩。在有地下水渗流的隧道,应采取切断水源并加强洞壁与坑道防、排水措施,防止施工积水对围岩的浸湿等。如局部渗流,可采用注浆堵水阻止地下水进入坑道或浸湿围岩。

(4) 合理进行围岩支护

膨胀土围岩支护必须适应围岩的膨胀特性,在施工时应注意以下两点。

①喷锚支护,稳定围岩。喷锚支护作为开挖膨胀土围岩的施工支护,可以加强围岩的自承能力,允许有一定的变形而又不失稳。采用喷锚支护,应紧跟开挖,必要时在喷射混凝土的同时采用钢筋网。也可采用钢纤维混凝土提高喷层的抗拉和抗剪能力。当膨胀压力很大时,可用锚喷及钢架或格栅联合支护,在隧道底部打设锚杆,也可以在隧道顶部打入超前锚杆或小导管支护。膨胀土围岩隧道的支护,尽可能使其在开挖面周壁上迅速闭合。如果是台阶开挖,可在上半部开挖后尽快做出半部闭合,使围岩尽早受到约束。总之,不论采用哪一种类型的支护,都必须依据工程实际情况及围岩变形状态。

②衬砌结构及早闭合。膨胀土围岩隧道开挖后,围岩向内挤压变形一般是在四周同时发生的,所以施工时要求隧道衬砌及早封闭。从理论上讲,拱部、边墙及仰拱宜整体完成,此时衬砌受力条件最好,但受施工条件的限制往往难以实现。因此,在浇筑拱圈部分时,应在上台阶的底部先设置临时混凝土仰拱或喷射混凝土做临时仰拱,以使拱圈在边墙、仰拱未完成前,自身形成临时封闭结构。然后当进行下部台阶施工时,再拆除临时仰拱,并尽快浇筑永久性仰拱。

4.8.2 黄土

黄土是在干燥气候条件下形成的一种具有褐黄、灰黄或黄褐等颜色,并有针状大孔、垂直节理发育的特殊性土。黄土在我国分布较广,黄河中游的河南西部、山西南部、陕西和甘肃的大部分地区为我国黄土和湿陷性黄土的主要分布区。这些地区的黄土分布厚度大、地层全面连续,发育亦较典型。

1. 黄土对隧道施工的影响

①黄土节理:在红棕色或深褐色的古土壤黄土层,常具有各个方向的构造节理,有的原生节理呈 X 形,成对出现,并有一定的延续性。在隧道开挖时,土体容易顺着节理张松或剪断。如果这种地层位于坑道顶部,则极易产生塌顶。如果位于侧壁,则普遍出现侧壁掉土,若施工时处理不当,常会引起较大的坍塌。

②黄土冲沟地段:在黄土冲沟或塘边地段施工时,当隧道在较长的范围内沿

着冲沟或塘边平行走向,而覆盖较薄或偏压很大的情况下,容易发生较大的坍塌或滑坡现象。

③黄土溶洞与陷穴:黄土地区经常见到的不良地质现象。隧道若修建在其上方,则有基础下沉的危害;隧道若修建在其下方,常有发生冒顶的危险;隧道若修建在其邻侧,则有可能承受偏压。

④水对黄土隧道施工的影响:在含有地下水的黄土层中修建隧道,由于黄土在干燥时很坚固,承压力也较高,施工可顺利进行;当其受水浸湿后,呈不同程度的湿陷后,会突然发生下沉现象,使开挖后的围岩迅速丧失自稳能力,如果支护措施满足不了变化后的情况,极容易造成坍塌。

施工中洞内排水不良,洞内道路会泥泞难行,不论是无轨还是有轨运输都会给道路的维护、机械的使用与保养、隧道的铺底或仰拱施工作业等方面带来很大的困难。

2. 黄土隧道的施工方法

①黄土隧道施工,应做好黄土中构造节理的产状与分布状况的调查。对因构造节理切割而形成的不稳定部位,在施工时加强支护措施,防止坍塌,以利安全施工。

②施工中应遵循"短开挖、少扰动、强支护、实回填、严治水、勤量测"的施工原则,施工工序应紧凑,应精心组织施工。

③开挖方法宜采用短台阶法或分部开挖法(留核心法),初期支护应紧跟开挖面施作。

④黄土围岩开挖后暴露时间过长,将导致围岩周壁风化至内部,围岩体松弛加快,进而发生塌方。因此,宜采用复合式衬砌,开挖后以喷射混凝土、锚杆、钢筋网和钢支撑做初期支护,以形成严密的支护体系。必要时可采用超前锚杆、管棚支撑加固围岩。在初期支护基本稳定后,进行永久支护衬砌。衬砌背后回填要密实,尤其是拱顶回填。

⑤做好洞顶、洞门及洞口的防排水系统工程,并妥善处理好陷穴、裂缝,以免地面积水侵蚀洞体周围,造成土体坍塌。在含有地下水的黄土层中施工时,洞内应施作良好的排水设施。水量较大时,应采用井点降水等法将地下水位降至隧道衬砌底部以下,以改善施工条件,加快施工速度。在干燥无水的黄土层中施工,应管理好施工用水,不使废水漫流。

3. 黄土隧道施工的注意事项

①施工中如发现工作面有失稳现象,应及时用喷射混凝土封闭、加设锚杆、架立钢支撑等加强支护。试验表明,在黄土隧道中喷射混凝土和砂浆锚杆作为施工临时支护效果良好。

②施工时特别注意拱脚与墙脚处断面,如超挖过大,应用浆砌片石回填。如发现该处主体承载力不够,应立即采取相应措施进行加固。

③黄土隧道施工,宜先做仰拱,如果不能先做仰拱,为防止边墙向内位移,可在开挖与浇筑仰拱前加设横撑。

④施工中如发现不安全因素,应暂停开挖,加强临时支护。

4.8.3 溶洞

溶洞是以岩溶水的溶蚀作用为主,间有潜蚀和机械塌陷作用而造成的近于水平方向延伸的洞穴。溶洞是岩溶现象的一种。岩溶是指可溶性岩层(如石灰岩、白云岩、白云质灰岩、石膏、岩盐等)受水的化学作用和机械作用产生沟槽、裂缝和空洞,以及空洞的顶部塌落使地表产生陷穴、洼地等类现象和作用。我国石灰岩分布极广,常会遇到溶洞。因此,在这些地区修建隧道时必须予以注意。

1. 溶洞的类型及对隧道施工的影响

溶洞一般分为死溶洞、活溶洞、干溶洞、湿溶洞、大溶洞、小溶洞。死溶洞、干溶洞、小溶洞比较容易处理,而活溶洞、湿溶洞、大溶洞,处理方法则较为复杂。

当隧道穿过可溶性岩层时,有的溶洞岩质破碎,容易发生坍塌;有的溶洞位于隧道底部,充填物松软且深,使隧道基底难以处理;有时遇到填满饱含水分的充填物溶槽,当坑道掘进至其边缘时,含水充填物不断涌入坑道,难以遏止,甚至使地表开裂下沉,山体压力剧增;有时遇到大的水囊或暗河,岩溶水或泥沙夹水大量涌入隧道。有的溶洞、暗河迂回交错、分支错综复杂、范围宽广,处理十分困难。

2. 隧道遇到溶洞的处理措施

①隧道通过岩溶区,应查明溶洞分布范围和类型,岩层的完整、稳定程度,填充物和地下水情况,据以确定施工方法。对尚在发育或穿越暗河、水囊等地质条件复杂的岩溶区,应查明情况审慎选定施工方案;对有可能发生突然大量涌水、

流石流泥、崩坍落石等情况的岩溶区,必须事先制定措施,确保施工安全。

②隧道穿过岩溶区,如岩层比较完整、稳定,溶洞已停止发育,有比较坚实的填充,且地下水量小,可采用探孔或物探等方法,探明地质情况,如有变化便于采取相应的措施。溶洞尚在发育或穿越暗河、水囊等岩溶区时,则必须探明地下水量大小、水流方向等,先要解决施工中的排水问题,一般可采用平行导坑的施工方案,以超前钻探方法,向前掘进。当出现大量涌水、流石流泥、崩坍落石等情况时,平行导坑可作为泄水通道,正洞堵塞时也可利用平行导坑在前方开辟掘进工作面,使正洞不致停工。

③岩溶地段隧道常用处理溶洞的方法,有引、堵、越、绕四种。

a. 引:遇到暗河或溶洞有水流时,宜排不宜堵。应在查明水源流向及其与隧道位置的关系后,用暗管、涵管、小桥等设施宣泄水流或开凿泄水洞将水排出洞外。当岩溶水流的位置在隧道顶部或高于隧道顶部时,应在适当距离处,开凿引水斜洞(或引水槽)将水位降低到隧底标高以下,再行引排;当隧道设有平行导坑时,可将水引入平行导坑排出。

b. 堵:对已停止发育、跨径较小、无水的溶洞,可根据其与隧道相交的位置及其充填情况,采用混凝土、浆砌片石或干砌片石予以回填封闭;或加深边墙基础,加固隧道底部。当隧道拱顶部有空溶洞时,可视溶洞的岩石破碎程度在溶洞顶部采用锚杆或锚喷网加固,必要时可考虑注浆加固并加设隧道护拱及拱顶回填进行处理。

c. 越:当隧道一侧遇到狭长而较深的溶洞,可加深该侧的边墙基础通过;隧道底部遇有较大溶洞并有流水时,可在隧道底部以下砌筑圬工支墙,支承隧道结构,并在支墙内套设涵管引排溶洞水;隧道边墙部位遇到较大、较深的溶洞,不宜加深边墙基础时,可在边墙部位或隧底以下筑拱跨过;当隧道中部及底部遇有深狭的溶洞时,可加强两边墙基础,并根据情况设置桥台架梁通过;隧道穿过大溶洞,情况较为复杂时,可根据情况,采用边墙梁、行车梁等,由设计单位负责特殊设计后施工。

d. 绕:在岩溶区施工,个别溶洞处理耗时且困难时,可采取迂回导坑绕过溶洞,继续进行隧道前方施工,并同时处理溶洞,以节省时间,加快施工进度。绕行开挖时,应防止洞壁失稳。

3. 溶洞地段隧道施工的注意事项

①当施工达到溶洞边缘时,各工序应紧密衔接,支护和衬砌赶前。同时应利

用探孔或物探做超前预报,设法探明溶洞的形状、范围、大小、充填物及地下水等情况,据以制定施工处理方案及安全措施。

②施工中注意检查溶洞顶部,及时处理危石。当溶洞较大较高且顶部破碎时,应先喷射混凝土加固,再在靠近溶洞顶部附近位置打入锚杆,并应设置施工防护架或钢筋防护网。

③在溶蚀地段的爆破作业应尽量做到多打眼、打浅眼,并控制爆破药量,减少对围岩的扰动,防止在一次爆破后溶洞内的填充物突然大量涌入隧道,或溶洞水突然袭击隧道,造成严重损失。

④在溶洞充填体中掘进,如充填物松软,可用超前支护施工;如充填物为极松散的砾石、块石堆积或流塑状黏土及砂黏土等,可于开挖前采用地表注浆、洞内注浆或地表和洞内注浆相结合的方式加固;如遇颗粒细、含水量大的流塑状土壤,可采用劈裂注浆技术,注入水泥浆或水泥-水玻璃双液浆进行加固。

⑤溶洞未做出处理方案前,不要将弃渣随意倾填于溶洞中。如弃渣覆盖了溶洞,不但不能了解其真实情况,反而会造成更多困难。

4.8.4 塌方

隧道开挖时,导致塌方的原因有多种,概括起来可归结为两类因素:一类是自然因素,即地质状态、受力状态、地下水变化等;一类是人为因素,即不适当的设计,或不适当的施工作业方法等。塌方会给施工带来很大困难和很大经济损失,因此,需要尽量注意排除会导致塌方的各种因素,尽可能避免塌方的发生。

1. 发生塌方的主要原因

(1) 不良地质及水文地质条件

①隧道穿过断层及其破碎带,或在薄层岩体的小曲褶、错动发育地段,一经开挖,潜在应力释放快、围岩失稳,小则引起围岩掉块、坍落,大则引起塌方。当通过各种堆积体时,由于结构松散,颗粒间无胶结或胶结差,开挖后易引起坍塌;在软弱结构面发育或泥质充填物过多,均易产生较大的坍塌。

②隧道穿越地层覆盖过薄地段,如沿河傍山、偏压地段、沟谷凹地浅埋和丘陵浅埋地段极易发生塌方。

③水是造成塌方的重要原因之一。地下水的软化、浸泡、冲蚀、溶解等作用加剧岩体的失稳和坍落。岩层软硬相间或有软弱夹层的岩体,在地下水的作用下,软弱面的强度大为降低,因而发生滑坍。

(2) 隧道设计考虑不周

①隧道选定位置时,地质调查不细,未能作详细的分析,或未能查明可能塌方的因素,没有绕开可以绕避的不良地质地段。

②缺乏较详细的隧道所处位置的地质及水文地质资料,引起施工指导或施工方案的失误。

(3) 施工方法和措施不当

①施工方法与地质条件不适应;地质条件发生变化,没有及时改变施工方法;工序间距安排不当;施工支护不及时,支撑架立不合要求,或抽换不当、先拆后支;地层暴露过久,引起围岩松动、风化,导致塌方。

②喷锚支护不及时,喷射混凝土的质量、厚度不符合要求。

③按新奥法施工的隧道,没有按规定进行量测,或信息反馈不及时,决策失误、措施不力。

④围岩爆破用药量过多,因震动引起坍塌。

⑤对危石检查不重视、不及时,处理危石措施不当,引起岩层坍塌。

2. 预防塌方的施工措施

①隧道施工预防塌方,选择安全合理的施工方法和措施至关重要。在掘进到地质不良围岩破碎地段,应采取"先排水、短开挖、弱爆破、强支护、早衬砌、勤量测"的施工方法,制定切实可行的施工方案及安全措施。

②加强塌方的预测。为了保证施工作业安全,及时发现塌方的可能性及征兆,并根据不同情况采用不同的施工方法及控制塌方的措施,需要在施工阶段进行塌方预测。

③加强初期支护,控制塌方。当开挖出工作面后,应及时有效地完成喷锚支护或喷锚网联合支护,并应考虑采用早强喷射混凝土、早强锚杆和钢支撑支护措施等,这对防止局部坍塌、提高隧道整体稳定性起着重要的作用。

3. 隧道塌方的处理措施

①隧道发生塌方,应及时迅速处理。处理时必须详细观测塌方范围、形状、坍穴的地质构造,查明塌方发生的原因和地下水活动情况,经认真分析,制定处理方案。

②处理塌方应先加固未坍塌地段,防止其继续发展,并可按下列方法进行处理。

a. 小塌方，纵向延伸不长、坍穴不高，首先加固坍体两端洞身，并抓紧喷射混凝土或采用锚喷联合支护封闭坍穴顶部和侧部，再进行清渣。在确保安全的前提下，也可在坍渣上架设临时支架，稳定顶部，然后清渣。临时支架待浇筑衬砌混凝土达到要求强度后方可拆除。

b. 大塌方，坍穴高、坍渣数量大，坍渣体完全堵住洞身时，宜采取先护后挖的方法。在查清坍穴规模和穴顶位置后，可采用管棚法和注浆固结法稳固围岩体和渣体，待其基本稳定后，按先上部后下部的顺序清除渣体，采取短进尺、弱爆破、早封闭的原则挖坍体，并尽快完成衬砌。

c. 塌方冒顶，在清渣前应支护陷穴口，地层极差时，在陷穴口附近地面打设地表锚杆，洞内可采用管棚支护和钢架支撑。

d. 洞口塌方，一般易坍至地表，可采取暗洞明作的办法。

③处理塌方的同时，应加强防排水工作。塌方往往与地下水活动有关，治塌方应先治水。防止地表水渗入坍体或地下，引截地下水防止渗入塌方地段，以免塌方扩大，具体措施如下。

a. 地表沉陷和裂缝，用不透水土壤夯填紧密，开挖截水沟，防止地表水渗入坍体。

b. 塌方通顶时，应在陷穴口地表四周挖沟排水，并设雨棚遮盖穴顶。陷穴口回填应高出地面并用黏土或圬工封口，做好排水。

c. 坍体内有地下水活动时，应用管槽引至排水沟排出，防止塌方扩大。

4.8.5 流砂

流砂是沙土或粉质黏土在水的作用下丧失其内聚力后形成的，多呈糊浆状，对隧道施工危害极大。流砂可引起围岩失稳坍塌，支护结构变形，甚至倒塌破坏，因此，治理流砂必先治水，以减少沙层的含水量为主。宜采取以下措施进行治理。

①加强调查，制定方案。施工中应调查流砂特性、规模，了解地质构成、贯入度、相对密度、粒径分布、塑性指数、地层承载力、滞水层分布、地下水压力和透水系数等，并制订出切实可行的治理方案。

②因地制宜，综合治水。隧道通过流砂地段时，地下水处理是解决隧道流砂、流泥施工难题的关键技术。施工时，可因地制宜，采用防、截、排、堵的治理方法。

a. 防：建立地表沟槽导排系统及仰坡地表局部防渗处理，防止雨水和地表水下渗。

b. 截：在正洞之外水源一侧，采用深井降水，将储藏丰富的构造裂隙水通过深井抽水排走，减少正洞的静水和动水压力，对地下水起到拦截作用。

c. 排：有条件的隧道在正洞水源下游一侧开挖一条洞底低于正洞仰拱的泄水洞，用以降排正洞的地下水，或采用水平超前钻孔真空负压抽水的办法，排除正洞的地下水。

d. 堵：采用注浆方法充填裂隙，形成止水帷幕，减少或堵塞渗水通道。

以上几种施工方法，应根据工程地质、水文地质条件和地下水的性质、类型、赋存部位以及工期要求和经济效益等因素综合分析，合理选用。

③先护后挖，加强支护。开挖时必须采取自上而下分部进行，先护后挖，密闭支撑，边挖边封闭，遇缝必堵，严防沙粒从支撑缝隙中逸出。也可采用超前注浆，以改善围岩结构，用水泥浆或水泥-水玻璃为主的注浆材料注入或用化学药液注浆加固地层，然后开挖。

在施工中应观测支撑和衬砌的实际沉落量的变化，及时调整预留量。架立支撑时应设底梁并纵横、上下连接牢固，以防箱架断裂倾倒。拱架应加强刚度，架立时设置底梁并垫平楔紧，拱脚下垫铺牢固。支撑背面用木板或槽型钢板遮挡，严防流砂从支撑间逸出。在流砂逸出口附近较干燥围岩处，应尽快打入锚杆或施作喷射混凝土，加固围岩，防止逸出扩大。

④尽早衬砌，封闭成环。流砂地段，拱部和边墙衬砌混凝土的灌筑应尽量缩短时间，尽快与仰拱形成封闭环。这样，即使围岩中出现流砂也不会对洞身衬砌造成破坏。

4.8.6　岩爆

埋藏较深的隧道工程，在高应力、脆性岩体中，由于施工爆破扰动原岩，岩体受到破坏，掌子面附近的岩体突然释放出潜能，产生脆性破坏，这时围岩表面发生爆裂声，随之有大小不等的片状岩块弹射剥落出来，这种现象称为岩爆。岩爆有时频繁出现，有时甚至会延续一段时间后才逐渐消失。岩爆不仅直接威胁作业人员与施工设备的安全，而且严重影响施工进度，增加工程造价。

1. 隧道内岩爆的特点

①岩爆在未发生前并无明显的预兆（虽然经过仔细找顶并无空响声），一般认为不会掉落石块的地方，也会突然发生岩石爆裂声响，石块有时应声而下，有

时暂不坠落，这是岩爆与塌顶和侧壁坍塌现象明显的区别之处。

②岩爆时，岩块自洞壁围岩母体弹射出来，一般呈中厚边薄的不规则片状，块度大小多呈几厘米的薄片，个别达几十厘米。严重时，上吨重的岩石从拱部弹落，造成岩爆性塌方。

③岩爆发生的地点，多在新开挖工作面及其附近，也有距新开挖工作面较远的。岩爆发生的频率随暴露后的时间延长而降低。一般岩爆发生在 16 d 之内，但是也有滞后一个月甚至数月发生的现象。

2. 岩爆产生的主要条件

国内外的专家研究表明，地层的岩性条件和地应力是产生岩爆的两个决定性因素。从能量的观点来看，岩爆的形成是岩体中的能量从储存到释放直至最终使岩体破坏而脱离母岩的过程。因此，岩爆是否发生及其表现形式主要取决于岩体中是否储存了足够的能量，是否具有释放能量的条件及能量释放的方式等。

3. 岩爆的防治措施

岩爆产生的前提条件取决于围岩的应力状态与围岩的岩性条件。在施工中控制和改变这两个因素就可能防止或延缓岩爆的发生。因此，防治岩爆发生的措施主要有两种：一是强化围岩，二是弱化围岩。

①强化围岩的措施很多，如喷射混凝土或喷钢纤维混凝土、锚杆加固、锚喷支护、锚喷网联合、钢支撑网喷联合和紧跟混凝土衬砌等。这些措施的出发点是给围岩一定的径向约束，使围岩的应力状态较快地从平面转向三维应力状态，以达到延缓或抑制岩爆发生的目的。

②弱化围岩的主要措施是注水、超前预裂爆破法、排孔法、切缝法等。注水的目的是改变岩石的物理力学性质，降低岩石的脆性和储存能量的能力；后三者的目的是解除能量，使能量向有利的方向转化和释放。据相关文献介绍，切缝法和排孔法能将能量向深层转移，使围岩内的应力，特别是在切缝或排孔附近周边的切向应力显著降低，同时，围岩内所积蓄的弹性应变能也得以大幅度地释放，因而，可有效地防治岩爆。

4. 岩爆地段隧道施工的注意事项

①若设有平行导坑，则平行导坑应掘进超前正洞一定距离，以了解地质，分

析可能发生岩爆的地段,为正洞施工达到相应地段时加强防治采取必要措施。

②爆破应选用预先释放部分能量的方法,如超前预裂爆破法、切缝法和排孔法等,先将岩层的原始应力释放一些,以减少岩爆的发生。爆破时应严格控制用药量,以尽可能减少对围岩的影响。

③根据岩爆发生的频率和规模情况,必要时应考虑缩短爆破循环进尺。初期支护和衬砌要紧跟开挖面,以尽可能减少岩层的暴露面和暴露时间,防止岩爆的发生。

④岩爆引起塌方时,应迅速将人员和机械撤到安全地段;采用摩擦型锚杆进行支护,增大初锚固力;采用钢纤维喷射混凝土,抑制开挖面围岩的剥落;采取挂钢筋网或用钢支撑加固;充分做好岩爆现象观察记录;采用声波探测预报岩爆工作。

4.8.7 瓦斯地层

瓦斯是地下坑道内有害气体的总称,其成分以沼气(甲烷 CH_4)为主,一般习惯称沼气为瓦斯。

当隧道穿过煤层、油页岩或含沥青等岩层,或从其附近通过而围岩破碎、节理发育时,可能会遇到瓦斯。如果洞内空气中瓦斯浓度已达到爆炸限度,又与火源接触,就会引起爆炸,对隧道施工会带来很大的危害和损失。所以,在有瓦斯的地层中修建隧道,必须采取相应措施,才能安全顺利施工。

1. 瓦斯的性质

①瓦斯(沼气)为无色、无臭、无味的气体,与碳化氢或硫化氢混合在一起,发生类似苹果的香味,空气中瓦斯浓度增加,氧气相应减少,很容易使人窒息或发生死亡事故。

②瓦斯比重为 0.554,仅占空气的一半,所以在隧道内,瓦斯容易存在坑道顶部,其扩散速度比空气快 1.6 倍,很容易穿透裂隙发达、结构松散的岩层。

③瓦斯不能自燃,但极易燃烧,其燃烧的火焰颜色随瓦斯浓度的增大而变淡,空气中含有少量瓦斯时,火焰呈蓝色,浓度达 5% 左右时,火焰呈淡青色。

2. 瓦斯的燃烧和爆炸性

当坑道中的瓦斯浓度小于 5% ,遇到火源时瓦斯只是在火源附近燃烧而不会爆炸;瓦斯浓度在 5%~16% 时,遇到火源具有爆炸性;瓦斯浓度大于 16% 时,一般不爆炸,但遇火能平静地燃烧。

瓦斯燃烧时,遇到障碍而受压缩,即能转燃烧为爆炸。爆炸时能发生高温,封闭状态的爆炸(即容积为常数),温度可达2150～2650 ℃;能向四周自由扩张时的爆炸(即压力为常数)温度可达1850 ℃。坑道中发生瓦斯爆炸后,坑道中完全无氧而充满氮气、二氧化碳及一氧化碳。这些有害气体很快分散到邻近的坑道和工作面,凡是来不及躲避的人都会中毒窒息,甚至死亡。

瓦斯爆炸时,爆炸波运动造成暴风在前、火焰在后,暴风遇到积存瓦斯,使它先受到压力,然后火焰点燃发生爆炸。瓦斯第二次受到的压力比原来的压力大,因此爆炸后的破坏力也更剧烈。

3. 瓦斯放出的类型

从岩层中放出瓦斯,可分为以下三种类型。

①瓦斯的渗出:缓慢地、均匀地、不停地从煤层或岩层的暴露面的空隙中渗出,延续时间很久,有时带有一种嘶音。

②瓦斯的喷出:比上述渗出强烈,从煤层或岩层裂缝或孔洞中放出,喷出的时间有长有短,通常有较大的响声和压力。

③瓦斯的突出:在短时间内,从煤层或岩层中,突然猛烈地喷出大量瓦斯,喷出的时间,可能从几分钟到几小时,喷出时常有巨大轰响,并夹有煤块或岩石。

以上三种瓦斯放出形式,第一种放出的瓦斯量最大。

4. 防止瓦斯事故的措施

①隧道穿过瓦斯逸出地段,应预先确定瓦斯探测方法,并制定瓦斯稀释措施、防爆措施和紧急救援措施等。

②隧道通过瓦斯地区的施工方法,宜采用全断面开挖,因其工序简单、面积大、通风好,随掘进随衬砌,能够很快缩短煤层的瓦斯放出时间和缩小围岩暴露面,有利于排除瓦斯。

上下导坑法开挖,因工序多,岩层暴露的总面积多,成洞时间长,洞内各工序交错分散,易使瓦斯分处积滞、浓度不均。采用这种施工方法,要求工序间距离尽量缩短,尽快衬砌封闭瓦斯地段,并保证混凝土的密实性,以防瓦斯逸出。

③加强通风是防止瓦斯爆炸的有效办法。把空气中的瓦斯浓度降低到爆炸浓度以下的1/10～1/5,并将其排出洞外。有瓦斯的坑道,决不允许用自然通风,必须采用机械通风。通风设备必须防止漏风,并配备备用的通风机,一旦原

有通风机发生故障,备用机械能立即供风,保证工作面空气内的瓦斯浓度在允许限度内。当通风机发生故障或停止运转时,洞内工作人员应撤离到新鲜空气地区,直至通风恢复正常,才准许进入工作面继续工作。

④洞内空气中允许的瓦斯浓度规定:洞内总回风风流中小于0.75%,从其他工作面进来的风流中小于0.5%,掘进工作面2%以下,工作面装药爆破前1%以下。如瓦斯浓度超过上述规定,工作人员必须立即撤到符合规定的地段,并切断电源。

⑤开挖工作面风流中和电动机附近20 m以内风流中瓦斯浓度达到1.5%时,必须停工、停机,撤出人员,切断电源,进行处理;开挖工作面内,局部积聚的瓦斯浓度达到2%时,附近20 m内必须停止工作,切断电源,进行处理;因瓦斯浓度超过规定而切断电源的电气设备,都必须在瓦斯浓度降到1%以下时,方可开动机器。

⑥瓦斯隧道必须加强通风,防止瓦斯积聚。由于停电或检修,主要通风机停止运转,必须有恢复通风、排除瓦斯和送电的安全措施。恢复正常通风后,所有受到停风影响的地段,必须经过监测人员检查,确认无危险后方可恢复工作。所有安装电动机和开关地点的20 m范围内,必须检查瓦斯浓度,符合规定后才可启动机器。局部通风机停止运转,在恢复通风前,亦必须检查瓦斯浓度,符合规定方可开动局部通风机,恢复正常通风。

⑦如开挖进入煤层,瓦斯排放量较大,使用一般的通风手段难以稀释到安全标准,可使用超前周边全封闭预注浆。在开挖前沿掌子面拱部、边墙、底部轮廓线轴向辐射状布孔注浆,形成一个全封闭截堵瓦斯的帷幕。特别对煤层垂直方向和断层地带进行阻截注浆,其效果会更佳。开挖后要及时进行喷锚支护,并保证其厚度,以免漏气和防止围岩失稳。

⑧采用防爆设施。

a. 遵守电气设备及其他设备的保安规则,避免发生电气火灾,瓦斯散发区段,使用防爆安全型的电气设备,洞内运转机械须具有防爆性能,避免运转时发生高温火花。

b. 凿岩时用湿式钻岩,防止钻头发生火花,洞内操作时,防止金属与坚石撞击、摩擦发生火花。

c. 爆破作业,使用安全炸药及毫秒电雷管。采用毫秒电雷管时,最后一段的延期时间不得超过130 ms,爆破电闸应安装在新鲜风流中,并与开挖面保持200 m左右距离。

d. 洞内只准用电缆,不准使用皮线。应使用防爆灯或蓄电池灯照明。

e. 铲装石渣前必须将石渣浇湿,防止金属器械摩擦和撞击发生火花。

5. 严格执行有关制度

①瓦斯检查制度:指定专人、定时和经常进行检查,测量风流和瓦斯含量,严格执行瓦斯允许浓度的规定。瓦斯检查可采用瓦斯遥测装置、定点报警仪和手持式光波干涉仪,如发现异常情况,应及时报告技术主管负责人,采取措施进行处理。

②洞内严禁使用明火,严禁将火柴、打火机、手电筒及其他易燃品带入洞内。

③进洞人员必须经过瓦斯知识和防止瓦斯爆炸的安全教育。抢救人员未经专门培训不准在瓦斯爆炸后进洞抢救。

④瓦斯检查人员必须挑选工作认真负责、有一定业务能力、经过专业培训、考试合格者,方可进行监测工作。

以上仅介绍了瓦斯隧道施工的几项主要制度,施工时要按照瓦斯防爆的技术安全规则与有关制度严格执行。

第5章 隧道常见病害及整治

5.1 隧道水害及整治

隧道水害是指在隧道的修建或运营过程中遇到水的干扰和危害。水害是隧道中常见的一种病害,调查资料表明,大部分的隧道存在不同程度的水害。水害不仅本身对隧道结构产生危害,降低衬砌结构的可靠性,导致衬砌失稳破坏,还会引发其他病害,对隧道整体结构的稳定性影响很大。

5.1.1 水害的种类及其危害

1. 施工中的隧道水害

施工中的隧道水害主要是指隧道围岩的地下水或部分地表水,以渗漏或涌出方式进入隧道内造成的危害。

施工中隧道渗水、漏水,造成洞内空气潮湿,不仅影响施工人员的身体健康,而且使施工机械、设备产生锈蚀、腐烂,使绝缘设施失效,造成电路短路、跳闸甚至漏电事故,危及人身、设备安全。当变为突水或涌水时,就会危及施工人员的人身安全,损坏施工机械,造成塌方,斜、竖井被淹没,中断施工,造成重大的经济损失。如大瑶山隧道突水致使班古坳竖井淹没,使其基本上未能发挥竖井作用。

2. 运营中的水害种类及其危害

(1) 隧道漏水

隧道衬砌的漏水现象一般表现为"渗、滴、淌、涌"几种:"渗"是指地下水从衬砌外向内润湿,使衬砌内出现面积大小不等的润湿,但水仍附着在衬砌的内表面;"滴"是指水滴间断地脱离衬砌落入隧道;"淌"是漏水现象在边墙的反映,指水连续顺边墙内侧流淌而下;"涌"是指有一定压力的水外冒。以上四种漏水现象,其出露部位与水量的不同,对隧道产生不同的危害:

①对电力牵引区段和电力配线,使电绝缘失效,发生短路、跳闸等事故,危及行车安全;

②洞内空气潮湿,影响养护人员身体健康,使洞内设备(通信、照明、钢轨等)锈蚀;

③混凝土衬砌风化、腐蚀、剥落,造成衬砌结构破坏;

④涌水病害造成衬砌破坏,隧底积水造成道床基底被软化或掏空,使道床翻浆冒泥或下沉开裂,中断行车;

⑤有冻害地段的隧道漏水会造成衬砌挂冰侵限和冻融破坏。

(2) 衬砌周围积水

主要是指运营隧道中地表水或地下水向隧道周围渗流汇集。如果不能迅速排走积水而引起的病害如下:

①水压较大时会导致衬砌破裂;

②使原完好的围岩及围岩的结构面软弱夹层因浸水而软化或泥化,失去承载力,导致对衬砌的压力增大,衬砌破裂;

③使膨胀性围岩体积膨胀,导致衬砌破坏;

④在寒冷地区发生冰胀和围岩冻胀,快速导致衬砌破坏。

(3) 潜流冲刷

主要是指由于地下水渗流或流动而产生的冲刷和溶蚀作用。其危害如下:

①衬砌基础下沉,边墙开裂或者仰拱、整体道床下沉开裂;

②围岩滑移错动导致衬砌变形开裂;

③超挖回填不密实或未全部回填,会引起围岩坍塌,导致衬砌破坏;

④侵蚀性水对衬砌的侵蚀。

5.1.2　水害产生的原因

水害产生的原因很多,归纳起来可分为以下几种。

1. 勘测与设计

隧道是修建在地下的结构物,而地下的工程地质和水文地质情况非常复杂,很难勘察得一清二楚,导致设计人员对工程地质和水文地质情况了解得不够深入,对衬砌周围地下水源、水量、流向及水质情况掌握不准;在隧道修建前后由于各种因素影响,隧址处的水文地质情况会发生一些改变;有时还缺乏反映防水材料性能的室内试验数据,对结构抗渗、抗腐蚀未做具体要求等。所有这些因素导致了隧道的防排水设计很难在隧道的使用期内完全满足防排水的要求。

2. 施工

施工不当也可产生水害,如某些隧道和地下工程由于其光面爆破效果不佳,喷射混凝土表面不平整;加上防水板接缝采用电烙铁,焊缝不均匀、不牢固,防水板很容易产生空鼓开裂;局部超挖过量,回填不好、不实,这样使塑料防水板的防水性能无法发挥;锚杆孔眼和衬砌悬挂设备孔眼的防水处理得不够好等。有的施工单位一味追求施工速度,忽视二次衬砌质量,造成混凝土内部空隙、衬砌表面粗糙不光滑。另外对排水设施不按施工规范要求操作等,使地下水丰富地区的隧道形成严重的渗漏水。

3. 材料

如果选用的防水材料达不到国家质量标准,会导致隧道的渗漏水病害。

4. 监理

监理工程师应对防水材料的选择和使用,铺设基层的处理,铺设工艺等进行跟踪检查,确保防水质量。

5. 验收

工程竣工后,从衬砌表面往往看不出什么问题,管理单位缺乏检验手段,有时接近运营期限,往往对交验前的渗水情况缺乏进一步查验,导致运营后渗漏水逐渐严重。

6. 匹配

防水技术的匹配就是指防水设计、防水材料和防水施工工艺与防水工程相适应的问题。从工程实例来看,不少工程渗漏水是防水材料与基面黏结不良或不适应造成的,因而近年来防水技术的匹配引起了人们的广泛关注。

防水施工方法包括喷射、涂刷、抹压、注浆、粘贴等,防水材料可分为沥青、橡胶、塑料、水泥及聚合物等,不论采用何种防水施工工艺和防水材料,都有与建筑物基面的接触问题。所以从这一角度考虑,防水效果的关键是防水层与基面的黏结和适应问题。

5.1.3 水害的整治措施

隧道水害进行综合整治,需要设计、施工、运营三个阶段配合治理。首先是设计人员要重视建筑和结构上的防排水要求,了解工程地质和水文地质,对围岩地下水源、水量,流向、水质等情况摸清,及时采用新技术、新材料和新的防水施工措施;其次,施工阶段水害治理得好,就会减轻运营中养护维修的任务,否则就会留下隐患,加重运营阶段的水害。整治隧道水害要以一座隧道或以相当长的一段隧道为研究对象,不能只考虑病害点,而应洞内洞外、山上山下、有病害与无病害的段落一起分析,从而做出全面的整治规划。

隧道治水的具体措施就是"防、排、截、堵结合,因地制宜,综合治理",使之既能自成体系,又能互相配合,形成一个完整的隧道治水体系。

1. 排水与防水设施

(1) 施工排水

隧道施工中应将洞内工程废水及时排出洞外,以防止坑道内浸水影响施工和淹没工作面。洞内排水方式按开挖方向和线路坡度情况分为以下两种。

①上坡进洞的排水方式。一般随着隧道的延伸,在一侧(或两侧)开挖排水沟,使水顺坡自然排出洞外。设有平行导坑的隧道,可将正洞的水通过横通道引入平行导坑排出洞外。

②下坡进洞施工的排水方式。采用抽水机排水,即间隔一定距离开挖集水坑,掌子面的积水用水泵抽到最近的集水坑内,再用大功率抽水机抽出,经排水管路排出洞外,此时应配有足够的排水备用设施。

(2) 运营隧道的排水

①在衬砌外面设置排水设施。

在衬砌外面设置排水设施,施工难度较大,常用的做法有以下几种。

a. 岩石暗槽。适用于围岩坚实稳定、水流清澈、不含泥沙的地段,一般沿主要含水裂隙的走向开凿。

b. 盲沟。按设置方向与隧道轴线的关系分为竖向盲沟、纵向盲沟和环向盲沟。主要适用于:浅埋隧道地表潮湿、有积水,无法以地表排水疏干时;衬砌背后有集中的地下水出露;有水地段但无明显的集中出水位置,应间隔 2~5 m 设置竖向盲沟,并与纵向盲沟相连;在衬砌的伸缩缝、沉降缝、断面变化处设置竖向盲沟。

c. 围岩排水钻孔。在衬砌背后的岩体内布置一排或多排钻孔,使之形成一个或多个集渗幕,用以疏干围岩。它不必拆除旧衬砌,可利用辅助坑道或把避车洞延伸而将集渗幕设在岩体内。

d. 纵向排水沟。一般设在隧道两侧或地下水来源侧,也可设在隧道中心。

e. 横向排水沟。当隧道纵向排水沟只设在一侧或位于中心时,须用横向排水沟做导引排水,即将盲沟汇集的水引入纵向排水沟排出。

② 在衬砌内面设置排水设施。

在衬砌内面设置排水设施,其主要优点是可以不开凿衬砌,工程量小,施工简单;缺点是不易对准地下水露头位置,疏干围岩范围小,在冬季发生冰冻的地段不能采用。在衬砌内面设置排水设施的主要形式如下。

a. 引水管。主要用于衬砌湿痕或背后积水较高位置的引水,一般采用铁管、胶管、硬塑管和竹管,并将其固定在拱墙内表面。

b. 泄水孔。主要作用是排出衬砌背后的积水,将水引入洞内排水沟。泄水孔位一般不高于水沟盖板或人行道,否则应做引水管或引水暗槽。

c. 引水暗槽。衬砌凿出小槽,表面用砂浆封闭,将多个泄水孔的水引入一个槽中排入水沟内。暗槽以竖槽为主,不得采用纵向水平的暗槽。

(3) 衬砌自防水

衬砌自防水是以衬砌结构本身的混凝土密实性实现防水功能的一种防水方法,该方法造价低,工序简单,施工方便。

混凝土是一种微孔结构材料,其中的部分开放式毛细孔、各种裂隙及混凝土自身收缩形成的开裂是造成渗漏水的主要原因。防水混凝土是通过加入少量外加剂或高分子聚合物材料,并通过调整水泥、砂、石及水的配合比,控制混凝土孔隙率,改善孔结构,增加原材料界面的密实性,达到防水的目的。防水混凝土除了用于防水,更主要的是防水混凝土衬砌施工前应控制好地下水位,要保持地下水位在施工底面最低标高以下不小于300 mm,以避免在带泥浆或带水的情况下施工,保证施工质量。

(4) 外贴防水层

对新建隧道或更换衬砌的运营隧道,可施作外贴防水层,结合洞内排水设施,该法可获得良好的防治水害效果。外贴防水层的主要做法是贴涂法,即直接在衬砌外围粘贴或喷涂防水层,以保护衬砌,使衬砌圬工不充水、不漏水。主要有防水卷材和防水涂料两种。

(5) 内贴防水层

内贴防水层不用凿开衬砌,比外贴防水层施工简便,成本低,可随时检修,因此是运营隧道养护维修中常用的整治水害方法之一。

①喷浆防水层。在一定压力下用机械把水泥砂浆直接喷射到衬砌内表面成型,既可作为结构层缺陷修补,又可以防水,特别是在外贴防水卷材或使用防水混凝土等措施效果都不太理想时,作为一种补救措施,应用比较多。防水层总厚度为 12~40 mm,最大不宜超过 50 mm,砂浆配合比(质量比)一般为 1∶1~1∶3,水灰比为 0.5~0.6,并适当掺入防水剂和速凝剂,以提高抗渗性和固结强度。

防水砂浆一般分两层喷射,施工完后要注意保护,特别是早期养护。为了防止防水砂浆中的水分蒸发,保证水泥达到充分水化的要求,应每天都均匀养护,只有在潮湿环境下认真养护 3 d 以上,才能达到防水抗渗的目的。

施工时应保证原材料质量,严格按配合比施工,施工温度应不低于 5 ℃,不高于 35 ℃,低温施工时应采取保温防冻措施。

水泥砂浆防水层应与基层黏结牢固,不得有裂缝、空鼓和渗漏水等缺陷存在。

②喷射混凝土防水层。喷射混凝土的水泥用量大,水灰比小,并采用较小尺寸的粗骨料,有利于在粗骨料周边形成足够数量和良好质量的砂浆包裹层,使粗骨料彼此隔离,有助于阻隔沿粗骨料互相连通的渗水孔网,还可以减少混凝土中多余水分蒸发后形成的毛细孔渗水通路,因而有较好的抗渗性,其抗渗指标一般在 0.7 MPa 以上。

喷射混凝土用水泥强度等级一般不低于 42.5 级,砂宜用中粗砂,细度模数大于 2.5,小于 0.075 mm 的颗粒不多于 2.0%,石子宜用卵石,粒径不宜大于 20 mm,水泥与骨料比(胶骨比)为 1∶4.5~1∶4,砂率(砂子在整个粗细集料中所占百分率)为 45%~55%,水灰比为 0.4~0.5。混凝土防水层的施工要求基本与防水砂浆防水层的施工要求相同。

③砂浆抹面防水层。目前主要是采用特种水泥(双快、早强水泥)抹面。将渗水、漏水处的基层凿毛清洗干净,处理好堵漏点与引导出水点,然后进行水泥浆抹面,其厚度为 2~3 mm,水灰比为 0.38~0.4,初凝时间控制在 10~20 min。接近初凝时,在其面上撒些中细砂,达到一定强度后抹砂浆层,其配合比为 1∶2~1∶1.5,水灰比为 0.4~0.45,厚度为 6~10 mm。接近硬化时用排刷拉出细条,终凝后在其面上刷上一层水泥净浆,厚度为 0.5~1.0 mm,然后再抹上 5~6 mm 厚砂浆层,其配合比为 1∶2~1∶1.5,水灰比为 0.4~0.45。在初凝前必须

在其面上多次抹磨,挤出砂浆中的泥浆,反复2～3次,使其表面光滑。硬化后加强养护,养护时间一般不少于3 d。

④喷涂乳化沥青乳胶防水层。采用该材料施工时,应用专用工具及压力设备进行喷射,其施工顺序为由上而下,先喷涂拱顶,后喷涂墙脚,喷涂进行方向应逆风而行。喷嘴与喷射面的距离一般在50～120 cm,喷射压力为0.2～0.3 MPa。

(6) 压注浆液

压注法就是用压力把某些能固化的浆液注入隧道围岩及衬砌混凝土的裂缝或孔隙,以改善其物理力学性能,达到防渗、堵漏和加固的目的。目前隧道采用的注浆材料较多,主要有水泥浆材和化学浆材。水玻璃类浆材由于其溶解性,现在已很少使用。

水泥类浆材包括纯水泥浆和水泥黏土浆两大类。它们主要是由水泥、水及各种外加剂组成。可根据工程选用各种性质的水泥,水一般采用生活用水,为改善水泥浆的性质,以适应不同的自然条件,可掺入各种外加剂,如速凝剂、缓凝剂、引气剂、膨胀剂等。水泥类浆材的优点是能形成强度较大和渗透性较小的结石,防渗效果较好,而且原材料成本低、材料来源广,没有毒性和环境污染问题;缺点是浆液稳定性差,泌水性大,凝结时间长,当地下水流速较大时易受冲刷和稀释。

化学浆材品种较多,主要有环氧树脂类、中基丙烯酸酯类、丙烯酰胺类、木质素类等。化学浆材的特点是可注性好,适应广泛,胶凝时间可准确掌握,抗渗性较好;但其成本一般较高,施工要求技术高,设备复杂,部分浆材有一定毒性。目前常用压浆材料有水溶性聚氨酯、超细早强水泥和丙凝。

①对新建隧道和改建隧道,围岩破碎、软弱、地下水发育的地段,可结合隧道施工,进行围岩预注浆加固防水。目前采用的方法大多为超前小导管注浆,一般采用长6 m左右的$\phi 42$无缝钢管,管壁上钻有梅花形小孔,注浆压力0.5～1.0 MPa,管间距离大于0.6倍浆液扩散半径。对浅埋、超浅埋段,也有用地表注浆的,其做法如下:从地表钻孔注浆,通过控制注浆段长度,对隧道周围部分围岩进行注浆,其材料、孔位布置与洞内相同,压力可按实际情况通过实验确定。

②既有线隧道,当隧道围岩破碎、节理发育、地下水丰富时,也可进行注浆防水。此时应先对衬砌混凝土质量进行调查,若衬砌破坏严重,则应先对其进行加固,使其能够抵抗注浆压力。一般做法是对大范围的渗水采用浅孔密布;对裂隙渗漏采用深孔疏布;对大股涌水宜在上游设孔。孔深一般深入围岩且大于20

cm,孔径 42 mm。

(7) 施工缝、变形缝防水

对新建或更换衬砌的隧道,变形缝、施工缝的防水可随混凝土浇筑同时施工,采用的主要材料如下。

①止水带,分为塑料止水带、橡胶止水带、复合止水带等,其中塑料止水带耐久性好,橡胶止水带弹性、耐磨性、耐撕裂性较好,但硬度、强度较差。

②遇水膨胀橡胶,主要有制品型和腻子型两种,其特点是具有橡胶的弹性、延伸性和抗压缩变形能力,遇水后膨胀率为 100%～500%,耐水性好,膨胀后仍能保持弹性。

③各种密封材料,主要是改性沥青密封材料和合成高分子密封材料。对于运营隧道整治接缝漏水,一是可以根据不同情况采用以上材料重新施作接缝的防水,二是做接缝压浆或衬砌堵漏处理。

2. 衬砌漏水的封堵

对某些隧道衬砌的渗漏水,除采用排水措施外,还可以用堵漏材料进行封堵。所谓堵漏材料就是一种能在几十秒或数分钟即开始初凝的材料。堵漏材料品种繁多,常用的品种如下。

①无机高效防水粉。它是一种硬性无机胶凝材料,主要有堵漏王、堵漏停、堵漏灵、确保时等,其终凝时间在 2.5～6 h,其特点是无毒、无味、无污染、耐高温、抗低寒,可在潮湿结构上施工,并有较好的黏结性。

②水泥类堵漏材料。主要有双快水泥、石膏-水泥材料和水泥-防水浆等堵漏材料,目前堵漏材料采用较多的是双快水泥和堵漏王等。

3. 截水设施

截水就是截断流向隧道的水源,或尽可能使其流量减小,从而使隧道围岩的水得不到及时补充,达到疏干围岩、根治水害的目的。

(1) 地表截水

地表截水就是在地表截断流向隧道围岩的水,主要措施如下。

①对洞顶的积水洼地,宜开沟疏导引流。

②对洞顶以上的水工隧道、水库、稻田、输水渠等造成隧道漏水的,要做防渗处理。

③对施工及地质勘测留下的钻孔、坑道、洞穴,要做好排水处理或封填。

④对断层破碎带、陷穴、漏斗等,如有较大的径流进入,宜做截水沟或回填,若无明径流,但却影响隧道漏水,应采取封闭措施(换填、注浆等)。

(2) 地下截水

当隧道衬砌周围地下水有明显的集中来水通路,导致地下水流量很大时,可采取地下截水设施截断水源。

①泄水洞。一般设在来水侧且其最高水位低于正洞水沟底,纵坡不小于3%,设置泄水洞的围岩渗透系数不小于 $10 \ m^3/d$。

②钻孔截水。对有平行导坑的长大隧道,利用平行导坑和横洞,根据围岩的地下水分布和地质条件,打截水钻孔,其位置伸入到正洞墙脚之上的围岩中,以减少向正洞衬砌周围汇集的水量,钻孔的集水利用平行导坑排出。

③拦截暗河。对靠近隧道的暗河或充水的溶洞,可通过堵塞等改变其流向。

④防渗帷幕截水。当隧道与岩层平行或斜交,通过流砂和易浸析失稳地层,或围岩裂隙发达,且透水性强时,可在隧道周围岩体内钻孔压浆形成防渗帷幕,使衬砌与地下水隔离。当为浅埋时,可在地表做防渗帷幕。

总之,隧道的水害治理是一个完整的治水系统,要防、排、堵、截相结合,不能只强调其中某一个方面。如果只排不堵,就可能造成地表的水塘、水库、农田等排干,影响附近居民的生产和生活;如果只堵不排,就会使衬砌周围的水无路可走,越积越多,最终导致隧道破坏。只有防、排、截、堵互相配合,相辅相成,共同发挥作用,才有可能根治水害。

5.2 衬砌裂损及整治

5.2.1 衬砌裂损的类型

隧道衬砌裂损的类型主要有衬砌变形、衬砌移动、衬砌开裂三种。

1. 衬砌变形

衬砌变形有横向变形和纵向变形两种,其中横向变形是主要变形。衬砌横向变形是指衬砌由于受力原因而引起拱轴形状的改变。

2. 衬砌移动

衬砌移动是指衬砌的整体或其中一部分出现转动(倾斜)、平移和下沉(或上抬)等变化,也有纵向移动与横向移动之分。对于大多数已发生裂损的衬砌,往往是纵向移动与横向移动同时出现。

3. 衬砌开裂

衬砌开裂是指衬砌表面出现裂纹(或龟裂)和裂缝(宽度较大)或贯通衬砌全部厚度的裂纹,是衬砌变形的结果。衬砌开裂包括张裂、压溃和错台三种。

(1) 张裂

张裂是弯曲受拉和偏心受拉引起的裂损,其特征是裂纹、裂面与应力方向正交,缝宽由表及里逐渐变窄。

(2) 压溃

压溃是弯曲或偏心受压引起的衬砌裂损。裂纹边缘呈压碎状,严重时受压区表面产生鱼鳞状碎片(中间厚,四周薄),或剥落掉块等现象。

(3) 错台

错台是由剪切力引起的裂缝,裂缝宽度在表面至深处大致相同。

5.2.2 衬砌裂损的特点

1. 裂损的自然发展过程

衬砌结构受力(轻微变形、移动)→局部出现少量裂纹(变形范围,变形量增大;移动部位,移动量增大)→裂纹宽度、密度增大,隧道净空变小(严重变形,移动显著增大)→隧道净空严重缩小,衬砌破碎,失去承载能力→局部掉块、失稳,甚至拱坍墙倒。

2. 裂损发展的主要规律

衬砌的裂损发展一般有缓慢变化、急剧变化、相对稳定三个不同的阶段,这三个阶段往往是交替呈周期性地出现。

①节段衬砌没成环之前出现的裂损,在成环之后可能渐趋稳定。

②衬砌背后回填不及时造成的裂损,在回填之后可能渐趋稳定。

③拆模过早造成的裂损,待圬工强度提高后可能呈相对稳定。

④围岩膨胀引起的裂损,当外荷载条件发生变化,例如雨季地下水丰富,围岩软弱夹层被软化而产生错动,季节冻融变化引起围岩冻胀与融沉,以及种种外因引起围岩变形,山体压力的大小和分布发生变化等时,可能使已呈稳定的裂损

重新发展,或使完好的衬砌发生裂损。

3. 裂损的分布特点

了解和掌握衬砌裂损的分布特点,就能及早发现病害,及时采取对策。衬砌裂损的分布一般有以下特点。

(1) 按纵向节段分布

①洞口与洞口段,特别是斜交洞门有偏压或边、仰坡不稳固的洞口段。

②设有大型洞室的节段或各种洞室的接头处。

③洞身穿过断层、构造破碎带、接触变质带、滑坡带等山体压力大且岩体不稳定的节段。

④洞身穿过软弱围岩的节段。

⑤偏压隧道没有采用加强衬砌或偏压衬砌的节段。

⑥寒冷地区围岩有冻胀现象的节段。

⑦衬砌实际厚度不足或圬工强度过低的节段。

⑧施工中超挖过大没有回填或回填不密实及施工中发生大塌方的节段。

⑨施工中已经发生裂损的节段。

(2) 按横断面分布

①洞口附近及傍山隧道靠山侧裂损多,靠河侧少。靠山侧以拱腰、墙腰内缘张裂多,靠河侧以墙顶压劈或墙脚张裂较多。

②衬砌断面对称,实际荷载分布不对称的变形、移动和裂损的部位也不对称。

③衬砌的变形、移动和裂损多沿施工期间出现过的裂缝和施工缝发展。

④衬砌背后存在没有回填或回填不密实处则该部位易出现较大的移动和外鼓。

⑤衬砌背后临时支撑未能全部拆除的,在支撑部位会出现较大的集中荷载,此处衬砌内缘易出现张裂和错台。

⑥采用三心圆尖拱衬砌的隧道,易在拱腰、墙腰产生内鼓开裂,拱顶内缘压碎。

⑦各种原因(如塌方、拱架下沉、施工困难等)造成衬砌厚度不足时,衬砌容易发生变形和裂损。

5.2.3 衬砌裂损的整治措施

1. 衬砌裂损的整治原则

整治衬砌裂损病害,首先要消灭已有的衬砌裂损带来的对结构及运营的一切危害,并防止再加大裂损;其次是采取以稳固围岩为主,稳固围岩与加固衬砌相结合的综合治理措施。

2. 稳固岩体的工程措施

(1) 治水稳固岩体

地下水的浸泡与活动对各种围岩的稳定性削弱最大。通过疏干围岩含水,并相应采取治水措施是稳固岩体的根本措施之一。

(2) 锚杆加固岩体

对较好的岩体(小于Ⅴ级),自衬砌内侧向围岩内打入一定数量和深度(3~5m)的金属锚杆、砂浆锚杆,可以把不稳定的岩块固定在稳定的岩体上,提高破碎围岩的黏结力,形成一定厚度的承载拱;在水平层状的岩石中把数层岩层串联成一个组合梁,与衬砌共同承受外荷载。对松散破碎的岩体采用锚杆加固不仅可以有效地控制岩体的变形和提高其稳定性,而且可以使岩体对衬砌的压力大小和分布图形产生有利的转化。

(3) 注浆加固岩体

通过向破碎松动的岩体压入水泥浆液和其他化学浆液(如铭木素、聚氨酯等)加固围岩,疏散地下水对围岩的浸泡与渗入衬砌,使衬砌背后形成一个1~4m厚的人工固结圈,就能有效地稳固岩体,防止地下水的侵入,甚至使作用在衬砌上的地层压力大小和分布图形产生有利的转化,有利于衬砌结构的受力和防水。

(4) 支挡加固岩体

对靠山、沿河偏压隧道或滑坡地带,除了治水稳固山体,还可采用支挡措施,包括设支挡墙、锚固沉井、锚固钻(挖)孔桩等来预防山体失稳与滑坡,这种工程措施只能用于洞外整治。

(5) 回填与换填

如果衬砌外周围存在着各种大小的空隙(如超挖而没有回填等),不仅使地层压力分布图形产生不利影响,而且使得衬砌结构失去周边有利的支撑条件,使衬砌的承载能力不能得到更大的发挥。此时要采取回填措施,用砂浆或混凝土将围岩空隙回填密实。

如果隧底存在厚度不大、软弱、不稳定的岩体或有不稳定的充填物,可以采取换填办法处理。

3. 衬砌更换与加固

已裂损的衬砌一般均有相当大的支护潜力,可以充分利用,仅在没有加固条件或经济上不合理的情况下,或者根据长远技术改造规划的要求才采用更换衬砌的办法。加固工程的主要方法如下。

(1) 压浆加固

①圬工体内压浆加固。衬砌裂损发展非常缓慢或者已呈稳定时,可以进行圬工体内压浆,一般以压环氧树脂浆为主,并选择无水季节施工。

②衬砌背后压浆加固。主要是针对衬砌的外鼓和整体侧移。在拱后压浆增加拱的约束可以起到提高衬砌刚度和稳定性的作用,一般可以局部应用,主要在发生外鼓变形的部位使用。如果一环衬砌同时存在外鼓与内鼓部位,首先采取临时措施控制内鼓继续变形,然后在外鼓变形的部位压浆加固之后再对内鼓采取加固措施,最后对全断面进行整体加固。

(2) 嵌补加固

对已呈稳定暂不发展的裂缝,如果不能采取压浆加固者可以采取嵌补,即将裂缝修凿剔深,在缝口处用水泥砂浆、环氧树脂砂浆或环氧树脂混凝土进行嵌补。

对发展较快的裂损,为确保安全,可以采取钢拱架临时加固。只加固拱部时用上部拱架加固,拱架脚可以嵌入墙顶或支撑于埋在墙顶的牛腿上,并加纵向联结。如要全断面加固则可用长腿钢拱架。无论哪一种拱架用多段组合安装时,安装完毕后尽量使节点变成刚性节点(一个断面内交接点应不多于3个)。为了增加纵向抗弯能力,支撑纵向应加强连接。如果隧道内部净空条件不足,钢拱架可以嵌入被加固的圬工体内一部分(或全部),并在钢拱架之间再加纵向联结,然后浇筑混凝土做成薄套拱形。此法在衬砌厚度太薄或衬砌严重破损碎裂时不能采用。

(3) 喷锚加固

对裂损衬砌的所有内鼓变形和向内移动的裂损部位,采用(预应力)锚杆加固岩体是有效的,此时锚杆既可沿内缘张裂纹的走向两边布置,做局部加固,也可按全断面加固,将衬砌与岩体嵌固在一起,形成一个均匀压缩带,以增强围岩的稳定性,提高支护结构的承载能力。采用此法时应查清衬砌厚度、背后超挖回填及围岩整体性状况。锚杆的设置应在衬砌背后压浆后两个星期进行。锚杆的锚固段应设在稳定围岩中。对于衬砌上的裂缝应及时嵌填。

喷混凝土可以使所有已裂损的圬工块体紧密结合,阻止这些块体松动,同时在喷射压力作用下嵌入裂缝内一定深度,使裂缝重新闭合,增强裂损(包括原有施工缝)衬砌的整体性,较大幅度地提高裂损衬砌的承载能力,达到加固的目的。必要时也可以在喷层中加入钢筋网以防止收缩裂纹产生,提高加固结构的整体性和抗震、抗冲切能力,喷锚加固是较为常用的加固衬砌裂损的措施。

(4) 套拱加固

如果混凝土质量差、厚度不够,或受机车煤烟侵蚀,掉块剥落严重,并且拱顶净空有富余时,可对衬砌拱部加筑套拱或全断面加筑套拱。如果隧道内净空条件不足,可以采取落道加套拱的办法。套拱与原衬砌间用 16～18 mm 的钢筋钎钉锚接,钎钉埋入原拱 20 cm 左右作为钢筋的生根处。套拱中的主筋也可用钢拱架、格栅来代替,其间距为 50～80 cm,纵向用拉杆焊接。套拱用强度等级不低于 C20 的混凝土灌筑,其厚度为 20～30 cm。套拱拆模后要进行压浆,以充填其背后空隙,使新旧拱圈连成整体。当拱部浇筑混凝土难度较大时,可以采用喷混凝土、网喷混凝土和喷钢纤维混凝土进行加固。事实上,套拱加固已逐渐被喷锚加固替代。

(5) 更换衬砌

拱部衬砌破坏严重,已丧失承载能力,用其他整治补强手段难以保证结构稳定,或者衬砌严重侵入限界,采用其他整治措施有困难时,可采用全拱更换,彻底根除病害。

(6) 其他加固手段

当仅有墙脚内移而不下沉和隧底岩土隆起时,可在墙基处增设混凝土支撑以扩大基础。要求与钢轨、轨枕不发生挤压,尺寸一般为 40 cm×40 cm,间距 1.5～2.0 m。

隧底围岩软弱下沉或隧底填充上鼓时,可加设仰拱。边墙基底软弱,可将墙基延伸至坚实稳固的岩层或增设仰拱。若隧底或墙基下由溶洞或其他洞穴而引起衬砌结构开裂,可加设钢筋混凝土托梁,使墙基与道床设于钢筋混凝土托梁上。

5.3 隧道冻害及整治

我国幅员辽阔,冻土地区分布广泛(其中多年冻土占整个陆地面积的1/5),在寒冷地区修建隧道是不可避免的。隧道冻害会导致衬砌冻胀开裂,以至疏松剥落,造成隧道衬砌结构的失稳破坏,降低衬砌结构的安全可靠性,严重影响运输的安全和隧道的正常使用。防治与整治隧道冻害是十分必要的。

5.3.1 冻害的种类及其危害

1. 冰柱、冰溜子

渗漏的地下水通过混凝土裂缝逐渐渗出,在渗出点出口处受低温影响积成冰柱。尤其在施工接缝处,渗水点多,积冰明显,累积成十至几十厘米厚的冰溜子(又称为挂冰)。如不清理,冰溜子越积越大,侵入限界,危及行车安全。

拱部渗漏形成的冰柱(冰葫芦),在一般地区仅仅是影响限界。但在电气化牵引区段,冰柱下垂,可能挂在接触网高压电线上造成短路,坠断电线造成放电、跳闸,严重时危及人身安全。

隧道排水沟槽设施保温不良引起的冰冻称为冰塞。因结冰堵塞,水沟地下排水困难,使水沟(管或槽)冻裂破损,衬砌周边因水结冰而冻胀,致使隧道内各种冻害接踵而来。

2. 衬砌发生冰楔

隧道衬砌背后与围岩之间若有空隙,则渗透岩层的地下水就会在排水不通畅时积在衬砌与围岩之间结冰冻胀,产生冰冻压力,再传递给衬砌。经缓慢发展,常年积累冰冻的压力像楔子似的,使衬砌发生破碎、断裂、掉块等现象。

3. 围岩冻胀破坏

隧道修筑在不良地质地段,如果围岩层面及结构内含水多,冬季就易发生冻胀破坏,主要表现为如下方面。

①隧道拱部衬砌发生变形与开裂。拱部受冻害影响时,拱顶下沉内层开裂,衬砌开裂严重时尚有错牙发生,拱脚变形移动。冻融时又有回复(留有残余裂

缝),多次循环危及结构安全。

②隧道边墙变形严重。边墙壁后排水不畅,积水成冰,产生冻胀压力,造成拱脚不动,墙顶内移,有的是墙顶不动,墙中发生内鼓现象,也有墙顶内移致使断裂多段。

③隧道内线路冻害。线路结构下部无排水设施,在地下水丰富地区,水在冬季冻结,道床隆起。在水沟之处因保温不好,与线路一样有冻结,这样水沟全长也会高低不平。冻融使线路和道床翻浆冒泥、水沟断裂破坏,水沟破坏后排水困难,渗入线路又加大了线路冻害范围。

④衬砌材料冻融破坏。隧道混凝土设计强度较低,抗渗性差,在地下水丰富地区,水就渗入混凝土内部。冬季时水在混凝土结构内冻结,膨胀产生冻胀压力,经年冻融循环使结构变脆,强度降低,造成冻融破坏。洞口段冻融变化大,衬砌除结构内因含水受冻害外,岩体的冻胀压力也促使衬砌发生纵向裂纹和环向裂纹。

⑤隧底冻胀和融沉。对多年冻土隧道,隧底季节融化层内围岩若有冻胀性,而底部没有排水设备,每年必出现冻胀融沉交替,无铺底的线路很难维持正常状态;有时有铺底和仰拱的隧道也会发生隆起或下沉开裂。

5.3.2 冻害的成因

1. 寒冷气温的作用

隧道冻害与所在的地区气温(低于0℃或正负交替)有直接关系。

2. 季节冻结圈的形成

沿衬砌周围各最大冻结深度连成的一个圈叫作季节冻结圈。当衬砌周围超挖尺寸大小不等,超挖回填用料不当及回填密实不够产生积水时,则形成冻结圈。

在严寒冬季,较长的隧道两端各有一段长度能形成冻结圈,叫作季节冻结段。中部的一段,因不会形成季节冻结圈,叫作不冻结段。隧道两端冻结段长度不一定相等。同一座隧道内季节冻结段的长度恒小于洞内季节负温段的长度。

隧道的排水设备如埋在冻结圈内,冬季易发生冰塞。在冻结圈范围内的岩土,由于受强烈频繁的冻融破坏,风化破碎程度与日俱增,也是冻害成因之一。

3. 围岩的岩性对冻胀的影响

隧道的季节冻结圈内如果是非冻胀土,就不会发生冻胀性病害。冻结圈内冻土的分布情况决定了发生冻害的部位。如果隧道围岩全是冻胀性土且均匀分布,则冻胀沿衬砌外围对称均匀分布;如果是冻胀性土与非冻胀性土呈层状分布,就可能出现冻胀部位不对称和非均匀分布。

4. 隧道设计和施工的影响

隧道在设计和施工时,对防冻问题没有考虑或考虑不周,造成衬砌防水能力不足,洞内排水设施埋深不够,治水措施不当,加上施工单位未能按规范认真施工等,都会引起和加重运营阶段隧道的冻害。

5.3.3 冻害的整治措施

严寒及寒冷地区隧道冻害的防治与整治,其基本措施是综合治水、更换土壤、保温防冻、防止融塌、结构加强等,可根据实际情况综合运用。

1. 综合治水

隧道冻害的根本原因就是围岩地下水的冻结,如果能将水排除在冻结圈以外,杜绝水进入冻结圈,就能达到防治冻害的目的,即综合治水是防治冻害的基本措施。为防治冻害而采取的治水措施主要包括:消灭衬砌漏水缺陷,保证衬砌圬工不再充水受冻,同时加强结构层和接缝防水(所用防水材料要有一定的抗冻性);对有冻害的段落,要设置防、排水系统,不允许衬砌背后积水,并防止冻结圈外的地下水向冻结圈内迁移;衬砌背后空隙用砂浆回填密实;排水设施或泄水沟应保证在任何季节、任何条件下不冻结,在严寒地区可采用中心深埋泄水洞。

2. 更换土壤

更换土壤就是更换或改造冻结圈内的围岩,将冻胀土变为非冻胀性土,从而达到防治冻害的目的。主要措施是将强冻胀土(主要是细粒土)更换为透水性强的粗粒土。换土厚度为:允许保留总冻胀量不大于允许值的冻胀土时,可取为冻深的0.8~0.9倍;若充分发挥排水设施的作用,可为冻深的0.7倍。

把冻胀性土改造为非冻胀性土的方法主要包括:向冻结圈内注入水泥浆液或其他化学浆液,使围岩固结而消除冻胀性;向冻结圈内注入憎水性填充材料,使之堵塞所有孔隙、裂隙,从而通过阻止土中水分迁移和聚冰作用来消除围岩冻胀。

3. 保温防冻

保温防冻就是控制温度,使围岩中的水分达不到冰点,达到防治冻害的目的,采用的措施主要有加筑保温层、降低水的冰点、供热防冻。

①加筑保温层。加筑保温层是指在消除隧道渗水、漏水的基础上,在隧道衬砌的内缘(或外缘)或双层衬砌之间加筑一层保温衬层,防止衬砌周围形成季节冻结圈,以消除冻害。所采用的保温材料主要有加气混凝土、泡沫混凝土、浮石混凝土、膨胀珍珠岩混凝土等,一般厚度需要 20~40 cm。保温衬层的四周应设防潮层,以避免因受潮而失效,而且不能与结构层共同受力。

②降低水的冰点。在对隧道局部范围的冻害做临时处理时,可向围岩注入丙二醇、氯化钙、氯化钠等,使水的冰点降低,从而降低围岩的起始冻结温度,达到防冻的目的。

③供热防冻。供热防冻采用得不多,一般只在紧急情况下使用,主要的方法有红外线融冰、电热、锅炉采暖等。

4. 防止融塌

防止融塌包括防止基础融沉和防止道床春融翻浆。前者可以将边墙加深至冻土上限以下或冻而不胀层,后者可加强底部排水,疏干底部围岩含水或采用换土法。两者只要能防止冬季冻胀,就可同时解决春季融沉问题。

5. 结构加强

结构加强是防治冻害不可缺少的措施和内容,对于因冻害而开裂的衬砌,应采取减轻冻害因素的措施。结构加强的主要措施如下。

①加大侧向拱度,使拱轴线能更好地抵抗侧向冻胀。

②拱部衬砌厚度增加,一般加厚 10 cm 左右。

③提高衬砌混凝土强度等级或采用钢筋混凝土。

④隧底增设混凝土支撑。

5.4 衬砌侵蚀及整治

5.4.1 衬砌侵蚀的种类及危害

隧道内金属构件的锈蚀、混凝土衬砌的侵蚀破坏,都属于腐蚀病害。一般混凝土具有较好的耐久性、耐腐蚀性和较高的强度。但是,一旦地下水侵入,衬砌会经常受到侵蚀介质的作用,就会出现起毛、酥松、蜂窝麻面、起鼓剥落、孔洞露石、骨料分离等病害,导致材料强度降低,衬砌厚度变薄,渗水、漏水严重,降低其使用寿命。隧道内混凝土衬砌的腐蚀按其种类不同,可分为水蚀、烟蚀、冻蚀及骨料溶胀等。

1. 水蚀

水蚀主要指衬砌受到地下水的作用而产生的腐蚀。一般发生在隧道的拱部、边墙、仰拱、排水沟和电缆槽等各部位。

①溶出型侵蚀。主要是指水泥石中的生成物被水分解溶失造成的侵蚀,表现为外观尚完善,常有白色沉淀物,内呈多孔状,强度较低。

②硫酸盐侵蚀。主要是指环境水中含有的硫酸根离子对混凝土的侵蚀。

③镁盐和氨化物的侵蚀。

2. 烟蚀

烟蚀主要是指在蒸汽机车牵引的区段,其产生的"烟雾"对衬砌混凝土产生的侵蚀,分为化学性侵蚀和机械性侵蚀两种。

3. 冻蚀

冻蚀是指在严寒地区的隧道,混凝土衬砌由于冻融交替产生的侵蚀。

4. 骨料溶胀

骨料溶胀是指衬砌混凝土中的粗、细骨料中含有遇水溶解和膨胀的材料而造成的对衬砌的侵蚀。

5.4.2 混凝土侵蚀的整治措施

1. 防侵蚀原则

在各类侵蚀病害中,除了烟的机械侵蚀,水是主要的致害媒介,因此,防蚀必先治水。环境水对混凝土和水泥砂浆的侵蚀作用主要可归纳为三种:溶出性侵蚀(即非结晶性侵蚀)、结晶性侵蚀和复合性侵蚀(溶出性和结晶性两种侵蚀同时作用或交替作用)。

对溶出性侵蚀,只要能解决衬砌的渗水、漏水问题,彻底治理好水,就能达到防蚀的目的。对于结晶性侵蚀,侵蚀是因水泥中的化合物与水作用后的新生成物或水中盐类介质析出结晶,发生体积膨胀而导致材料破坏,而析出结晶的条件是混凝土中的干湿变化,干湿变化越频繁,侵蚀速度越快。因此,对这类侵蚀,不但要防渗漏,还要防止混凝土浸水,避免侵蚀水与混凝土发生作用,这就需要采用抗侵蚀混凝土修建衬砌或利用防蚀层防止混凝土衬砌的侵蚀。

2. 防侵蚀的方法

(1) 采用抗侵蚀混凝土

①抗侵蚀水泥材料的选择。

抗硫酸盐水泥、火山灰质水泥具有较好的抗硫酸盐和海水腐蚀的能力;抗硫酸盐水泥抗各种化学腐蚀的能力较强;火山灰质水泥对各种化学侵蚀介质也有较好的抵抗能力,价格又便宜,适合于在中、低侵蚀性介质中使用,但其抗冻性较差,使用时应注意。

对于抗硫酸盐侵蚀的隧道,在注浆与浇筑混凝土时,以采用低碱高抗硫酸盐水泥为佳;在运营维修、养护堵漏、抹面、喷混凝土或砂浆时,以选用双快水泥为佳。

②采用外加剂。

a. 采用火山灰质的活性掺合料。

b. 加入引气剂和减水剂。

c. 采用提高混凝土密实性和抗渗性的外加剂。

(2) 采用防蚀层

采用防蚀层是一种对混凝土表面进行处理的方法,把各种耐腐蚀的材料铺设在衬砌混凝土的表面,使之成为一层防蚀层,是提高衬砌抗腐蚀能力的常用方法。

①防蚀层铺设面的确定。防蚀层可以设在衬砌外面,也可以设在衬砌内面,对隧道衬砌,一般采用防蚀层与防水层合二为一,铺设在衬砌外面。

②制作防蚀层。防蚀层按其成型工艺有注浆、抹面、喷涂(喷射混凝土和喷涂料)和块材镶砌等。

③伸缩缝、变形缝防蚀。当隧道衬砌的沉降缝、伸缩缝发生腐蚀病害时,一般可在病害发生处的衬砌背后设排水盲沟把水排走。如果采用防水措施,可用油膏和胶油嵌缝,缝口再用氯丁橡胶黏合剂粘贴氯丁橡胶,用开卸式塑料止水带或软的聚氯乙烯板条封口。施工缝如果发生腐蚀,可用聚氨酯压浆防水,同时兼有防蚀作用,或预留凹槽,用硫磺胶泥腻缝。

④已腐蚀衬砌的加固与翻修。一般的措施有抹补、浇补、镶补等方法。

5.5 隧道震害及整治

在高地震烈度区,既有隧道存在易遭受震害的情况,需要进行抗震加固。对地震后发生震害的隧道也需要采用合理方法进行整治。

5.5.1 需要进行抗震加固的隧道及加固方法

1. 有滑坡危险的不安全斜坡

使斜坡稳定,不设仰拱,新设抵抗偏压的加厚边墙混凝土,拱架保护工程,内衬砌,锚杆加固工程。

2. 表面有岩石滑下危害的洞口

延长隧道,重新衬砌,进行防护。

3. 有泥石流危险的洞口

治理山坡,筑防砂堤。

4. 衬砌背后有空洞回填注浆

对我国山岭隧道,以下情况需要采用抗震加固措施。

①洞口段为断层破碎带或第四纪风化层且属浅埋地段。
②洞口段衬砌为直墙拱未设仰拱。
③洞口端墙是立柱式洞门。
④洞口路堑挡墙过高,仰坡陡峭,时有坍塌落石危害。
⑤二十世纪六七十年代隧道多用矿山法施工,拱顶与围岩间回填不实。
⑥隧道衬砌已出现纵横裂缝。
⑦洞口端墙出现裂缝。
下面给出抗震加固和震害整治的工程实例。

5.5.2　大秦线军都山隧道洞门抗震加固

军都山隧道是大秦铁路线上最长的双线隧道,长 8469 m,位于燕山山脉西部山地,在地震烈度区划图上属 8 度地震区。隧道出口端墙的结构形式及洞内衬砌存在病害,均影响隧道抗震能力,经调查、论证,对其进行了抗震加固。

1. 隧道洞门的抗震缺陷与病害

①若水平地震力沿隧道轴线方向震动,由于洞门端墙没有翼墙扶助,且端墙是素混凝土,没有布设钢筋,同时,因地基承载力低,隧道建成后,不均匀沉降将引起洞内混凝土衬砌纵向、横向的开裂,产生数条裂缝,地震发生时有可能造成整个洞口端墙滑移或倾倒,甚至使衬砌沿纵向拉裂或崩塌。

②若水平地震力沿垂直于隧道轴线的方向震动,由于洞口段是处于块石土破碎围岩上,又是浅埋,对隧道衬砌的约束力很低,再加上衬砌多道纵向、横向裂缝,地震发生时有可能导致隧道衬砌纵向分段的横向错位或崩塌。

③洞口段在静力状态下是稳定的,但在发生强震时是否会发生大的变形,需要观测研究。

最后研究后形成共识,洞门必须及时加固,有关部门进行了洞门抗震加固设计。

2. 军都山隧道洞门抗震设计

①洞门女儿墙长 22 m,最高处为 3.9 m,为加强整体性,在其背面锚接一条高 2.6 m、厚 0.6 m 的钢筋混凝土梁,与女儿墙结合成一个整体。

②洞门口两侧的立柱锚贴厚 0.3 m、宽 1.7 m、高 12.7 m 的钢筋混凝土梁,其上端与女儿墙的加强梁形成 H 形加固框架。

③为加强墙体的稳定性,在洞口两侧立柱前做150号片石混凝土翼墙,以增强抗震稳定性。

④两翼墙的基础为厚1.5 m的钢筋混凝土整体基础,为加强抗震的稳定性,整体基础与下面两根直径1.5 m、长5~6 m、根部嵌入基岩中0.5 m的钢筋混凝土挖孔桩连成一个整体。

3. 施工

抗震加固工程虽然工程量不大,但是限制条件较多,洞口处线路两侧地形狭小,左侧15~20 m外是路堑高挡墙,右侧是日排水数千立方米的排水沟,10 m开外是弃渣堆。线路右侧有10 kV高压线杆、线杆拉线,左侧是高压变电站,下面有一条乡村公路。为保证行车、人身安全,施工组织采取了以下针对性措施。

①为保证行车安全及接触网安全,严禁施工放炮,基坑和桩孔全部采用人工结合使用风镐开挖施工。

②洞口混凝土排水沟采用静力破碎剂拆除,既安全又提高了工效,降低了劳动强度。

③在基坑开挖过程中,对排水沟底渗漏进行整治,杜绝渗漏水泡坍坑壁及泡软基底。

④由于洞门牵锚接触网线多,距设计建筑物最近处为1.6 m,接触网电压为24.7 kV,当施工进行到安全侵限范围内时,要停电施工,并将脚手架搭设牢固,保证万无一失。

5.5.3 日本兵库县南部震害隧道的修复

1. 六甲隧道

六甲隧道是建于中生代花岗岩中,长度超过16 km的长大隧道,施工时遇到多处有承压水的断层破碎带。

其震害表现为:

①拱顶剪切裂缝及混凝土剥落;

②在拱、墙交接处产生压缩性裂缝剥落;

③横断面方向环状接缝处剥落,共12处。

整治采用无收缩砂浆修复断面,用锚杆、碳素纤维板修补。

2. 蟹湾隧道

蟹湾隧道在施工时遇断层黏土地层,从拱一直到边墙 3 m 宽的混凝土衬砌(无仰拱、无筋)破坏、崩落,在距洞口约 80 m 处也有断层黏土,边墙衬砌(有仰拱,有筋)压坏,钢筋压曲,从铺装板抬起现象判断,作用有强大的向上垂直力,又在该处混凝土仰拱沿断层黏土产生裂缝。

整治方案采用拆除喷混凝土、衬砌混凝土后,由超前导管插板(自钻孔、注入氨基甲酸乙酯)、喷混凝土(厚 10~25 cm)、钢拱支撑(10 榀)、锚杆($L=3$ m、196 根,$L=4$ m、48 根,自进式)修补,并改为灌注加钢丝网混凝土衬砌。

3. 东山隧道

东山隧道是在 1967 年用混凝土预制块构筑的,上部覆盖层厚度仅 10 m 以下,洞口部分壁面已有裂缝开口,随拱肩剥离,在隧道轴向有数条裂缝。

东山隧道的修复在拆除原有衬砌后,由钢拱支撑、长超前支护(简易管棚)、注浆式超前钻孔、锚杆修补,再进行混凝土衬砌和仰拱浇筑。

4. 盐屋谷川滋洪道隧洞

隧洞在下游洞口附近接近需磨断层,中间与横尾山断层交叉,在前一断层附近产生环状裂缝,与后一断层交叉处,隧道西北侧衬砌相对向右 8 cm、向上 5 cm 错位,隧道 10.5 m 范围内,拱、墙、仰拱均有裂缝产生。

整治工程包括产生错位段的总长 10.5 m 的隧道,拆除既有二次衬砌后,在拱部 120°范围内用注入氨基甲酸乙酯,采用钢拱支撑、钢丝网、二次喷钢纤维混凝土和自进式锚杆进行支护、加固。

5.6 隧道防灾与整治

5.6.1 隧道防火灾

隧道可能发生的灾害有火灾、水灾、地震、风灾、行车事故及人为事故等,但发生次数较多、影响较大、造成人员伤亡和经济损失相对严重的还是火灾事故。所以,隧道的防灾设计,应把防火灾措施放在首要地位。

1. 隧道火灾原因分析

（1）铁路隧道

①由泄漏的易燃物所引发的火灾。

在铁路隧道内，货物的运量一般较大。如果运输易燃物如石油、天然气等的油罐发生泄漏，那么在隧道狭小的空间内这些物质的浓度会迅速增长。当浓度达到一定程度以后，一旦达到着火点，这些物质就会迅速燃烧，从而引发火灾。

②由于车辆本身起火引发的火灾。

车辆上的设备寿命有限，使用时间过长不仅会发生故障，车辆也会因电路短路、汽化器起火、排气管冒火等原因引起火灾。

③爆炸引起的火灾。

在铁路隧道中，会经常运输一些燃油或是特殊的化学物质。这些物质在运输的过程中，倘若防范措施不到位，就会发生爆炸，爆炸的直接后果就是引发火灾。

（2）公路隧道

①车辆机械故障引发的火灾。

车辆机械故障，包括机件摩擦起火、化油器回火、电气线路短路、车辆漏油、轮胎爆胎等，都会引发火灾。

②隧道内交通事故引发的火灾。

由于车辆超速行驶和隧道能见度低，极易发生车辆之间、车辆与隧道设施相撞或擦挂等交通事故，进而导致火灾。

③车辆上的货物引起火灾。

隧道内有各种车辆通过，它们所载的货物有可燃的或易燃的物品，都可能由于各种原因引发火灾。

2. 隧道工程火灾特点

（1）温度上升得快

鉴于隧道的特殊性，隧道工程密闭性能好，一旦发生火灾，热量来不及散出。尤其在火灾的迅猛阶段，温度可能高达 1000 ℃甚至更高。

（2）浓烟集聚迅速，难以疏散

隧道的密闭性很好，出入口少，当发生火灾时，因火灾引发的浓烟排除困难，会迅速充满全洞，造成缺氧、能见度低，导致人员逃生困难。尤其是火灾引发的一氧化碳等有害气体会进一步威胁人身安全,造成人员伤亡。

(3) 火灾蔓延迅速

隧道的管道、风道、地沟与地面的大气相通,一旦发生火灾,这些部位将成为火灾蔓延的主要途径。此外,隧道狭长,会加剧火灾的蔓延。倘若在火灾发生时未能及时控制通风,火灾则会蔓延得更快。

(4) 经济损失大,人员伤亡人数多

2017年5月9日8时59分,山东威海中世韩国国际学校幼儿园租用车辆(车牌号为鲁K49167)到威海高新区接幼儿园学生上学,行经环翠区陶家夼隧道时起火燃烧。车上11名儿童不幸遇难,司机当场死亡,随车女教师抢救无效离世。2019年8月27日18时24分,G15沈海高速猫狸岭隧道发生一起较大货车起火事故,造成5人死亡、31人受伤(其中15人重伤),直接经济损失500余万元。可见,做好隧道的防灾设计是保证隧道安全运营不可缺少的部分。

(5) 扑救困难

隧道通道狭窄,出入口少,烟的扩散速度比人员的逃生速度快;人多,易造成混乱,甚至还会诱发二次事故。由此可见,由于地下空间的限制,再加上浓烟、高温、视线不清、有毒、通信中断等原因,扑灭火灾和现场人员的救助困难较大。

3. 隧道防火设计

(1) 建筑结构防火设计

① 车行道要有足够的宽度。

在隧道中,只有保证每条车行道有足够的宽度,才能减小撞车的概率,从而尽量避免由于车辆相撞引发的火灾。

② 隧道结构上要采取措施。

隧道的建筑材料不但要求不燃,还必须要有足够的耐火极限值,必要的时候还应在结构面喷上防火隔热材料。除防止结构因高温而强度降低外,还必须防止吊顶材料的坠落造成人员伤亡。

③ 设置防火区间。

在每个独立的防火区间内,要有单独的内部消防设备,以备应对有可能的火灾,还要有单独的排烟系统和通风系统,并且在防火区间的两段,还应该设置槽式防火门,一旦在某个区间内发生火灾,则可以将灾害控制在该区间内。

④ 分离交通。

在某些隧道中,既存在客运交通,也存在货运交通,而货运车辆常常运输一些危险物品,一旦危险物品由于某些原因引发火灾,就会对客运交通产生威胁,带来人员伤害和财产损失。因此应尽量将客运交通和货运交通做分离设计。

(2)隧道消防设计

当隧道内部发生火灾时,需要及时控制火情,阻止火势的蔓延,主要依靠内部的消防设备。要构建完善的隧道消防设施设备,就需要建立自动探测报警系统和自动灭火系统。

自动探测报警系统一般由探测器、区域报警器和集中报警器等组成,其原理是在火灾发生时,将火灾信号转化成电信号,传输给区域报警器,再由区域报警器传输给集中报警器。

该系统的重点就是传感器,常见的有感烟、感温、感光、感热、可燃气体和复合探测器。当前,使用较多的是感温探测器和感烟探测器。

自动灭火设施种类也较多,一般可分为自动喷水灭火系统、二氧化碳灭火系统、干粉灭火系统、泡沫灭火系统。自动灭火设备是与自动探测器相关联的,从而可以及时、有效地控制火情。

5.6.2 隧道防水灾

城市地下空间的合理规划和利用,不仅可以缓解城市交通拥堵的现状,还可以为城市居民提供方便。但由于我国城市排水系统不完善,一旦发生暴雨,城市地表水极易涌入地下空间,给人们的生命带来威胁,造成巨大的经济损失,对地下空间危害极大,因此,加强城市地下空间防排水的研究和建设势在必行。城市隧道是城市地下空间的重要组成部分,城市隧道的水灾隐患是城市防汛的薄弱环节,做好城市隧道防水灾工作十分重要。

1. 城市隧道防水现状

不论是明挖隧道还是暗挖隧道,我国城市隧道防水技术大体可以分为三种类型。首先,从城市隧道的结构出发,在隧道围岩和衬砌上附加防水层,避免水浸入工程内部。其次,从城市隧道排水出发,将地下水导入工程内部的排水系统,使之不破坏隧道本身的结构。再次,将隧道的防排水结合在一起,在同一工程中既做好防水工作,同时也做好排水工作。防水常常采取的手段和措施可以分为材料防水和构造防水。材料防水是依靠先进的建筑材料阻断水的通路,增强抗渗透能力,例如涂膜防水、卷材防水、抹面防水等。构造防水则是根据实际的城市地质情况,采用合理的构造形式,阻断水的通路,例如地板设置盲沟排水系统到滤层、离壁式衬砌等。其中,混凝土结构的自防水效能是各种防水措施的基础。

2. 防水灾基本原则和重点

城市隧道工程防水灾要贯彻"防汛工作实行全面规划、统筹兼顾、预防为主、及时抢险、局部利益服从全局利益"的总方针,坚持"防排结合""迎水面设防"的原则,并采取"多道设防""复合排水""节点密封"等措施,具体包括如下内容。

①城市隧道工程要以主体结构防水为主,附加设防为辅,组织多道设防。迎水面的防水是附加防水的重点,以避免地下水的侵蚀而降低结构防水层的强度。

②城市隧道工程的防水要防排结合。除采取各种防水工作外,还要尽可能完善排水措施,从而确保城市隧道安全运营。

③城市隧道结构中的施工缝、后浇缝、沉降缝和节点部位都是防水工程的弱点,这些部位应加强防水处理措施。

3. 防水灾措施

(1) 做好城市隧道防水灾工作的应急预案

俗话说:"凡事预则立,不预则废。"尤其是在汛期来临之前,要健全和完善各种应急响应机制。

①根据各城市的气候特点,每年在汛期前组织防台防汛专项检查。

②对城市隧道的现状进行调查,特别是人员密集的地方。

③现有的防汛设备要进行检查,以确保其状态良好,并记录归档。

④对检查中发现的隐患要及时进行整改或更换。各级领导应指导、督促整改工作,确保措施得到落实。

(2) 城市隧道防水灾的工程措施

①防水建材的选择。

防水建材在施工前要做质量检验。防水卷材的性能和施工技术应符合《地下工程防水技术规范》(GB 50108—2008)和《地下防水工程质量验收规范》(GB 50208—2011)要求,必须满足现场的抽检项目指标。

②隧道结构防水。

应根据城市隧道的不同特点采取各自相应的措施,其中底板、侧墙和顶板的防水要求不同,应各自达到防水要求,基层地面应坚固、平整、干燥、无灰尘油污,转角处要做成 50 mm×50 mm 的斜角或半径为 50 mm 的圆角。

应严格按要求贴好自黏卷材。卷材的搭接宽度为 10 cm，或采用 160 mm 宽双面自粘胶带作为搭接附加条，前、后幅卷材短边分别在此搭接附加条上各边贴铺 80 mm 宽，并用密封膏密封短边搭接缝。相邻两排卷材的短边接头应错开 300 mm，以免多层接头重叠而使卷材贴铺不平。卷材四周末端收头套用密封膏密封。粘贴完毕，撕开隔离纸的同时撒铺水泥粉，防止施工人员破坏卷材。

在主体结构完成后，侧墙、顶板进行外防水施工前，要对顶板的混凝土内外基面进行观察，看混凝土表面是否有超过 0.2 mm 的裂缝，若有，在做外防水施工前应进行裂缝修补。

最后，还应做好城市隧道结构防水工程的质量检验。

第6章 隧道施工安全管理

隧道施工安全由开挖爆破、支护、衬砌、出渣与洞内运输、通风、供水、供电、供气(高压风)、排水等几大系统组成,各个子系统在表面上看似相互独立,但在实际施工过程中却是相互影响、相互联系,共同制约隧道施工安全状况。

6.1 隧道施工安全的特殊性

1. 隧洞围岩稳定性的不确定性

在凿岩、爆破后,对围岩的支护和衬砌是否及时是直接影响围岩稳定性的一个方面。另外由于围岩类别的不同,往往采用不同的施工方法,在遇到特殊地质(如膨胀性围岩、黄土、流沙、断层破碎带、岩溶、岩爆等)时,围岩的稳定性很难保证,在强大的地压作用下,可能导致冒顶、片帮、底鼓和支护、衬砌变形,甚至塌方。

2. 施工机械化程度较低

危险源控制是利用工程技术和管理手段消除、控制危险源,防止危险源导致事故、造成人员伤害和财产损失的工作。危险源控制的基本理论依据是能量意外释放论。

控制危险源主要是通过工程技术手段来实现。危险源控制技术包括防止事故发生的安全技术和减少或避免事故损失的安全技术。前者在于约束、限制系统中的能量,防止发生意外的能量释放;后者在于避免或减轻意外释放的能量对人或物的作用。显然,在采取危险源控制措施时,我们应该着眼于前者,做到防患于未然。同时也应做好充分准备,一旦发生事故,应防止事故扩大或引起其他事故,把事故造成的损失限制在尽可能小的范围内。

管理也是危险源控制的重要手段。管理的基本功能是计划、组织、指挥、协调、控制。通过一系列有计划、有组织的系统安全管理活动,控制系统中人的因素、物的因素和环境因素,以有效地控制危险源。

3. 施工环境条件恶劣

随着隧道隧洞施工的不断纵向深入，作业场所在时间和空间上经常发生变化，隧洞的环境条件也随之不断改变和恶化。主要表现在：工作空间狭小（施工设备和机械不但占用空间，而且各种施工活动还要在这样的空间内进行交叉作业），工作照明造成的视觉环境差，灰尘和噪声污染严重，有些隧道还存在着温度过高和湿度过大等问题，不但易发生事故，而且易导致职业病。另外隧道内存在的一些多发性事故（如物体打击、坠落伤害、车辆伤害等）也给职工带来一些精神上的压抑感。而且隧道施工环境是一个恶劣多变的动态系统。因此，隧道施工中恶劣的环境条件以及多变的固有属性是引起隧道施工事故多发的潜在危险因素。

4. 职工素质低

在隧道施工这个人—机—环境系统中，人是主要的，又是脆弱的。由于隧道中作业环境差，工作空间狭小，劳动强度大，工资水平又不太高，这样就难以吸收和稳定具有较高文化及素质水平的工人安心在隧道施工企业长期工作。从事隧道施工的人员大多是分包企业招收的农民轮换工、合同工和临时工，这些职工总体文化及素质水平较低，一旦发生事故，往往惊慌失措，避灾能力薄弱，在很多情况下难以自救，甚至有可能造成二次事故。这样的施工队伍较难形成较好的安全文化氛围，给隧道施工安全工作带来了重大的安全隐患，成为隧道施工事故多发的一个重要因素。

6.2 传统安全管理的不足与应对

6.2.1 传统安全管理存在的不足

安全管理的目的是通过控制消除安全生产中的不安全因素来保障劳动者的人身安全。根据"安全生产，预防第一"的原则，安全管理应该重在预防，即事先运用科学的方法识别危害，采取措施来防止意外。然而，传统的安全管理由于自身方法的局限性，并不能完全有效地保障劳动者的安全。这主要表现在如下几个方面。

①传统安全管理不全面、不系统。安全管理是"全员、全过程、全天候"的管理,必须做到横向到边、纵向到底、专管成线、群管成网,而传统的安全管理没有按照"管生产必须管安全"的原则,将安全管理工作形成分级管理、分线负责的管理网络,安全管理工作落实不到基层,事故控制效果差。

②侧重于追究工人的操作责任,忽视创造本质安全的物质条件;把人身安全和设备安全的有机联系割裂开了,没有深入研究人、物两大要素在事故致因中的辩证关系;没有从整体和全局的观点来控制事故,背离了事故系统的整体性原则。

③把安全工作的重点放在事故的追查处理上,而忽视了事故发生前每一工作环节所潜在的危险,实质上是被动的"事故管理",没有从根本上做到"安全第一,预防为主"。

④只侧重已经形成伤害后果或经济损失后果的"事故分析",没有按事故发生的规律着眼于对"前级事件",诸如间接原因、基本原因等的调查,没有意识到事故是这些事件从量变到质变发展的最终结果,因而无法形成从事故中吸收经验教训的科学方法,导致同类事故在生产过程中不断重现。

⑤传统安全管理是静态管理,没有抓住系统的动态性特征。安全管理涉及生产活动的方方面面,如开工到竣工交付的全部生产过程。因此,生产活动中必须坚持全员、全过程、全方位、全天候的动态安全管理。

⑥没有执行反馈原则,不是封闭管理。反馈是系统自我完善的一种方式,是将偏离目标的信息进行分析并传递到原系统中,发现缺陷,进行改进,为下一阶段的系统行为提供参考的过程。在安全管理中实现反馈过程可以形成封闭管理,使管理系统通过不断自我完善,来实现对新的危害因素的控制。

⑦传统安全管理凭经验和直觉处理安全问题,属于"经验型"管理,因而只能片面、零碎地解决问题,没有由表及里地按系统的结构和功能深入地进行系统的分析。

⑧侧重定性,即只有"安全"或"不安全"的概念,而定量的概念少,几乎无法回答生产中的安全性、发生事故的频率、事故的严重程度等与科学决策相关的问题。

⑨没有确定的"目标值"。没有目标就没有奋斗方向,也无法衡量安全工作的好坏,各级人员也无法知道安全工作需要做到什么程度,安全工作缺乏标准。

6.2.2 建立安全管理系统需要解决的问题

总的来说,要改善传统的安全管理,建立完善的安全管理系统,需要解决以下问题:

①事故发生原因的正确认识问题;
②对危害因素的正确辨识和量化问题;
③如何通过反馈来形成动态封闭管理过程,完善管理系统的问题。

以上各方面相互影响,相对而言,对事故原因的正确认识是解决上一小节中②、③、④、⑦几个不足的关键,是正确辨识危害因素、执行反馈活动的基础;对危害因素的正确辨识和量化是解决传统安全管理中⑦、⑧、⑨三个缺陷的有效途径;通过反馈形成动态封闭管理是消除⑤、⑥两个缺陷的有效途径。只有当三个问题都解决时才可能建立有效的管理系统,实现系统的管理,消除缺陷。

6.2.3 对解决方法的研究

首先,根据事故致因理论,正确认识事故发生机理和规律;其次,运用预先危险分析法,对生产系统进行系统安全分析,正确辨识危险因素,并用 MES 方法对其风险进行量化,并依据国家有关安全法规、条例、标准和规定,以《施工企业安全生产评价标准》(JGJ/T 77—2010)和《建筑施工安全检查标准》(JGJ 59—2011)为基础,结合风险量化后的结果来建立隧道施工评价的指标体系,运用层次分析法,对生产系统进行系统安全分析,并采用带有定性指标的指标体系的赋权方法,确定评价体系中各层因素的权重值;最后,运用模糊综合评价方法对安全管理系统进行定性与定量相结合的评价,采用 PDCA 管理理论根据评价得出的结果对安全管理系统进行改进,通过评价结果的反馈形成动态、封闭的管理过程,进而不断完善安全管理系统。

6.3 安全评价的内容与特点

6.3.1 安全评价的内容

安全评价的主要内容一般分为四个方面:危险的识别、危险的定量、定量化的危险与基准值比较、提出控制危险的措施。危险的识别是分析研究对象存在的各种危险,危险的定量是研究确定这些危险发生的频率以及可能造成的后果。一般将定量化的危险称为风险;与基准值比较是将这些风险与预定的风险值相比较,判断是否可以接受;最后,根据风险能否接受从而提出的降低、排除、转移风险的决策。

6.3.2 安全评价的目的

施工企业通过自身的安全生产评价管理,可以转变安全管理理念,加强安全管理规范化、制度化、标准化建设,完善安全生产条件,实现施工过程安全生产的主动控制,促进施工企业安全生产管理基本水平的提高,从而不断地使安全生产管理系统获得改进。

1. 实现全过程安全控制

系统地从计划、设计、制造、运行、贮存和维修等全过程进行控制。通过安全评价找出生产过程中潜在的危险因素,分析引起系统灾害的工程技术状况,论证安全技术措施的合理性。在设计之前进行评价,可以避免选用不安全的工艺流程和危险的原材料,以及不合格的设备、设施,必须采用时,可提出降低或消除危险的有效方法。设计之后进行的评价,可以查出设计中的缺陷和不足,及早采取改进的预防措施。系统建成以后的运转阶段进行的安全评价,在于了解系统的现实危险性,为进一步采取降低危险性的措施提供依据。

2. 建立系统安全的最优方案,为决策者提供依据

通过安全评价,分析系统存在的危险源及其分布部位、数目,预测事故的概率、事故严重程度,提出应采取的安全对策、措施等,决策者可根据评价结果从中选择系统安全的最优方案和管理决策。

3. 为实现安全技术、安全管理的标准化和科学化创造条件

通过对设备、设施或系统在生产过程中的安全性是否符合有关技术标准、规范、相关规定进行评价,对照技术标准、规范找出存在的问题和不足,对系统实行标准化、科学化管理。

4. 促进实现本质安全化生产

通过安全评价对事故进行科学分析,针对事故发生的各种原因和条件,提出消除危险的最佳技术措施。从设计上采取相应措施,做到即使发生误操作或设备故障时,系统存在的危险因素也不会导致事故发生,实现生产的本质安全化。

6.3.3 安全评价的主要特点

①安全评价不仅应考虑系统内的危险物质、危险结构,而且也应考虑系统的安全防护设施及其之间的相互作用关系。

②安全评价并非完全根据有关的规程、标准来制约技术和工程,而主要是根据客观被评价对象的存在状态、结构关系、灾变机理,灾害物质的物化特性等评价系统对人类可能造成的危害。

③安全评价的结果中含有人类的认识水平和接受能力,是对系统整体运行状态的综合评价。

④安全评价的目的是正确掌握系统的安全状态水平,了解系统安全运行的薄弱环节,改进系统的安全水平,降低系统对人类的威胁程度。

6.4 安全评价指体系的建立

6.4.1 安全评价指标体系的建立原则

隧道施工安全评价体系的建立应当遵循以下原则。

1. 科学性原则

科学能揭示事物发展的规律,作为人们改造世界的指南,建立隧道施工安全评价因素体系,也必须能反映客观实际以及事物的本质,能反映影响企业安全的主要因素。隧道施工过程中事故的发生以及施工过程中的安全状态具有绝对的确定性,这就要求对其评价的指标具有科学性和客观性,评价指标必须通过客观规律、理论知识分析获得,形成知识与经验的互补,任何人为的凭主观性确定的指标都是不可取的,科学性还必须保证评价指标的概念和外延的明确性,对一些模糊性指标,即使无法做到其外延明确,也必须保证其概念明确,不至于混淆。因此,只有坚持科学性原则,获得的信息才具有可靠性和客观性,评价的结果才有效。

2. 系统性原则

安全分析方法和安全分析模型的建立是以系统理论为基础的,评价指标体系的建立也应该遵守系统性原则。系统性原则包括以下几个方面。

①目的性。建立评价指标体系的目的是对隧道施工的安全状况进行评价,以达到安全施工的目的,围绕这个目的就必须建立反映评价系统特征的指标体系,然后进行优化和控制。

②整体性。评价指标之间、评价指标和安全评价整体结果是一个有机的综合体,安全评价不是单个评价指标的简单集合,评价指标及其功能、评价指标之间的关系必须服从安全评价整体目标和功能,安全评价的结果才能反映整体性。

③层次结构性。评价结构有多种,但是在理论和实践中应用较多的是层次结构。评价指标体系由一定层次结构的评价指标组成,在层次结构中,各个评价指标表达了不同层次评价指标的从属关系和相互作用关系,从而形成一个有序、系统的层次结构,使评价指标层次结构更好地反映系统安全评价的功能。

④相关性。要对评价指标体系内部的指标属性进行相关性分析,相关性分析为纵向和横向之间的关系,要使评价指标的相互关系明了、准确,从而建立评价指标之间的结构,达到合理评价的目的。

⑤实用性。评价指标体系的确定要反映同现有历史阶段的科学技术水平、经济状况、工业发展水平相适应的状态,要有较强的可操作性。任何夸大超越或严重落后于国家现有经济发展水平的指标体系都是不合理的,同时,由于企业自身生产特点的特殊性,要根据自身企业的特点确定自己的评价指标体系。所以,不应千篇一律地照搬别的企业的指标体系。

⑥全面性。对企业安全现状的评价是一种全面性、多因素的综合评价,为了保证这一点,选取的因素应具有代表性。选取时应从评价对象的各方面着眼,尽管最后确定的评价因素不一定很多,但选取初始时,被选因素一定要多一些、全面一些,以保证有选取余地。

3. 单元划分与合成原则

在隧道施工过程中的不同位置空间,其中的自然环境、危险物质、设备、设施、人员因素等均不相同,因此直接对整个隧道进行安全评价是困难的,必须根据其功能划分为不同的单元进行评价。从而使得包含于同一单元内的每种灾害模式各自的致灾环境在该范围内具有较大的相似性。在每一单元系统获得评价结果后,采用某一种合成方法进行合成,得出评价值。

4. 可量化原则

为了便于比较,评价因素应当量化。在采用广义多指标评价时,必须采用定性指标和定量指标相结合的原则,只采用隧道施工定性分析而忽略定量分析显然是不全面的,隧道施工安全既包括安全技术又包括安全管理,即具有技术和管理的双重性,评价对象比较复杂,其中有些因素(尤其是管理因素)难以量化。但是,任何事物的发展过程都是质变和量变的统一,事物的质是要通过一定的量表现出来的。因此,评价因素应尽可能量化,安全评价实现定性分析是基础,定量分析是目标。只有量化了,才能揭示事物的本来面目。

5. 稳定性原则

建立评价因素体系时,选取的因素应是变化比较有规律性的,那些受偶然因素影响大起大落的因素就不能入选。

6. 可考核性原则

安全评价的目的是要对近一个评价周期内的安全工作进行考核、评价,了解安全管理的现状及系统的安全状态,并对下一个时期的安全工作进行部署。因此安全评价指标体系的建立还应符合可考核性原则。

还需要指出的是上述各项原则并不是孤立的,而是相互联系并且在评价指标体系中体现的,也只有明确具体的评价对象,对生产的过程和管理方法进行分析,才能具体地体现这些原则。

7. 可行性原则

建立的评价因素体系应该能方便数据资料的收集,能反映事物的可比性,做到评价程序与工作尽量简化,避免面面俱到,烦琐复杂。只有具有可行性,评价的实施方案才能比较容易为企业的安全部门所接受。

6.4.2 隧道施工评价指标体系的建立

建立合理的安全评价指标体系是对隧道施工现场进行全面安全综合评价的关键,是进行综合评价的基础,评价指标的选取是否适宜,将直接影响综合评价的结论。

根据国家有关安全法规、条例、标准和规定，以《施工企业安全生产评价标准》(JGJ/T 77—2010)和《建筑施工安全检查标准》(JGJ 59—2011)为基础，并结合 MES 方法对隧道施工过程中危险因素进行量化的结果将隧道施工的安全评价分为 5 大方面(即准则层)、24 个评价指标，具体内容如下。

人员因素：文化程度、安全心理状态、是否培训上岗、人员技术素质。

行政管理因素：安全管理机构、安全生产责任制、安全检查、安全宣传及教育、劳动保护、领导对安全重视状况、事故应急救援。

现场管理因素：开挖技术的管理、洞内运输的管理、初级支护的管理。

施工设备因素：设备装备完整性、设备先进性、日常维护、定期检修、监测和检测设施。

环境因素：工作面气候条件、噪声、照明、气体环境、工作面地面情况。

6.5　隧道施工安全管理系统

6.5.1　隧道施工安全管理系统的理论基础

1. 戴明 PDCA 循环的概念

循环成功的安全生产管理体系运行模式都是以戴明(Edward Deming)的 PDCA(即策划、实施、检查、处理)概念为基础，其核心都是为生产经营单位建立一个动态循环的过程，以持续改进的思想指导生产经营单位系统地实现其目标。这种模式如今在很多领域都得到广泛运用。

PDCA 循环的概念最早是由美国质量管理专家戴明提出来的，所以又称为"戴明环"。戴明认为：一个完整的 PDCA 循环一般都要经历 4 个阶段，即 plan(计划)、do(实施)、check(检查)、action(处理)。

2. 戴明 PDCA 循环的步骤

根据 PDCA 的动态管理的基本过程，安全生产管理的步骤如下。

(1) P 阶段——计划阶段

安全计划的制定主要包括风险辨识、风险评价、风险目标的制定、风险措施计划等活动。这个阶段的工作内容概括起来包括四个步骤。

①分析安全现状,找出存在的问题。一般可通过对现场的安全检查来了解安全问题;可通过对原始记录的分析,对收集的数据应用统计计算、分析了解安全问题;也可与标准、规范、规定等对照,找出施工工序中可能出现的主要安全事故类型。

②分析安全问题产生的原因。本书使用预先危险性分析法对各施工工序的安全隐患进行识别。

③找出影响安全问题的主要原因。影响安全问题的原因可能多种各样,但必须抓住主要的。企业可以根据安全方针制定可接受风险的标准,并制定企业各职能部门、各项目部、班组和个人对危害因素的识别方法和评价准则,将风险超过可接受范围的危险因素作为主要控制对象。

④针对找出影响安全的主要原因,制定对策计划。这一步骤很重要,所制定的对策计划要具体,切实可行。考虑安全生产管理自身的特点,计划和对策包括:

a. Why(为什么要做),说明为什么要制定各项安全计划或措施;

b. What(做到什么程度),说明要达到的安全目标;

c. How(怎样做),说明如何完成此项目标,即对策措施的内容;

d. Where(哪一个部门),说明由哪个部门负责,在什么地点进行;

e. Who(谁来做),说明安全措施的主要负责人;

f. When(何时完成),说明完成安全措施的进度。

(2) D阶段——实施阶段

这个阶段只有一个步骤,即实施计划。它是按照制定的计划和措施具体组织实施和严格执行的过程。

(3) C阶段——检查阶段

这个阶段也只有一个步骤,即检查效果。根据所制定的措施计划,检查进度和实际执行的效果是否达到预期的目的。如果发现原来的危害辨识与实际的有偏差,必须重新辨识、评价、制定措施及时纠正执行。这种检查既包括对施工方案有效性的检查,也包括对操作标准、规程的检查。

(4) A阶段——处理阶段

对总结的检查结果进行处理,成功的经验加以肯定,对于失败的教训也要总结,以免重现。处理阶段包括两方面的内容。

①总结经验,巩固成绩。根据检查的结果进行总结,把成功的经验加以肯定,纳入有关的标准、规定和制度,以便往后工作时有所遵循;把失败的教训进行

总结整理,记录在案,作为前车之鉴,防止以后再次发生。

②遗留问题,转入下个循环。根据检查中发现的未解决的问题找出原因,转入下一个 PDCA 循环中,作为下一个循环计划制定的资料和依据。

PDCA 管理强调闭环控制的思想,有利于各企业、部门、项目部、班组和个人通过不断的循环来提高绩效,完善管理制度、措施,是一种解决问题的有效的途径。值得注意的是,PDCA 各个过程并不是独立的,在实行过程中一般都是边实施,边检查,边纠正。

3. 戴明 PDCA 循环的特点

(1) 科学性

戴明 PDCA 循环符合管理过程的运行规律,在准确可靠的数据资料基础上,采用管理统计等技术方法,通过分析和处理过程中的问题而运转。

(2) 系统性

在戴明 PDCA 循环过程中,大循环套小循环,环环紧扣,把前后各项工作紧密结合起来,形成一个系统。在管理体系中,整个企业的管理构成一个大循环,而各部门都有自己的控制循环,直至落实到生产班组及个人,另外企业的各项业务活动也构成自己的控制循环。上一级循环是下一级循环的根据,下一级循环是上一级循环的组成和保证。于是在管理体系中就出现了大循环套小循环,小循环保大循环,一环扣一环,都朝着系统管理目标方向运转,形成相互促进、共同提高的良性循环。同时这也是企业的多层次性对管理模式的要求。

(3) 持续改进性

戴明 PDCA 循环每运转一次,必须解决一定的问题,提高一步,遗留的问题和新出现的问题在下一次循环中加以解决,再运转一次,改进一步,循环不止,改进不止。

6.5.2 戴明 PDCA 循环在隧道施工安全管理系统研究中的应用

概括戴明 PDCA 循环在隧道施工安全管理系统研究中的应用,其核心内容就是依系统管理理论的原理,为施工企业建立一个动态循环的管理过程框架,以持续改进的思想指导施工企业以系统的管理方法进行安全管理,实现系统安全的目标。

基于戴明 PDCA 循环模型的概念框架,施工企业建立、实施和改进安全管理系统的过程可以描述如下。

①计划(P)：建立组织的方针、目标和指标，以及实现目标和指标的方案等对策措施。一般来说包括以下问题：一是确定组织的安全管理状况，通过对系统中危害因素的辨识、评价和控制的策划，寻求改进安全管理系统的机会；二是建立安全管理系统的方针，阐明安全管理的原则和战略(总体)目标；三是制定行动计划，依据安全管理方针制定相应的目标指标和具体的安全管理方案以及识别安全管理体系运行的相关活动或过程，并规定活动或过程的实施程序和操作方法等。

②实施(D)：该过程的重点是计划的实施，通过规定各种活动或过程的实施程序和操作方法，以及从组织机构、职责分工、资源保证、信息沟通等方面提供保障支持，保证所有活动在受控状态下进行。

③检查(C)：为了确保计划的有效实施，通过监测、纠正措施等手段，对安全管理体系的实施进行监测控制，确保安全管理体系运行的有效性，检查环节还包括了独立的审核活动。

④评审改进(A)：定期对安全管理体系进行评审，根据组织内外部变化的条件和需求，进行安全管理体系的调整和改善，进入下一个动态循环，促进安全管理系统有效地改进。

戴明 PDCA 循环模型提供了一个由计划、实施、检查、评审等环节构成的动态循环过程的结构化运行机制，隧道施工安全管理系统的设计和开发要充分考虑上述运行机制，隧道施工安全管理系统所给出的规范化的安全管理系统要素及其相互关系应该符合戴明 PDCA 循环模型的闭环结构。

6.5.3　隧道施工安全管理系统的运行模式

将 PDCA 管理模式用于施工安全生产管理中，主要是在企业中各个部门各项目部、各班组中推行 PDCA 循环，使企业各个环节、各个方面的管理有机结合，相互促进，形成一个整体：整个企业的安全生产管理系统构成了一个大的循环，而各级单位、各个职能部门、各项目部、各班组又有各自的 PDCA 循环，从而形成一个大环套小环的综合管理体系。通过大小 PDCA 循环的不停转动，把建筑业企业各个环节、各项工作有机组成一个不断向前推动的安全生产系统，实现总的安全目标。因此，PDCA 循环的转动，不仅体现了组织的力量、集体的力量，将所有的人员纳入安全管理工作中，还体现了安全生产的动态管理。

企业安全生产管理系统的 PDCA 循环仍然是以风险管理的基本过程为核

心,企业最高领导者通过危害辨识确定不可接受风险,确定企业的安全目标和管理措施,以及相关的标准和考核方法。同时,确定风险辨识的周期或时间,以便于及时发现工作过程中的新的危害因素。在措施执行过程中,应及时检查反馈、纠偏,根据相关经验制定相关措施或改进相关管理制度和标准。企业内部各部门和项目部则以保证上级风险控制目标的实现为目的,根据各自的职责、工作流程和管理状况,运用预先危险分析法或故障树分析法分析本组织内的危害因素。也就是说,根据本部门工作的实际情况将上级的相关风险进行细化,然后运用模糊综合评价法对危害因素进行风险评价;根据不可接受风险,制定管理目标、保证措施以及相关考核的办法和标准;对制定的措施严格执行并及时检查、纠偏、改进。

隧道施工企业安全生产管理系统的运行模式如图 6.1 所示。

①从图中可以看出,班组成员的 PDCA 循环是班组 PDCA 循环中的一个环节,班组的 PDCA 循环过程是项目 PDCA 循环中的一个环节,项目部的 PDCA 循环过程是企业 PDCA 循环中的一个环节,环环相扣。安全生产管理的风险控制目标和责任是从上往下分配的。而总循环的正常运转,总方针、风险控制目标的实现是从下往上每一层风险控制实现的结果。任何一个循环的停滞不前都将影响总目标的实现。企业方针的实现是各级所有风险得到有效控制的最终结果。

②建筑施工企业各级的危害辨识、风险评价和风险控制策划活动,是整个管理程序实现"预防为主"与"持续改进"的关键,是各个 PDCA 小循环的基础,也是众多要素决策的基础。因此,必须保证这三个步骤过程的有效性。在体系运行过程中,考虑到隧道施工企业施工现场变化频繁、流动性大,而且生产工艺和方针多样、规律性差的特点,建筑施工企业各级管理者应该按预定的时间或由管理者确定的时间或周期对危害辨识、风险评价和风险控制过程进行审核。同时,当企业或项目的客观状况发生变化,使得对现有辨识与评价的有效性产生怀疑时,也应立即组织相关方进行审核,要在发生变化前即采取适当的预防措施,并确保在各项变化实施前,通知相关人员,及时对其进行相应的培训或重新进行技术交底。

③安全评价具有一定的主观性,与个人的风险偏好、心理状态和安全知识水平等有关。若上级和下级对风险的认识出现不一致,那么就可能出现安全风险目标不能有效分解,安全措施不能有效贯彻落实的情况。为此,企业内部应加强上级与下级之间的有效沟通。各级领导者应该参与上级风险目标和保证措施的

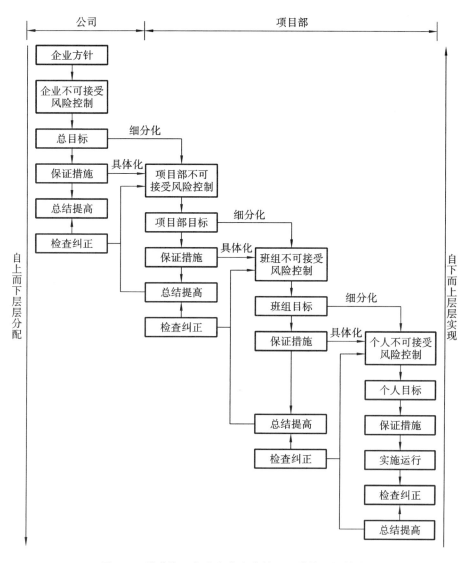

图 6.1　隧道施工企业安全生产管理系统的运行模式

制定,并与下级一起讨论制定本组织内部风险控制目标以及考核方法,形成文件传达给相关方,以得到相关部门的配合。上级领导还应及时指导下级工作,协调下级之间的关系,及时纠正本组织内部风险控制措施执行过程中的偏差,形成文件反馈到相关部门,以不断改进管理方法、制度和标准。

第7章 城市下穿隧道工程安全管理

安全管理是企事业单位采用管理或技术措施来保证单位生产的安全。安全生产管理是运用一切可利用的资源,对生产中的人、材料、机械、环境状态的管理与控制,避免发生危及生命安全、污染环境的事故,实现安全生产。安全管理不是静态的管理,应根据实际情况,适时进行动态调整。

7.1 下穿隧道工程相关理论

7.1.1 城市下穿隧道工程项目特点

城市下穿隧道工程作为建筑工程的一种,具有建筑业普遍的特征:项目具有单件性、从业人员流动性大、建设项目施工环境复杂、劳动密集等。与路面道路工程相比,城市隧道工程还具有自身独有的特点。

①受地质、水文条件影响大。城市下穿隧道工程作为地下构筑物,其建设过程受到地质条件和水文条件的直接影响,因此项目施工环境差、技术要求高。城市隧道项目在开挖前,需要采取措施对土体进行加固补强,包括使用搅拌桩或者地下连续墙等方式,这些方式直接与工程所在地的地质和水文条件相作用,因此需要额外关注项目所在地的地质和水文条件。隧道开挖后衬砌前,需要采取措施来对抗土体的主动压力。另外,地层也不能暴露太久,开挖后应及时衬砌,防止滑坡等安全事故。

②交叉作业多。城市下穿隧道工程是地下作业工程,涉及多工种和多工序的联合作业,施工工作面小,容纳工人少,开挖时,出土、进料运输量大。现场施工时,必须科学规划,全盘考虑现场机械和人员交叉作业的安全。

③场地布置复杂。进行下穿隧道改造的城市道路,通常地处交通量较大的区域,同时隧道工程施工复杂,现场需要使用的机械设备多,而场地却有限,因此场地布置困难,需要进行综合性的平面布置。

④机械作业多。因为涉及深基坑的开挖、降水和基坑的支护,城市下穿隧道

工程除了地面道路工程使用的机械,还包括搅拌桩机、泵车、吊机、降水设备、应急发电机等。需要对机械设备的运行和使用机械统筹管理,既要保证效率,也要保证安全。

⑤和既有构筑物间影响大。城市下穿隧道工程需要对既有道路进行架空和加固,保证既有道路的正常通行,无法进行完全封闭的施工。出渣和泵车运行等和现有交通交叉,加剧了交通和施工环境的复杂性,易发生交通事故和机械伤害等安全事故。

因此,做好城市下穿隧道工程的安全管理工作,需要结合项目的特点,编制科学合理的施工组织设计,并按设计实施。

7.1.2 适用于城市下穿隧道工程项目安全管理的规定

《中华人民共和国安全生产法》规定了安全生产管理的总方针:"安全生产工作应当以人为本,坚持安全发展,坚持安全第一、预防为主、综合治理的方针。"城市下穿隧道工程的建设应以总方针为指导。适用于城市下穿隧道工程安全管理的规定还有如下各项。

①"三必须"原则:"管行业必须管安全、管业务必须管安全、管生产经营必须管安全。""三必须"要求城市下穿隧道工程项目在建设时,企业及项目部的主要负责人都要参与项目的安全管理工作。

②"三同时"制度:保证安全生产的设施与工程建设"同时设计、同时施工、同时投产使用"。"三同时"是随着中国建筑业的发展和建设经验的积累提出来的,具有现实的指导意义。城市下穿隧道工程施工中,在备用发电机安装到位的情况下再进行基坑降水工作就是满足这个制度的要求。

③"三不伤害"原则:"不伤害自己,不伤害他人,不被别人伤害。"项目部在开展安全生产教育时,应将"三不伤害"原则告知全体职工,并在项目实施过程中严格执行。

④"四不放过"原则:"事故原因未查清不放过、责任人员未处理不放过、整改措施未落实不放过、有关人员未受到教育不放过。"四不放过原则是发生安全事故时采取的处理原则。该原则对于事故的分析、处理、人员教育和后期安全事故预防都有十分积极的意义。

7.1.3 城市下穿隧道工程安全风险原因分析

城市下穿隧道工程具有投资大、工期长、安全风险因素多、施工技术要求高等特点,因此,工程建设易发生安全生产事故。根据事故的致因特征,将城市下穿隧道工程安全风险的原因分为直接原因和间接原因。

1. 直接原因

根据系统工程的观点,造成城市下穿隧道工程安全事故的原因包括施工中人的不安全行为、物的不安全状态、环境的不安全因素和管理缺陷。

(1) 人的不安全行为

人的不安全行为是安全事故发生的直接因素。其又分为以下各项。

①安全知识缺乏。现场施工工人缺乏相应的安全知识时,就不能判断其操作是否安全,也不能针对出现的安全问题进行改正。比如,城市下穿隧道工程施工中,现场工人缺乏必要的隧道边坡滑坡征兆预判知识时,在滑坡发生前,就不能采取有效的措施来避免事故的发生。

②技能水平低。技能水平和现场工人的教育、工作经验和培训经历相关。技能水平低,会对安全事故的隐患认识不到位,处理问题也可能治标不治本,遇到新环境不能及时适应,遇到新问题不能提出有效的解决方法。

③安全意识缺乏。缺乏足够的安全意识,就不能察觉自身的不安全行为。比如:在脚手架上作业时,未使用安全带等劳动保护用品;吊车进行吊装作业时,支腿未设置在坚固平整的基础上即开始吊装等。

④不安全的习惯。工人在生产过程中形成的不安全习惯,这些不科学的习惯是造成安全事故的重要原因。比如电工为了省事,不采取绝缘措施即进行带电操作。

(2) 物的不安全状态

物的不安全状态包括现场施工机械、施工材料、施工设施等的不安全状态。

①现场施工机械的不安全状态。城市下穿隧道工程涉及的施工机械较多,包括吊机、搅拌桩机、摊铺机、挖掘机等。机械设备的不安全状态包括机械本身的不安全状态和使用过程中未按规定操作的不安全状态。

②施工材料的不安全状态指钢筋、水泥等原材料或构件存在质量缺陷,影响隧道构筑物的质量而造成安全事故。

③施工设施的不安全状态指城市下穿隧道工程使用的脚手架、钢支撑、发电设备等设施的不安全状态。

(3) 环境的不安全因素

环境的不安全因素包括隧道内部作业环境、隧道外部自然环境和隧道周边环境的不安全因素等。隧道内部作业环境的不安全因素包括照明不足，作业空间狭小，交叉作业不方便等。隧道外部自然环境的不安全因素包括气候、洪水等异常情况，来自隧道施工内部的自然灾害和隧道外部的自然灾害。隧道周边环境的不安全因素包括隧道工程项目周边的构筑物、既有管线等，隧道周边的环境受项目施工的影响，同时也影响项目的实施。

（4）管理缺陷

不论是人的因素还是物的因素，研究发现，发生事故的根源在于管理有缺陷。管理缺陷包括管理程序、教育培训、安全检查、质量控制等方面的缺陷。导致安全事故的管理缺陷主要包括企业的主要负责人和项目负责人对安全管理不重视，安全规章制度未建立或不健全，安全教育培训不到位等。城市下穿隧道工程施工中，劳动力密集，工人文化程度较低，加强安全管理工作就显得尤为重要。

2. 间接原因

间接原因是造成直接原因的原因。间接原因包括教育因素、身体因素、技术因素及管理因素等。

①教育因素。教育因素包括受专业教育的水平和上岗前的安全教育等。专业教育的水平直接关系到现场的操作水平，比如学习过水准仪使用的人才能操作水准仪进行测量放样。上岗前的安全教育是将施工中的安全危险因素、应掌握的安全操作常识向工人传授的过程。缺乏相应的教育，就可能在实际操作过程中成为导致安全生产事故的间接原因。

②身体因素。身体因素指的是现场施工人员的身体状况，现场施工工人部分年龄较大，易生病（高血压、中风等）、具有身体缺陷（听力下降、近视、远视等）、身体机能异常（长时间高温环境操作、睡眠不足等）等，直接影响工人自身的安全，也是导致安全生产事故的间接原因。

③技术因素。技术因素指技术上的问题引起事故的原因。如城市下穿隧道中吊装作业时未考虑安全稳定系数，围护结构材料选用不当，现场机械检查和保养不及时，危险场所的防护设备不足以及安全警报不满足要求等。

④管理因素。管理因素涉及直接原因，也涉及间接原因。管理的间接原因包括项目相关负责人的安全责任心欠缺、安全管理机构未设置、交叉作业组织不合理等。

7.2 安全管理现状分析

7.2.1 城市下穿隧道工程安全管理现状

我国隧道工程安全管理研究相对发达国家起步较晚,从改革开放以后,中国的城镇化达到一定的规模,渐渐开始地下工程建设时,才慢慢有学者开始隧道工程的安全管理研究。

城市下穿隧道工程渐渐增多,我国的理论研究也在稳步推进,通过众多学者的努力,形成了许多指导地下工程项目安全实施的理论。城市下穿隧道施工项目的慢慢增多和完成,也形成了有实战指导意义的经验。但我们也发现,尽管开展了一些理论研究,在城市下穿隧道的实际施工中,安全事故也是屡见不鲜,因此,有必要就城市下穿隧道工程的安全管理展开深入的研究。

7.2.2 城市下穿隧道工程安全管理特点

城市下穿隧道是向地下谋求空间进行快速化改造或者绕过现有构筑物进行施工建设道路的形式。其相对于路面道路工程具有自有的特点。

①安全管理难度更大。城市下穿隧道工程伴随的是深基坑工程,深基坑的降水、支护和开挖都属于危险性较大的分部分项工程,需要在实际的安全管理中格外用心。

②安全管理涉及因素更多。城市下穿隧道主体结构是位于地下的构筑物,施工中除了路面道路工程涉及的相关安全因素,还包括项目地质和水文数据等因素。

③安全管理期更长。安全管理涉及项目开工到竣工验收的全过程,城市下穿隧道涉及深基坑的施工,工期一般都在两年以上,为了保证安全管理的持续性和有效性,对项目部安全管理人员提出了更高的要求。

④安全管理中临时设施管理更复杂。城市中新建下穿隧道常见的原因是道路通行能力不够,不能满足现有交通量,因此,城市下穿隧道工程的交通导改势必要求更高,导改涉及安全管理因素更多,在保障工程顺利施工、保证机动车和非机动车顺利通行的情况下,确保导改方案切实可行。

⑤安全管理中涉及第三方更多。城市下穿隧道在建设、投入使用时,涉及的

第三方主体较多,包括雨污水管道、通信管道和电力管道等。与第三方的沟通协调及施工中对各管线的保护,是保证安全施工的重要前提。

⑥安全管理中涉及机械作业更多。城市下穿隧道工程施工中除了包括路面道路工程使用的压路机、装载车、摊铺机、混凝土泵车等,还包括下穿中使用的各类桩基、吊机、回旋钻机、发电机和各类加工机械等。施工中,要对各类现场机械进行安全管理,保证机械的使用稳定和安全。

7.2.3　城市下穿隧道工程安全管理实践问题

城市下穿隧道安全管理在实践层面分为以下两个阶段。

1. 准备阶段

①掌握城市下穿隧道工程勘察和设计文件,进行道路工程项目安全文明施工及下穿隧道工程安全施工相关文献的搜集学习,对工程进行 BIM 建模,掌握道路工程项目安全施工等相关规范,掌握城市下穿隧道工程施工安全管理要点。

②考量需要掌握的现场信息和形成相关的安全管理预案,编制各种安全专项方案。

③识别城市下穿隧道工程安全管理风险因素,获得工程施工安全风险清单。

④针对不同的安全管理风险因素,构建对应的安全风险处置措施。

2. 现场实施阶段

①现场了解施工项目的地质条件和水文条件,了解附近交通情况,掌握项目部进场人员、材料和机械的情况,分析工程施工中各种安全风险因素,现场实时监测工程施工各项安全风险数据等。

②针对掌握的数据,制定和执行相应的安全管理措施,包括制定、执行交通导行方案,设置安全管理机构和安全管理制度,落实三级安全教育,实时监测支护结构的位移数据等。

③针对掌握的施工项目现场的施工现状、监测的现场数据和安全管理措施执行的情况,完善安全管理措施,最终达到项目的安全管理。

7.2.4　城市下穿隧道工程安全管理事故分析

2008 年 7 月,杭州灵隐路下穿隧道工程发生塌方事故,事故造成一辆出租车掉入基坑、一人死亡,经过对塌方现场的勘探,发现问题主要在于两点:一是此段时间为苏南地区梅雨季,雨期基坑排水不足,积水严重,积水渗透土体,使土体丧失应有的持力作用;二是该下穿隧道工程位于闹市区,工程位于交通量很大的交叉口,各种中、大型车辆也较多。从此项目安全事故的原因分析中可见,项目部在项目安全管理中未对梅雨季充分考虑,排水设施不足,导致施工现场积水严重,影响了土体的结构性能,外加高强荷载,导致工程发生了塌方的安全生产事故。

2019年4月,荆州海子湖大道道路建设工程下穿荆沙铁路项目在建工地施工吊卸作业时发生一起致1人死亡的起重伤害事故。事故起因:施工中,轨道起重车在项目现场吊起钢筋后,因吊装未按规定操作先进行悬停试吊,导致起吊后钢筋晃动幅度较大,见此情景,现场卸吊工未遵循相关规定(不得在吊机吊装物品时站立于旋转大臂下),用木棍推扯钢筋,试图进行平衡。随后,起重车失稳倾覆,该工人躲避不及,被起重车臂砸中头部,送医后抢救无效死亡。该安全事故的发生,体现了项目部和项目班组在吊装安全作业管理中的不足。首先,吊装司机未按规定进行试吊,同时吊机未将支腿架设在稳固的地基上,导致后期吊车倾覆;其次,现场装卸劳务工未按规定进行作业(在吊机作业时,不得在吊机大臂范围内进行活动或生产,如须进行卸装,应在吊装物离地面小于规定要求后,方可进入吊装区)。

城市下穿隧道工程施工中的安全事故屡见不鲜,导致安全生产事故的原因也多种多样,如何对城市下穿隧道施工中的安全管理因素进行全面的分析和管理,保证项目的安全施工,显得重要且具有现实意义。

7.2.5　城市下穿隧道工程中危险性较大分部分项工程识别

根据中华人民共和国住房和城乡建设部《关于印发〈危险性较大的分部分项工程安全管理规定〉的通知》(建质[2009]87号),结合城市下穿隧道工程的实际情况,对城市下穿隧道工程施工中的安全风险较大分部分项工程进行识别。城市下穿隧道工程中危险性较大的分部分项工程主要包括:施工前期的交通导行、降水工程、施工现场临时用电和施工现场防火等;施工过程中的脚手架工程,模板工程,高处作业,拆除工程,桩基施工,深基坑土方降水、开挖、支护施工,钢支撑施工,吊装作业,现场机械作业等。施工中临时措施工作包括季节性安全施工,夜间施工,雨期施工,临边、洞口施工,施工现场防火和交叉作业等。

7.2.6　城市下穿隧道工程施工安全管理制度分析

城市下穿隧道工程作为建设工程项目,其全过程的安全管理需要施工现场人员、施工班组、项目部以及全公司的力量和管理才能实现。因此,一套科学、系统的安全管理制度显得十分重要。

企业层面,制度建设尤为重要,包括制定企业层面的安全政策,建立健全本单位的安全生产责任制、安全生产教育及培训制度、安全生产责任考核制度、安全生产资金投入和保障制、意外伤害保险制度等。

项目部层面,结合城市下穿隧道工程项目进行安全制度建设,包括建立健全安全管理机构,建立项目安全生产全员参与制,建立劳保用品管理和使用制度、隐患整改制度、特种作业人员管理制度和使用PDCA循环进行安全管理制等。

班组层面,针对安全管理,包括岗前培训,落实资格人员持证上岗制度,落实安全交底制度、劳保用品检查和使用制度、安全事故报告制度和工序完成后首先自检的制度等。

在项目的实际施工、安全管理中,各层面制度中时常有被遗忘的情况。在城市下穿隧道工程项目施工中保证安全管理,严格落实各层面的安全管理制度,就显得十分重要。

7.3　安全风险管理流程

城市下穿隧道工程具有施工环境复杂,受地质条件和水文条件影响大等特征,不论从工程项目设计角度还是从现场安全管理角度看,都存在很大的安全风险。因此,本节对城市下穿隧道工程安全管理的流程进行研究,以期在进行实证研究,面对具体的分部分项工程时,能有效地进行安全风险管理。

7.3.1　安全风险识别

1. 安全风险识别的含义

安全风险识别是通过调查,发现项目建设中存在的安全风险,包括安全风险存在的位置、可能发生的时间节点和原因等。

安全风险识别的任务是针对需要分析的研究对象和研究目的,通过安全风险调查、专家论证或试验验证等方法,确定最终的安全风险清单。

2. 安全风险识别流程

根据规范,将安全风险识别分为五个过程:确定参与者、收集相关资料及专家咨询、风险调研、风险筛选和编制风险识别报告。

①确定参与者。参与者指工程项目涉及人员,包括甲方、监理、施工方等现场人员,还包括行业专家、勘察设计等人员。

②收集相关资料及专家咨询。安全风险识别中,应当全面收集研究对象的资料,并向行业专家咨询,需要收集的资料包括在建工程的资料、类似工程的资料、存在业务关系的部门资料和其他相关资料等。

③风险调研。风险调研是指对安全风险进行调研,了解研究对象的发展动态。如城市下穿隧道工程施工风险问题,需要跟踪施工现场。

④风险筛选。通过前三个步骤可以发现,一个研究对象可能存在的安全风险不止一个,进行安全风险控制时,因为成本原因,不会全面考虑每一个风险因素,只能对安全风险进行进一步筛选,选择安全影响较大的风险。以城市下穿隧道工程安全风险识别为例,施工期间发生地震的风险几乎为零,因此,在进行风险筛选时,可以不用考虑此风险。

⑤编制风险识别报告。通过风险筛选,形成风险清单,结合城市下穿隧道工程的实际情况,编制风险识别报告。

3. 安全风险识别方法

安全风险识别方法包括经验分析法、专家调查法、数值模拟法和概率统计法,在工程项目实施中,为保证识别结果的有效性,通常综合采用这四种方法对城市下穿隧道工程的安全风险进行识别。

①经验分析法。指根据项目实施的实际情况,搜集类似研究对象的安全风险分析报告等资料,获得项目的风险识别清单。

②专家调查法。指行业专家通过分析工程相关资料,确定安全风险清单的方法。

③数值模拟法。指针对可能存在的安全风险,通过模拟数据的方法分析安全风险发生的概率。

④概率统计法。统计类似工程的安全风险,以概率分级的形式列出风险清单。

7.3.2 安全风险因素识别

1. 安全风险因素的含义

安全风险因素也称为风险源,是建设工程发生安全事故的直接原因,如施工方案、施工人员和施工设备等。安全风险因素的确定是进行风险评估的前提。

2. 安全风险因素分类

城市下穿隧道工程施工风险因素比较复杂,可以从产生原因、目标来源和产生行为等角度划分。

①从产生原因角度划分,可分为经济因素、社会因素等。

②从目标来源角度划分,可分为内源性和外生性两个方面的因素。内源性因素包括地质情况、水文条件等;外生性因素指施工计划、施工方案等。

③从产生行为角度划分,分为系统风险和非系统风险。系统风险是非个人行为引起的风险,往往会对工程周边环境造成较大影响。非系统风险与系统风险相反,是个人行为引起的风险,影响小,易于控制。

3. 城市下穿隧道施工风险因素分析流程

鉴于城市下穿隧道工程安全风险因素的多样性和复杂性,安全风险因素识别流程如图7.1所示。

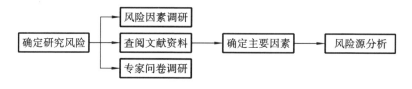

图7.1 安全风险因素识别流程

4. 城市下穿隧道工程地层变形安全风险主要因素分析

根据岩土力学理论,隧道施工中的地层变形是由多种因素共同作用的结果。隧道开挖破坏了原有的土体力场平衡,引起围护应力的变化,最终导致地层变形。

城市下穿隧道的开挖,往往会造成地层的形变,包括地层的固结变形、地层应力损失等。

城市下穿隧道施工具有上部构筑物交叉、地下水影响大的特点,分析地层形变,应从"地层—隧道—上部结构""土体—结构—水"的角度进行分析。

通过查阅资料和结合工程实践,造成地层变形的安全风险因素包括地质水文条件、隧道断面、隧道长度、施工方案和施工组织措施等。各种因素常常相互关联,实际工作中,要分析多因素共同形成的影响。

(1) 地质条件

地质条件包括工程地质和水文地质两个方面,前者主要包括土体的完整性和强度性能。城市下穿隧道工程所在地地质条件对项目开挖时的处理方案和措施影响很大。地质条件好的,如中等密实以上的软岩地层等,开挖时,地表沉降小,开挖面的断面收敛小,易于控制;地质条件差的,为了控制开挖面,则需要采取辅助安全的施工措施。可见,地质条件的情况直接影响城市下穿隧道工程施工方案的选择。

(2) 施工方案

隧道施工方法主要有矿山法、盾构法、明挖法和浅埋暗挖法四种。不同施工方法的施工要求不同,施工的难易程度也不同,控制地层变形的效果也有区别。针对具体的城市隧道工程项目,方案的选择要根据工程当地的地质条件、隧道的长度和宽度等综合决定。

(3) 隧道断面和埋深

城市下穿隧道在设计时,断面尺寸根据实际情况而不相同,不同的断面尺寸对地表的影响也不一样。资料表明,其他条件相同的情况下,隧道断面差异对于地表的沉降影响明显。如某下穿通道,A 通道开挖断面为 9.5 m,地表平均沉降为 10.1 mm;B 通道开挖断面为 7.4 m,沉降却仅有 4.1 mm。分析其原因,一是开挖断面大的,施工作业需要更长的时间,对土体的扰动更严重;二是断面尺寸大的,相同条件下,结构稳定性更差,隧道边缘的土体对地表的荷载变化更敏感。城市下穿隧道工程中,隧道的埋深也是影响地层变形的重要因素。确定隧道的埋深受很多因素的影响,包括工程地质水文、地下构筑物、支护结构的稳定性等。根据经验,隧道的埋深越大,越能有效地控制地层变形。

(4) 隧道断面现状

隧道的断面形状对土体的支护结构和土体的应力分布都有很大的影响。从力学原理角度分析,圆形和类圆形的马蹄形等结构对地表的影响较小。

(5) 支护结构的稳定性

支护结构的稳定性包括支护体的强度和刚度。支护结构越稳定,对地层的控制越好。但是支护体强度、刚度的增大意味着成本的增加,实际操作时,通常选取一个相对合理的值,对两方面进行统筹兼顾。

(6) 辅助施工措施的影响

城市隧道开挖时,为了保持开挖面稳定,防止出现涌水、涌砂或土体坍塌等安全事故,工程施工时,常采取工程降水、注浆和管棚超前支护等措施。

①工程降水。工程降水可以有效降低地下水的渗透压力,提高土体的密实性。城市下穿隧道工程中,通常都会采取降水措施来保证项目的安全施工。

②注浆。城市下穿隧道工程施工中,可以根据工程的需要,进行注浆加固。注浆的参数需要根据工程周边地质水文条件、隧道埋深等来确定。对地层进行注浆加固和止水,可以避免大部分的施工安全事故。

③管棚超前支护。管棚超前支护通常应用于地质条件较差的情况,是为了保证开挖安全而采用管棚来增强地层承载力的支护方法。

(7) 不良地质条件

不良地质条件指易滑坡、崩塌、偏压地层、软土地段等土体自塑性较差的地质环境,不利于城市下穿隧道工程的施工。不良地层施工时,支护结构除了要承受土体压力,还要考虑滑坡、坍塌等荷载。

(8) 上部荷载的影响

对于城市下穿隧道而言,上部的荷载是不可避免的,而且是多方面的荷载,包括上部构筑物的荷载、顶部道路车辆通行的荷载等。这些荷载对地层的变形都会有影响,在施工时,需要采取措施进行有效的应对。

(9) 其他风险因素的影响

隧道涌水、流砂和工作面失稳等安全风险因素都会导致地层变形。

(10) 人的影响

人的因素是施工管理中对地层变形影响积极的因素。人的因素包括管理人员的管理能力和施工现场人员的操作技能。人的因素直接影响工程的质量和过程控制。这些影响会直接反馈到地层的形变中。根据报告,很多施工单位已经引入标准化的质量管理体系,用以保证施工质量和施工的安全。

人的因素对地层变形的影响,包括:人的不规范行为,如施工中超挖,导致土体应力损失,从而使地层产生形变;钢支撑等施工质量不合格引起的地层变形等。

(11) 降水等渗流影响

通常，城市下穿隧道工程的工期都在一年以上，基本都会受到雨季的影响。施工时，必须考虑强降水等渗流引起的地层变形。水的渗入，会降低土体的强度，引起工作面在荷载下失稳。另外，城市下穿隧道工程施工时，周围管线特别是雨污水管线如果没有处理好，在地层变形时，极易造成水管破裂，出现渗流，引起地层变形。

(12) 现场监测不到位

城市下穿隧道工程具有复杂性、动态性的特点，对于开挖隧道和周边环境应进行动态监测，及时对异常数据进行分析并反馈。发现异常时，需要对已支护的开挖段进行补强。如果未进行数据监测或反馈信息不及时，也会出现地层形变增加的情况。

7.3.3 风险接受准则

风险接受准则指工程项目在某个时间节点或某一阶段可接受的风险级别，反映了甲方、施工单位、社会等各主体对安全风险的接受程度。风险接受准则是风险评估的前提，也决定了工程建设过程中面对不同的安全风险所采取的措施。

1. 风险接受准则的制定原则

安全风险的控制措施需要投入人力、资金、技术和其他资源。安全风险的有效处置和资金投入是相关联的，如何进行平衡，就需要正确地运用风险接受准则。

风险接受准则的原则包括以下各项。

①最低合理可行原则。该原则以合理性成本最低为原则，既没要求规避所有的风险，也不放过任何可能造成重大危害的风险。

②社会风险首要原则。如果安全风险因素会对社会造成比较严重的影响，则必须尽可能降低事故发生的概率。

③比较价值原则。对新旧系统进行比较，确保新系统的安全风险不高于旧的系统。

2. 城市下穿隧道工程风险接受准则的制定方法

风险接受准则的制定方法有 ALARP(as low as reasonably possible)、年死亡风险(AFR)值、风险矩阵和社会效应优化等。

①ALARP法。该法是国际隧道协会推荐的风险管理方法,其思想是不可能通过预防杜绝所有工程安全风险,必须在处置安全风险因素和资金投入上做出平衡。

②年死亡风险(AFR)值。AFR反映了一个人在一年内死亡的风险,是衡量个人安全风险的数值。

③风险矩阵。该方法采用概率统计的方法对安全风险进行评价,对安全风险的发生概率(P)和风险后果(C)进行统计分析。

④社会效应优化法。该方法使用生命质量指数来反映社会或人的生活质量,建立综合性指标来制定风险接受准则。

尽管城市下穿隧道工程具有复杂性、单件性等特征,仍然可以参照类似工程的安全风险研究成果,分析类似工程安全事故的原因,综合国内的相关规范,制定城市下穿隧道工程的风险接受准则。

7.3.4 安全风险评估

1. 安全风险评估概述

城市下穿隧道工程安全风险评估是在获取安全风险因素清单并对清单进行分析的前提下,以安全风险接受准则为前提,构建科学的评估体系,测算出在某一节点,某一风险发生的概率及后果,从而通过公式确定这一安全风险的等级。

简单来说,隧道安全风险评估就是要获得式(7.1)的结果:

$$隧道风险(R) = 发生概率(P) \times 风险损失(C) \tag{7.1}$$

2. 常见风险评估方法概述

风险分析应用范围很广,常见于银行、工程和制造等行业。风险评估方法很多,包括定性分析法(专家评议法、德尔菲法等)、定量分析法(蒙特卡罗法、模糊矩阵等)、综合法(事故树法、决策树法、因果分析法等)。无论采用哪种方法进行风险评估,都有其局限性,因此在实践中,通常综合应用各种方法。

3. 城市下穿隧道工程施工风险评估流程

风险评估指标体系是进行风险评估的基础,也是风险评估流程的关键。在对工程参建各方主体调研的基础上,通过分析、归纳来确定风险评估流程。城市下穿隧道工程安全风险评估流程如图7.2所示。

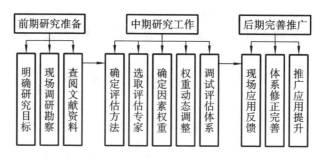

图 7.2　城市下穿隧道工程安全风险评估流程

实际操作时，从城市下穿隧道工程安全风险因素的特征出发，以监测资料为参考，结合各种因素的影响，为工程的风险评估提供科学的方法。

7.3.5　安全风险处置

安全风险处置指根据风险评估情况，在分析风险因素客观条件的基础上，采取对应措施降低安全风险等级的行为。

1. 风险处置态度

风险处置态度指面对安全风险因素采取的态度。通常分为风险偏好（risk appetite）、风险中性（risk neutral）和风险厌恶（risk averse）三种。风险偏好指乐于接受该风险。风险厌恶指面对不确定的风险收益时表现不愿承担风险的态度。风险中性则介于两者之间。可见，面对同一风险，持不同风险态度的主体会采取不同的风险处置措施。在工程安全风险分析时，要时刻关注各方主体的风险态度，并最终确定采取何种风险处置措施。

2. 安全风险处置策略

风险处置策略是指面对特定的安全风险所采取的处置措施及组合，包括风险自留、风险缓解、风险转移和风险规避。

①风险自留。指风险主体自行承担风险可能造成的损失。常见于风险造成的损失较小，通过加强管理能够有效避免的风险。

②风险缓解。指通过对风险的管理，降低风险发生的概率、减少风险发生时的损失。

③风险转移。指必须面对的某些风险，而这些风险又超过自身的承受能力时，采取措施将这些风险的权利、义务进行转移的措施，比如对工程项目进行投

保或者进行分包等。

④风险规避。风险规避指当某风险发生的概率高,发生时造成的损失也大,没有有效降低风险的措施时,采取放弃原来施工方案或者放弃项目的行为。

实际工程施工中,可以根据现场的情况和系统的风险管理水平选取一种或多种相结合的策略,保证城市下穿隧道施工目标的实现。

3. 风险处置措施

风险处置需要具有针对性,同时遵循科学合理的原则,风险处置可以从以下几个方面入手。

①组织层面。建立合理的项目管理组织结构、设立组织领导小组、建立工作流程组织等。

②技术手段。运用工程技术来改善周围的环境或自身结构情况,采用技术措施缓解风险。

③管理层面。提高业主、勘察、设计等工程建设主体的安全风险意识,增强各主体工作责任心,提升安全管理的水平,减少安全风险的发生。

④经济手段。经济手段作为直接的处置措施,具有积极的作用,可以明显提高项目建设各主体安全风险管理的主动性和积极性。例如加大安全风险事故的处罚力度等。

4. 风险处置的管理措施

近年来,我国越来越重视工程的安全管理,在安全管理上出台了很多法律、法规,提出了项目经理负责制、监理制和质安监管等制度。如何改善安全管理环境,可以从以下方面入手:制定科学合理的规章制度并执行到位;定期组织安全教育;定期进行安全检查;建立实时的监测系统;形成完善的安全风险费用投入制度。

7.3.6 安全风险预警

安全风险预警指通过现代化的手段监测施工过程中的重要指标,并对监测的数据进行分析,发现安全隐患时,及时采取措施,避免安全事故的发生。

1. 城市下穿隧道工程施工风险动态预警流程

城市下穿隧道工程施工地下环境复杂,地上构筑物交叉,地面荷载多变,施工中安全风险因素具有动态化的特点。因此,需要根据变化的施工环境,动态监测各类风险因素。遇到异常数据,及时预警,采取措施来降低风险发生的概率,保证施工的安全。城市下穿隧道工程施工安全风险动态预警流程如图 7.3 所示。

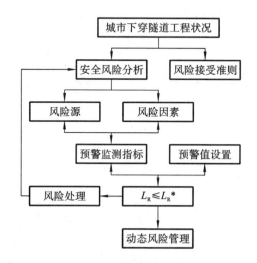

图 7.3 安全风险动态预警流程图

2. 动态风险预警原则

动态风险预警系统设置应遵循的原则包括:
①指标易于监测,易于分析统计;
②预警值的设置合理;
③监测频率适中。

3. 安全风险预警主要内容

城市下穿隧道工程施工预警系统体系指标主要包括如下各项。
①预警体系:包括监测指标、报警阈值、预警区间等。
②预警应对机制研究:研究安全风险因素报警后的解决方案。

7.4 安全管理制度制定和优化

城市下穿隧道工程安全风险管理流程研究是对项目实施现场安全风险因素

安全管理操作层面的研究,做好城市下穿隧道工程的安全管理,企业及项目部安全管理制度的制定、执行和优化必不可少。本节从宏观层面为工程项目的安全管理提供制度保证。

7.4.1 企业层面安全管理制度制定和优化

1. 制定城市下穿隧道工程项目安全目标

结合城市下穿隧道工程的特征,企业制定项目的安全目标。安全目标的指标应尽可能量化,包括项目实施中劳动保护措施100%到位、控制负伤率的比例、控制一般事故的比例、控制环境污染物的目标、控制扬尘、控制噪声和创建安全文明工地目标等。

2. 建立健全项目安全生产责任制度

安全生产责任制是将生产中的安全责任进行分解,再明确到企业负责人、职能部门、项目管理人员、岗位操作人员的制度。城市下穿隧道工程实施中的安全生产责任制首先要求对下穿隧道项目进行WBS分解,然后针对具体的子项目,至下而上将安全生产责任对应到施工现场人员、项目负责人、企业相关负责人。工程实施过程中将自己的安全生产责任工作做好,就能极大程度避免工程安全事故的发生。同时,项目的安全生产责任制度除了要和本企业实际情况相结合,还要和施工现场的具体情况相结合。

3. 提高企业负责人对项目实施安全管理的重视程度

城市下穿隧道工程交叉作业多、机械作业多,危险性较大的分部分项工程多,做好项目安全生产工作,企业负责人对具体项目安全管理的重视程度特别重要。企业领导重视项目安全生产,才能在项目部乃至企业形成良好的安全生产管理氛围。

4. 意外伤害保险制度

城市下穿隧道工程安全隐患多,项目开工前,企业应及时为现场施工人员购买意外伤害保险,保险的期限从工程开工开始到工程竣工结束。意外伤害保险的意义在于将施工人员的意外伤害风险进行转移,一方面保证了施工人员发生意外时的经济补偿;另一方面,意外伤害保险属于企业的风险转移,可以有效地降低企业的风险。

5. 完善安全生产教育制度

安全生产教育制度是单位对员工进行培训教育的制度,企业可以针对城市下穿隧道工程的特点进行培训。培训的内容包括:安全操作技能、安全生产知识、危险应急处置等。三级安全教育是常用的安全生产教育。三级安全教育分公司、项目部和班组三个层面。通过安全生产教育,将安全生产的知识、安全生产的技能和安全管理的理念,教给现场的施工人员和管理人员,在施工中灵活运用,保证项目建设的安全。

6. 安全法制宣传常态化

企业通过会议、知识竞赛等多种多样的形式,向项目部管理人员和现场操作人员宣传项目安全生产相关知识,通过类似工程发生安全事故的典型案例,以视频、图片等直观的形式对现场人员进行教育,督促现场人员要按规章制度办事,增强安全意识,营造全员注重安全生产的氛围。企业积极组织项目部在每年安全事故高发的夏季开展"安全生产月"活动,积极参与当地工会组织的安全生产竞赛活动,常态化地组织项目施工管理人员收看安全生产讲座,宣传安全生产的知识,以反面的案例凸显出安全生产事故的危害,提高施工管理人员安全生产的意识。

7. 完善安全生产资金保障制度

根据规定,为了保障工程项目安全生产,企业应根据项目的特征,按工程造价的百分比提取安全生产费。城市下穿隧道工程涉及范围广、安全风险因素多,企业可以在市政道路1.5%的提取比例上适当增加安全生产费用,满足项目实际的安全管理需求。企业应根据规定的要求,及时足额提取安全生产所需资金,并由公司相应的部门进行管理。安全生产费的提取须专款专用。

8. 建立健全安全技术管理制度

安全技术管理制度,是指通过技术措施为施工中安全管理问题提供解决方案。城市下穿隧道工程的施工组织设计、专项施工方案都必须有保证安全的技术措施。

根据规定,城市下穿隧道工程中涉及的危险性较大工程,如深基坑的开挖、深基坑降水等,企业应编制专项施工方案并按规定的流程审批;超过一定规模的,还应组织专家进行论证,并根据论证结论,修改专项施工方案。

安全专项方案实施前,由项目技术负责人向施工人员进行方案技术交底,并安排安全员现场监督实施。

9. 投入人员、资金开展项目 QC 活动

城市下穿隧道工程交叉作业多、围护结构要求高,企业应结合施工现场情况,投入资金、技术及管理人员,对项目关键的施工过程进行 QC 管理。通过 QC 活动,保证工程的施工质量,实现工程项目的安全实施。

7.4.2 项目部层面安全管理制度制定和优化

1. 安全管理全员参与原则

项目进行建设时,参与建设的所有人员都参与项目的安全管理。做好城市下穿隧道工程安全工作,不仅是项目部管理人员的事情,也是全体参与工程建设人员的事情。工程实施时,现场工人直接接触施工现场,当他们主动参与工程项目的安全管理时,遇到安全隐患,他们就会及时反映情况,提出可行的安全生产建议或采取合理有效的措施,从而降低安全事故的发生率。

2. 完善施工现场安全检查制度

安全生产检查是落实安全生产责任、提高安全生产管理的重要管理制度。安全检查监督包括查安全责任划分、查安全措施、查安全投入、查安全教育培训和查操作行为等一系列安全生产相关方面的内容。在城市下穿隧道工程施工中,项目部在安全管理工作中,要做到对工程项目的常态化检查,不留监管的盲区。项目部的安全管理部门应定期进行工程的安全检查。现场安全检查可以及时发现项目建设过程中的安全风险因素,形成安全检查整改表。由检查整改表,再针对性地采取措施消除安全生产隐患,保证项目施工的安全。项目部要定期进行回查,确保安全整改,形成检查的闭环,保证施工的安全。通过常态化的安全检查,也能增强施工项目部从上至下的安全责任意识,将安全生产意识运用到工作中。现场施工人员遇到超出能力范围的安全隐患,应及时向项目部汇报。安全检查包括定期不定期检查、季节性检查、节前检查和开工复工检查等。

3. 落实事故隐患整改制度

项目部应根据规定要求,制定事故隐患整改制度。安全监督检查的目的是发现安全生产隐患,安全整改的目的是消除安全隐患,是更为重要的环节。对于一般的安全隐患,督促班组及时排除隐患,对于易产生群死群伤等高风险的安全因素,应及时停工整改,待安全隐患排除,复查通过后,再行复工。针对整改的安全隐患,要进行回查,形成闭环,保证生产的安全。

4. 完善安全生产会议制度

定期的安全会议制度有利于安全生产意识和安全管理制度长效化,有利于项目部了解施工现场的情况。项目部的安全管理部门应定期召开施工现场管理人员安全会议,了解现场安全生产情况,部署安全管理计划,宣传最新方针政策、操作规定等。各类安全生产会议,应做好相应的文字记录,履行签字手续,确保安全会议的全员性和实效性。

5. 安全管理中的 PDCA 循环

PDCA 循环又称戴明环,由戴明博士提出和普及。戴明环对于项目的安全管理有很大的现实意义。根据 PDCA 循环,项目部将安全管理工作分为四个过程:计划(plan)、执行(do)、检查(check)和处理(action)。城市下穿隧道工程施工时,把安全工作按 PDCA 的四个阶段进行分解,并按照分解的阶段执行操作,直至完成该安全管理工作。

6. 完善劳保用品管理制度

劳保用品管理制度是为加强劳动保护用品的管理,保障现场施工人员在生产过程中的安全和健康,减少职业伤害而制定的制度。项目部须建立劳保用品采购、验收、发放和使用的管理制度。

完善的劳保用品管理制度确保了施工过程中劳动保护用品的有效性和适用性,可以有效减少职业伤害。施工人员上岗时使用的安全带、安全绳和安全帽等劳保用品,购买时,应当查验产品的生产许可证、产品合格证和安全鉴定合格证书。

7. 建立应急救援管理制度

应急救援管理是发生安全生产事故时,可以及时采取有效的措施进行应对。科学有效的应急救援能有效减少人员的伤亡和防止安全事故的扩大。施工单位要根据各项目的安全生产特点,组建单位内部的应急管理机构;项目部要根据工程项目规模组建相适应的安全应急管理机构,同时根据项目分部分项工程的特征,编制应急救援预案。应急预案编制后,应定期组织相关人员进行演练,提高救援小组处置安全事故的能力。

8. 完善特种操作人员管理制度

工程中涉及的特种作业人员必须持证上岗,证书要在有效期内,持证人员还应在资格证书标明的范围内执业。城市下穿隧道工程项目涉及的特种作业人员较多,包括吊装作业人员、电工、架子工等。

9. 完善安全生产事故报告和调查处理制度

《中华人民共和国建筑法》和《中华人民共和国安全生产法》都对安全生产事故报告和调查处理程序进行了规定。根据规定要求,发生安全事故时,项目部要根据规定要求,及时向企业及相关部门报告安全生产事故。安全事故中,涉及搅拌桩机等特种设备的,还要按规定向当地特种设备监督部门上报。

第8章 地铁工程施工与管理实例分析——以成都轨道交通30号线为例

8.1 工程项目基本概况

8.1.1 总体概况

成都轨道交通30号线位于城南二环至绕城之间,东西向走行,填补7号线和9号线之间的"空隙",功能定位为连接国际航空枢纽综合功能区、金融城片区及龙泉地区的城区南部外围加密线。30号线一期工程范围为双流机场2航站楼站—洪家桥站,线路主要沿双流区大件路—高新区府城大道—锦江区南三环—龙泉驿区陵川路敷设,呈西南—东北走向,一期工程线路长约26.284 km,均为地下线,共设置车站23座,其中14座换乘站,最大站间距为2060 m(双流机场2航站楼站—月儿村站),最小站间距为607 m(金融城北站—府城桥站),平均站间距为1170 m。一期工程设1段1场,分别为高碑坝车辆基地和洪家桥停车场;2座主所,分别为高碑坝主所和洪家桥主所。具体线路方案如图8.1所示。

8.1.2 标段简介

本标段为成都城市轨道交通30号线一期工程一工区(1分部),施工范围包含"三站、两区间","三站"为双流机场2航站楼站(570 m)、月儿村站(210 m)、临港路站(159 m),均采用明挖法施工;"两区间"为双流机场2航站楼站—月儿村站区间,长度1717.716 m,月儿村站—临港路站区间,长度628.671 m,其中区间隧道总长2343.356 m,标段起止里程为YDK10+076.2~YDK13+384.0,如图8.2所示。其中双流机场2航站楼站车站主体封顶日期为2023年4月5日,车站整体移交日期为2023年7月18日;月儿村站车站主体封顶日期为2021年

第 8 章 地铁工程施工与管理实例分析——以成都轨道交通 30 号线为例

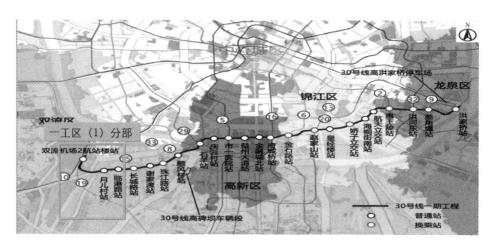

图 8.1　成都轨道交通 30 号线一期工程线路示意图

12 月 26 日,车站整体移交日期为 2023 年 10 月 4 日;临港路站车站封顶日期为 2021 年 12 月 22 日,车站整体移交日期为 2022 年 11 月 12 日;双流机场 2 航站楼站—月儿村站区间计划 2022 年 12 月 30 日掘进完成,月儿村站—临港路站区间计划 2022 年 2 月 16 日掘进完成。

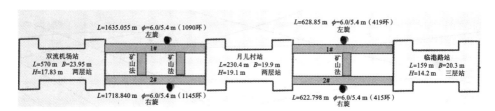

图 8.2　标段工程范围图

1. 双流机场 2 航站楼站

双流机场 2 航站楼站为 30 号线的起点站,车站位于双流国际机场 2 航站楼前地面停车场地下,平行机场南 2 路呈南北向布置。本站为 10、19、30 号线三线换乘站,其中 10 号线已建成运营,19 号线同期建设线路。本站建设 30 号线为地下二层侧式站台车站,车站大里程端有 52 m 明挖一层作为盾构吊出。车站有效站台中心里程为 YDK10+410.000,车站起讫里程为 YDK10+076.200~YDK10+647.300,车站总长为 571.1 m,标准段宽 8/11 m。有效站台中心里程顶板覆土 2.39~3.67 m,底板埋深 17.63~18.91 m。车站总建筑面积 21830 m²。

车站共设置C、D两个出入口。其中C号出入口设置两部扶梯、一部楼梯,D号出入口设置2.4 m宽楼梯搭配无障碍电梯。车站设2个消防专用出入口,分别布置在车站西南路侧的现状绿化带内以及东南象限路侧的规划绿地内。车站共设3组8个风亭,所有风亭及安全出口都在车站主体范围内顶出。车站小里程端有2个活塞风亭,设置在现状机场停车场绿化带内;车站中部设有2个风亭,在车站位置绿化内;车站大里程端设置有4个风亭,布置在车站南侧的能源中心旁的绿化带、停车位间绿化带内,所有风亭均为低矮风亭。本站两线共设置一个下沉式冷却塔,布置在车站西南象限的现状绿化带内。

车站站址周边用地规划主要以为机场用地、社会停车场用地、交通枢纽用地停车用地、行政办公、一类仓储为主。站址西侧依次为双流国际机场2航站楼站、已运营的地铁10号线车站及已运营的成绵乐客运专线双流机场站,南侧为机场能源中心、航站楼候机指廊及停机坪,东侧为机场南二路及路东机场医救中心、机场综合保障区、空港加油站一站,北侧为机场派出所、机场东一路及高架桥、空港大酒店。双流机场2航站楼站平面示意图如图8.3所示。

图8.3 双流机场2航站楼站平面示意图

2. 月儿村站

月儿村站为30号线第二座车站,站位于大件路上,车站呈偏东西向布置。车站为地下二层岛式车站,施工后期作为铺轨基地。车站有效站台中心里程为YDK12+504.000,车站起讫里程为YDK12+364.650~YDK12+595.050,车站总长为210 m,标准段宽19.9 m。有效站台中心里程顶板覆土3.20~3.80 m,底板埋深19.20~19.55 m。车站总建筑面积13596 m²。

车站共设置A1、A2、B、D1、D2五个出入口。其中A1/A2/B号出入口位于大件路外侧,车站北侧的绿化带内,D1号出入口位于车站南侧,成都双流自由贸易区大门口,D2号出入口位于车站南侧,成都航空有限公司大门口。在D1号出入口通道内和车站北侧的绿化带内各设置一个无障碍电梯;车站设1个安全出入口,位于B出入口通道内。车站共设2组风亭,1号风亭、2号风亭均位于大件路北侧绿化带内;1个地上式冷却塔,位于大件路北侧绿化带内。出入口均设置为有盖口,风亭均为低矮敞口风亭。

车站周边的用地性质以商务用地、教育用地、公共绿地、环境设施用地为主,周边规划已实现。车站的北侧为西南民族大学,南侧为成都双流自由贸易区和成都航空有限公司。大件路现状为双向8车道(主路双向6车道,辅路双向2车道),道路红线宽40 m。月儿村站平面示意图如图8.4所示。

图8.4 月儿村站平面示意图

3. 临港路站

临港路站为30号线第三座车站,站位于大件路与西航港大道交叉路口东北处,车站呈偏东西向布置。车站为地下三层11 m岛式车站,为普通站。车站有效站台中心里程为YDK13+310.000,车站起讫里程为YDK13+225.000～YDK13+384.000,车站总长为159 m,标准段宽20.3 m。有效站台中心里程顶板覆土3.50～3.95 m,底板埋深24.80～26.30 m。车站总建筑面积15002 m²。

车站共设置A、B、C1、C2、D1、D2六个出入口。其中A号出入口位于大件路北侧大成郡小区绿化带内,B号出入口位于西航港大道东侧人行道内,C1、C2号出入口分别位于车站西侧,大件路南北两侧的绿化带内,D1、D2号出入口位于车站东南侧,大件路南侧的绿化带内。车站设1个安全出入口,位于大件路北侧,大成郡小区绿化带内。车站共设 4 组风亭,1 号风亭位于 B 出入口通道内,2 号风亭位于 A 出入口通道内;1 个地上式冷却塔,位于大件路北侧绿化带内。出入口均设置为有盖口,风亭均为低矮敞口风亭。临港路站平面示意图如图 8.5 所示。

图 8.5 临港路站平面示意图

4. 双流机场 2 航站楼站—月儿村站区间

本区间从月儿村站向西行进,与规划的团结路下穿隧道并行,经过团结路路口,后转入大件路道路下方、机场污水处理厂,正下穿停机坪,包括近距离侧下穿机场能源中心到双流机场 2 航站楼站。

该区间左线长 1676.669(短链 41.604)m,右线长 1718.840(长链 0.366)m。区间设置 2 个联络通道,1♯联络通道净间距 10.055 m;2♯联络通道(兼泵房)净间距 6.055 m。盾构法施工的隧道采用圆形断面,单线隧道内径为 5.4 m,衬砌为装配式钢筋混凝土管片,每环由 6 块管片构成,管片厚 300 mm、管片宽为 1200 mm 和 1500 mm。平面图如图 8.6 所示。

5. 月儿村站—临港路站区间

本区间从月儿村站出站后向东行进,下穿西南民族大学浴室楼后,沿大件路绿化带行进,到达临港路站。该区间左线长为 628.671(短链 1.279)m,右线长 625.640(短链 4.310)m。区间设置 1 个联络通道,净间距 8.044 m。盾构法施工的隧道采用圆形断面,单线隧道内径为 5.4 m,衬砌为装配式钢筋混凝土管片,每环由 6 块管片构成,管片厚 300 mm、环宽为 1500 mm。平面图如图 8.7 所示。

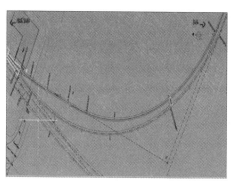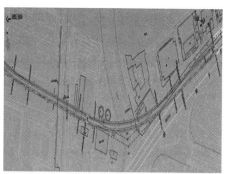

图 8.6 双流机场 2 航站楼站—月儿村站区间平面图

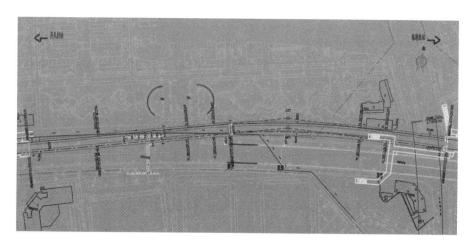

图 8.7 月儿村站—临港路站区间平面图

6. 主要工程数量

车站和区间主要工程数量见表 8.1、表 8.2。

表 8.1 车站主要工程数量表

序号	名称	单位	双流机场 2 航站楼站	月儿村站	临港路站	备注
1	商品混凝土 C30	m³	3483.23	849.56	993.97	
2	商品混凝土 C20	m³	7483.00	6115.74	16221.64	
3	商品混凝土 C35 水下	m³	8394.50	7700.09	8759.00	
4	钢筋≤ϕ10	t	292.19	1262.00	1495.00	

续表

序号	名称	单位	双流机场2航站楼站	月儿村站	临港路站	备注
5	钢筋>ϕ10	t	10210.90	932.00	1286.00	
6	钢支撑	kg	3405000.00	56799.00	79011.00	
7	商品混凝土C35	m³	52351.47	31272.00	31589.00	
80	商品混凝土C40	m³	1603.74	1103.00	0.00	
9	商品混凝土C45	m³	423.74	602.00	1004.00	
10	PE高分子防水卷材1.5 mm	m²	26803	23654.84	19550.7	
11	单组分聚氨酯防水涂料	kg	23500.00	16884.00	14181.00	
12e	聚氯乙烯(PVC)防水卷材复合型1.2 mm	m²	6691	6418.00	4954.00	
13	圆钢≤ϕ10	t	9.43	3.20	7.00	
14	商品混凝土C30水下	m³	2959.71	3039.00	8003.00	
15	钻孔桩	根	396	251	216	
16	土石方	m³	203476	134000	155000	

表8.2 区间主要工程量表

序号	区间名称	线路	区间里程桩号	长度/m	管片/环	土石方/m²	同步注浆/m	联络通道/泵房1
1	双流机场站—月儿村站区间（盾构法施工）	左线	ZCK10+646.885~ZCK12+364.650	1676.161（短链41.604）	1090	5.08万（实方）	6540	1#、2#联络通道
		右线	YCK10+647.300~YCK12+364.650	1718.840（长链0.366）	1146	5.34万（实方）	6876	

续表

序号	区间名称	线路	区间里程桩号	长度/m	管片/环	土石方/m²	同步注浆/m	联络通道/泵房
2	月儿村站—临港路站区间（盾构法施工）	左线	ZCK12+595.050~ZCK13+225.000	628.671（短链1.279）m	419	1.95万（实方）	2514	1#联络通道
		右线	YCK12+595.050~YCK13+225.000	625.640（短链4.310）	415	1.93万（实方）	2490	

8.2 主要施工工艺与方法

8.2.1 车站工程

1. 明挖顺作法车站施工

明挖顺作法车站基坑主要采用钻孔桩＋内支撑结构形式，土方开挖以机械开挖为主，主体为框架结构，防水采用混凝土自防水＋外包柔性防水层。

明挖顺作法是先从地表面向下开挖基坑至设计标高，然后在基坑内的预定位置由下而上地建造主体结构，最后回填土并恢复路面。

其主要施工步骤如下。

①施工准备，管线迁改及交通疏解，场地平整及降水系统设置，施工钻（冲）孔灌注桩。

②基坑开挖前进行坑外降水，围护桩达到设计强度后，开挖至第一道支撑顶标高，浇筑冠梁，架设第一道支撑。

③冠梁、第一道支撑达到设计强度后开挖至第二道支撑底标高，架设第二道支撑。

④开挖至第三道支撑底标高，架设第三道支撑。

⑤开挖至坑底，施工接地网、垫层、防水、防水保护层、底板。

⑥待墙体达到设计要求拆撑强度后,拆除第三道支撑并浇筑侧墙及中板(无换撑)。

⑦中板达到设计强度后,拆除第二道支撑并浇筑地下一层侧墙及顶板。

⑧顶板达到设计强度后,拆除第一道支撑,顶板覆土,恢复路面结构。

2. 内部结构施工

(1) 内部结构施工区段划分及施工缝划分

①轨顶风道施工区段划分及施工缝划分。

轨顶风道采用顺作法施工,先于结构中板施工,因此,轨顶风道的施工区段划分与主体结构相同。轨顶风道的吊墙及底板分两次施工,首先施工底板,之后施工吊墙,施工缝留设在风道底板面。

②站台板施工区段划分及施工缝划分。

以保证工程质量为前提,根据站台板的结构长度及结构的形状来确定分块长度及施工缝的部位,以利于结构施工的开展。施工分段原则以主体结构的施工段划分进行安排,分段长度约 24 m。垂直施工缝按规范设置在距支座 1/4~1/3 跨度范围内。站台板、支撑墙、梁与小柱等一次浇筑完成,不再留设水平施工缝。

③楼梯施工区段划分及施工缝划分。

楼梯采用一次浇筑完成,不留设施工缝。若为多层楼梯时,施工缝应留置在楼梯段中间的 1/3 部位,但要注意接缝面应斜向垂直于楼梯轴线方向。

(2) 钢筋安装

在内部结构施工时,可能由于主体结构施工预埋钢筋位置错误或为预埋,故进行植筋处理。植筋技术要求如下。

①主体结构部分应尽量提前做好钢筋的预留、预埋工作,避免采用植筋措施。

②采用植筋锚固时,其锚固部位的原构件混凝土不得有局部缺陷。若有缺陷,应先进行补强或加固处理后再植筋。

③种植的钢筋,应采用质量和规格符合《混凝土结构设计规范》(GB 50010—2010)的要求。

④植筋用的胶黏剂必须采用改性环氧类或改性乙烯基酯类(包括改性氨基甲酸酯)的胶黏剂。当植筋的直径大于 22 mm 时,应采用 A 级胶。锚固用胶黏剂的质量和性能应符合《混凝土结构加固设计规范》(GB 50367—2013)要求。

⑤植筋宜为非结构构件或受压构件未预留时的补救措施,应严禁楼梯等构件采用。

钢筋安装工艺与主体结构相同,故此处不再赘述。

(3) 支架施工

站台板、楼梯采用钢管规格为 $\phi 48@3.5$ cm 的扣件式脚手架进行支架搭设。楼梯支架立杆间距 900 mm×900 mm,步距 0.6 m。

轨顶风道、夹层支架采用 0.9 m×0.9 m×0.6 m(长×宽×高)碗扣式脚手架搭设,搭设形式与主体结构中、顶板支架类似,但横杆间距较疏,吊墙下支架横向步距不变,纵向步距采用 0.6 m 加密布置,满足风道底板及施工荷载承载力即可。

支架四边与中间每隔 5 跨设一道横向和纵向的竖向剪刀撑,同时板底扫地杆处及架体顶部设置一道连续的水平剪刀撑。

在立杆底部距地面 350 mm 高处,沿纵横水平方向按纵上横下的顺序每隔一跨设扫地杆。立杆基础不在同一高度上时,必须将高处的纵向扫地杆向低处延长两跨与立杆固定。支架基础为施工完的车站结构底板和中板,承载力满足要求,无须另行处理。碗扣支架立杆底部设置底垫,顶部加顶托,伸出长度不宜超过 200 mm,插入立杆内的长度不小于 150 mm,底垫厚度不小于 50 mm。

隔墙支架采用双排架平台施工,平台支架采用 $\phi 48×3.5$ mm 钢管及可锻铸铁扣件搭设;立杆纵距 1.2 m,立杆横距 1.2 m,立杆步距 1.8 m,脚手架搭设高度为 6 m。工作平台顶部铺设 5 cm 厚的走道板。走道板下加密横杆间距为 60 cm。双排脚手架纵向布设剪刀撑,横向每隔 6 m 设置一道抛竿,抛竿的底口固定在底板钻孔打膨胀螺栓或钢筋头,平台顶部安装 1.2 m 高的栏杆。

上下人行通道及施工脚手架附着在脚手架外侧设置,上下人行道架高 6 m 以下采用一字型斜道,施工脚手架采用纵向布置。

斜道及施工脚手架构造应符合下列要求:

①人行斜道及施工脚手架宽度应不小于 1 m;

②斜道两侧及施工脚手架外围均必须设置栏杆,栏杆高度为 1.2 m;

③拐弯处应设置平台,宽度不小于斜道宽度;

④入口处两侧须挂设安全警示标志牌,斜道及施工道必须设置安全密目网,并绑扎牢固;

⑤脚手架底部用垫块进行垫高,底部要清理干净。

3. 预埋件、预留洞口施工

预埋件和预留孔洞施工涉及后期各专业的衔接施工,如果前期没有施工到位,后期很多专业的施工将无法正常开展。为确保预留孔洞施工尺寸、位置准确,正确安装预埋件,做到不漏、不错,拟采取以下措施:

①在预留孔洞、预埋件位置尺寸方面本专业应安排至少两人分别进行统计,并核对去除差异;

②在本专业确定的基础上必须与机电、人防等专业进行多方核对,经多方共同确认,去除差异后才可用于指导施工;

③在施工前做好技术交底,并根据不同站位指定到人负责落实预留孔洞及预埋件的设置及安装检查;

④在进行混凝土浇筑前,测量队和技术质量部必须同时对预留孔洞、预埋件位置、数量及尺寸进行一一核查,严格控制预留孔洞及预埋件安装的位置偏差,确认无误后才可进行混凝土浇筑;

⑤预埋件及预留孔洞模板的固定必须可靠、牢固,保证在浇筑混凝土过程中不发生变形移位;

⑥施工中注意对预埋件进行保护,避免因混凝土捣固等原因使其移位;

⑦脱模后,及时找出预埋件并予以标记;

⑧注意对预留孔洞及预埋件进行成品保护,防止损坏。

8.2.2 区间工程

1. 盾构法区间施工

(1) 盾构施工流程

盾构施工流程如图 8.8 所示。

(2) 盾构机掘进

①盾构机试掘进。

开始掘进的 100 m 称为试掘进段,完成本段掘进后拆除负环管片,通过试掘进段拟达到以下目的。

a. 对盾构机进一步调试,摸索适应于本工区地层的掘进参数。

b. 了解和认识本工程的地质条件,掌握在该地质条件下盾构机的施工方法。

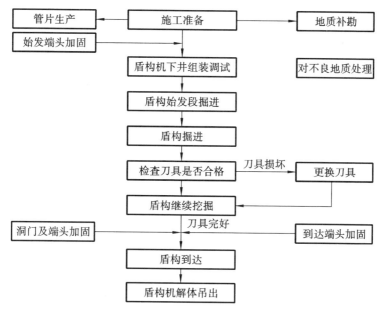

图 8.8　盾构施工流程图

c. 收集、整理、分析及归纳总结掘进参数,制定正常掘进时的操作规程,实现快速、连续、高效地正常掘进。

d. 熟悉管片拼装的操作工序,提高拼装质量,加快施工进度。

e. 加强对地面变形情况的监测分析,反映盾构机始发时以及推进时对周围环境的影响,掌握盾构机推进参数及注浆量。

f. 摸索出在本工区地层中盾构机姿态的控制方法。

②正式掘进。

盾构机正式掘进的人员组织形式、掘进流程等与试掘进相同。掘进时,应充分研究试掘进期间的地质及设备掘进参数,根据前方的水文、地质情况及设备的状态做好充分的掘进预案,并定期召开例会进行技术交底。以下为掘进时注意事项。

a. 提高效率。

经过 100 m 的试掘进以后,主机和后配套生产能力不断提高,掘进的速度也在逐渐提高,这时要注意人力资源的调配,在一些重要的、影响进度的工作岗位坚持使用熟练操作人员,对劳动力不足的岗位增加人员;对一些影响施工进度的机械设备分析原因、实施技术改造或更换为更为合适的设备;开展施工工序分析活动,激励所有员工积极发现施工中的制约因素,鼓励他们自觉改进。

b. 狠抓安全。

随着生产进度的提高,各个工序之间的衔接变得非常紧凑,单个工序的速度也逐渐加快,这时工人易产生疲劳现象,存在安全事故隐患,此时应该采取的对策如下:加大安全监督,每个班派专职的安全员,配合工班长做好安全监督,发现问题及时纠正或解决;洞内、洞外派专职的安全员轮流巡视,及时发现隐患并消除;加大一些危险机械的维修保养频率,如机车、矿车、空压机等,确保其正常安全工作。

c. 保证质量。

随着施工速度的提高,施工中也容易出现一些质量问题,如管片错台、注浆效果差等,采取的措施如下:专职质量检查人员协同现场工程师一起做好现场生产的质量控制,一旦产生质量问题,及时发现,及时汇报,及时分析,及时纠正;加大所有员工的技术培训,提高员工的生产熟练程度和生产技巧,提高产品质量;注重员工的质量意识培养,创造人员"心中有质量、口中谈质量、工作后提高质量",切实把质量作为一切工作的前提。

d. 技术改造与技术创新。

盾构机是集机械、电气、液压于一体的高科技隧道掘进设备,技术含量很高,施工技术也同样充满较高的科学技术含量。正常掘进是最能发现技术问题的阶段,因此在正常掘进时要加大技术的吸收和攻关力度,分析盾构机施工以及盾构机本身的优缺点,组织力量进行技术改革和技术创新,更进一步了解盾构机,提高使用效率。

③盾构机方向控制与纠偏。

a. 盾构机的方向控制。

本工程使用的盾构机采用激光自动导向系统提供数据进行调向,通过调整推进油缸来实现调整方向。

Ⅰ. 采用隧道自动导向系统和人工测量辅助进行盾构机姿态监测。

隧道自动导向系统配置了导向、自动定位、掘进程序软件和显示器等,能够全天候在盾构机主控室动态显示盾构机当前位置与隧道设计轴线的偏差以及趋势。据此调整控制盾构机掘进方向,使其始终保持在允许的偏差范围内。

随着盾构机推进导向系统后视基准点需要前移,必须通过人工测量来进行精确定位。为保证推进方向的准确可靠,根据掘进距离人工测量,以校核自动导向系统的测量数据并复核盾构机的位置、姿态,确保掘进方向的正确。

Ⅱ．采用分区操作盾构机推进油缸控制掘进方向。

根据线路条件所做的分段轴线推进控制计划、导向系统反映的掘进姿态信息，结合隧道地层情况，通过分区操作盾构机的推进油缸来控制掘进方向。

推进油缸按上、下、左、右分成四组，每组油缸都有一个带行程测量和推力计算的推进油缸，根据需要调节各组油缸的推进力，控制掘进方向。

在上坡段掘进时，适当加大盾构机下部油缸的推力；在下坡段掘进时则适当加大上部油缸的推力；在左转弯曲线段掘进时，则适当加大右侧油缸推力；在右转弯曲线掘进时，则适当加大左侧油缸的推力；在直线平坡段掘进时，则应尽量使所有油缸的推力保持平衡。

b. 盾构机姿态调整与纠偏。

在实际施工中，由于地质、测量误差等原因盾构机推进方向可能会偏离设计轴线并超过管理警戒值；在稳定地层中掘进，因地层提供的滚动阻力小，可能会产生盾体滚动偏差；在线路变坡段或急弯段掘进过程中，有可能产生较大的偏差，这时就要及时调整盾构机姿态、纠正偏差。

Ⅰ．通过分区操作推进油缸来调整盾构机姿态，纠正偏差，将盾构机的方向控制调整到符合要求的范围内。

Ⅱ．在急弯和变坡段，必要时可利用盾构机的超挖刀进行局部超挖和在轴线允许偏差范围内提前进入曲线段掘进来纠偏。

Ⅲ．当滚动超限时，收回推进油缸，调整推进油缸偏转角度，通过调整环将整机滚动角调回。

（3）施工通风及隧道内管线布置

①施工通风。

隧道施工通风采用压入式通风，每台盾构机配 1 台 SDF2×132 kW 轴流风机和拉链式软风管进行压入式通风。通风机架设在靠近始发端头井的车站结构中。

风管直径为 1000 mm，隧道外采用铁皮风筒，入口段 200 m 采用加强型软管，隧道内采用软风管。风管用储存筒盛装，一次装 100 m 运入隧道内，安装在后配套尾部，随盾构机的掘进延伸。风管用铁皮卡连接，洞外采用门式支架架设，洞内借助管片连接螺栓吊挂风管。

②管线布置。

根据盾构施工的特点，在隧道内布置"三管、三线、一走道"。三管即 $\phi100$ 的冷却水管、$\phi100$ 的排污管和 $\phi1000$ 的通风管；三线即 10 kV 高压电缆、380/220

V照明线和43 kg/m运输轨线;一走道即行人走道,布置形式如图8.9所示。

图8.9 隧道内管线布置图

2. 联络通道施工

临港路—月儿村站区间有一个联络通道,双流机场2航站楼站—月儿村站有两个联络通道。根据盾构施工安排,月儿村站—双流机场2航站楼站区间后施工,当左线优先洞通时即可开始这两个联络通道的施工。联络通道施工步骤示意及说明见表8.3。

表8.3 联络通道施工步骤示意及说明表

序号	图 示	施工步骤说明
1		在下行、上行线区间主体结构内架设联络通道开洞部位的临时支撑,洞门处施作超前支护,探查周边地层及地下水情况,无异常后凿除下行线开洞部位管片
2		采用台阶法进洞,同时割除加长导管外露部分,施作初期支护,进洞处采用三榀钢架并排紧贴以加强支护;下台阶进洞后及时对下侧墙无钢架支护的三角区喷混挂网,必要时设置长2.5 mϕ42超前小导管

续表

序号	图 示	施工步骤说明
3		完成洞门段开挖及初支后,临时封闭掌子面,及时施作洞门环梁防水层和洞口环框梁
4		单向台阶开挖并施作联络通道初衬,按设计要求及时打设自进式锚杆,开挖进尺按格栅间距控制,注意预留核心土,并及时施作初支结构,接近上行线区间时再凿除开口部位管片
5		泵房开挖范围内横向增加临时钢支撑,待联络通道初支完全封闭稳定且洞口环框梁达到设计强度后,凿除泵房范围内底板初支
6		在拆除范围钢架角部沿联络通道纵向穿一根 $\phi 32$ 的钢筋,并喷混凝土,加强纵向刚度;及时施作第一榀泵房钢架。按矿山法施工工艺流程,逐步完成废水泵房的开挖和初支,每步进尺不得大于 0.5 m

续表

序号	图 示	施工步骤说明
7	(图示：下行线隧道、上行线隧道，横向I25b钢支撑@1000)	待废水泵房初支稳定后，布设防水层，进行废水泵房及通道的二次衬砌施工
8	(图示：下行线隧道、上行线隧道)	待二次衬砌达到设计强度后，拆除正线隧道内撑

8.2.3 结构防水工程

1. 防水设计原则

①遵循"以防为主、刚柔结合、多道防线、因地制宜、防排结合、综合治理"的原则。

②确立钢筋混凝土结构自防水体系，以结构自防水为根本；施工缝（包括后浇带）、变形缝、穿墙管等细部构造防水为重点；在结构迎水面适当设置柔性防水层；充分利用成都地质特点和成都轨道交通线路走向特点，合理采取排水措施。

③同一个单体选用的附加防水层材料种类尽量单一，以减少不同材料搭接过渡造成渗漏的隐患；优先选用不易窜水的防水系统，减少窜水对后期堵漏维修工作带来的不利影响。

2. 明挖结构防水施工

明挖结构防水见表8.4。

表 8.4 明挖结构防水

防水体系			
	结构自防水	混凝土抗渗等级	工程埋深 0~20 m 时,抗渗等级为 P8; 工程埋深 20~30 m 时,抗渗等级为 P10; 工程埋深 30~40 m 时,抗渗等级为 P12
		裂缝控制	迎水面 0.2 mm,背水面 0.3 mm,且不得有贯穿裂缝
		耐腐蚀要求	有侵蚀性区段,混凝土耐久性设计应满足《混凝土结构耐久性设计标准》(GB/T 50476—2019)相关要求
	接缝止水构件		施工缝:采用中置式止水带+水泥基渗透结晶型防水涂料 特殊施工缝(不同结构接口处):双道遇水膨胀止水胶(条)+水泥基渗透结晶型防水涂料+可重复注浆管 变形缝处除辅助外防水层外设置三道各自成环的止水线:密封胶或外贴式止水带、中置式止水带及接水槽 穿墙管采用固定式防水法和套管式防水法 后浇带采用遇水膨胀止水胶(条)及注浆管止水
	附加防水层		柔性防水涂料或防水卷材
	辅助排水措施		有排水要求的部位须接通排水系统,不得造成积水

3. 盾构区间结构防水施工

隧道主体防水设计:管片混凝土抗渗等级为 P12,管片接缝密封垫应满足在计算接缝最大张开量和估算的错位量下、埋深水头的 3 倍水压下不渗漏的技术要求;选用的接缝密封垫应进行 T 字缝或十字缝耐水压检测。衬砌管片内弧侧预留嵌缝槽,管片拼装完毕后在预留凹槽内采用密封胶进行嵌缝密封;螺栓孔及注浆孔采用缓膨胀型遇水膨胀橡胶圈密封防水。在盾构隧道变形缝部位的密封表面粘贴一道遇水膨胀橡胶条进行加强防水处理;区间联络通道防水采用复合式衬砌夹层防水,通道两端采用外贴式止水带和预埋注浆管的方法进行刚柔过渡防水处理。

(1) 管片接缝防水

管片接缝的防水是非常关键的工作,施工中要做好以下几方面工作。

①选购专业厂商生产的性能优良的防水密封垫、遇水膨胀橡胶止水条和黏

结剂,并对进场的防水材料进行严格的检验,确保其质量合格。

②管片接缝防水采用三元乙丙弹性橡胶密封垫防水;衬砌管片外弧凹槽内设置一道三元乙丙弹性密封垫,弹性密封垫在管片张开量为 10 mm 时应能承受 0.6 MPa 水压;在变形缝处,要在三元乙丙弹性密封垫表面加设一道遇水膨胀橡胶止水条加强防水效果,环缝面须粘贴一层丁腈软木橡胶板。

③止水条采用粘贴安装,在管片堆放场地粘贴施工,每环管片止水条的粘贴应在管片安装前 12~24 h 内完成。在粘贴止水条的同时进行管片衬垫的粘贴。粘贴基面要求无尘、无油、无污、干燥,以保证粘贴质量。粘贴步骤:管片使用计划→基面清理→槽内涂黏结剂→密封条涂黏结剂→粘贴→用木锤或橡胶锤打压密贴。

④管片在弹性密封垫、丁腈橡胶软木衬垫等粘贴后,利用门吊配合翻转机将管片翻转后涂刷水泥基防水涂料,涂刷时要先清理管片外弧面污物,然后用刷子均匀涂刷。

⑤盾构隧道变形缝的环缝弹性密封条采用特殊的三元乙丙复合遇水膨胀橡胶密封条,即在原密封条上粘贴一层遇水膨胀橡胶。

⑥盾构隧道与洞门及联络通道之间是盾构隧道防水的薄弱环节之一,主要通过在已浇筑的混凝土和管片上设置遇水膨胀橡胶条防水以及向连接部位注入水泥浆防水。

⑦管片接缝密封垫应满足在计算接缝最大张开量和估算的错位量下、埋深水头的 3 倍水压下不渗漏的技术要求;选用的接缝密封垫应进行 T 字缝或十字缝耐水压检测。

⑧对复合式盾构区间与联络通道的接口处,应采取可靠的防水技术措施。

(2) 洞门防水

洞门施工中除采用防水混凝土外,应在洞门和区间隧道管片及和盾构井结构的刚性接头中设置缓膨型遇水膨胀止水条。施工缝处应设置止水条或止水带。在主体完工后,对全部缝隙进行嵌缝施作,根据施工具体情况,必要时可进行提前预注浆或施工时预埋注浆管进行后注浆。

现浇洞门的施工要严格按设计的防水要求进行施作,施工时若在洞门处有水渗漏,则应进行导流,布置好导流管后再浇筑混凝土(待混凝土达到一定的强度再注以化学固结剂进行封堵)。洞门施工完成后,在拱顶部分通过衬砌压浆孔向洞门管片背衬补充压浆以提高洞门防水性能,压浆完毕后检查防水效果,必要时再次注浆。洞门采用高标号防水混凝土,竖向、环向施工缝各设置一道缓膨型遇水膨胀止水条,形成洞门防水结构。在主体完工后,进行嵌缝作业,并注入密封剂。

(3) 隧道接口防水

在盾构隧道与车站、始发井、到达井、矿山法隧道接口处模筑后浇洞口环梁,并在后浇洞口环梁与管片、与各结构内衬之间分别设置两道缓膨型遇水膨胀聚氨酯止水胶(挤出型胶状的)并设置一道注浆管,管片与现浇洞口处应设置不锈钢接口槽。接口外侧围岩应做注浆处理。在联络通道结口处衬中预埋一圈环向小导管注浆,二衬与管片之间设置两道缓膨型遇水膨胀聚氨酯止水胶(挤出型胶状的)。接口外侧围岩应做注浆处理。各结构自身的防水材料在接口处应进行自收口处理。接口处20环管片应加大同步注浆压力,并应进行二次注浆及整环嵌缝处理。

4. 混凝土结构自防水

(1) 二次衬砌模筑防水混凝土

在施工中要加强管理,严格施工工艺,对混凝土施工进行全过程控制,选好合格的混凝土供应商。根据以往的经验,施工应特别注意以下几点。

①防水混凝土施工必须在围岩和初期支护基本稳定后进行。

②对商品混凝土厂家进行质量抽查,确保水泥、砂子、石子、水和外加剂和商品混凝土的质量。

③防水混凝土的运输:施工中采用商品混凝土,混凝土运输采用混凝土拌和车运送,要充分考虑混凝土在生产运输时坍落度的损失。在冷天、热天、大风等气候下运送混凝土时应力求缩短运输时间。

④防水混凝土的浇筑:模板要架立牢固、严密,尤其是挡头板,不能出现跑模现象。混凝土挡头板做到表面规则平整,避免出现水泥浆漏失现象。施工前,用同等级的水泥砂浆润管,并将水泥砂浆摊铺到施工接槎面上,摊铺厚度30~50mm,以促使施工缝处新旧混凝土有效结合。

⑤混凝土振捣:混凝土振捣采用插入式振捣棒,振捣时,振捣棒应等距离地插入,均匀地捣实全部混凝土,插入点间距应小于振捣半径的1.5倍,前后两次振捣棒的作用范围应相互重叠,避免漏捣和过捣,振捣时严禁触及钢筋和模板。

⑥混凝土的养护:防水混凝土的迎水面裂缝宽度不得大于0.2mm,并不得贯通,养护措施得当,能最大限度减少混凝土的开裂,因此派专人负责。防水混凝土灌注完毕,待终凝后及时采用喷、洒水养护。待拆模后,对结构表面及时进

行洒水养护,保持混凝土表面湿润,养护期不少于 14 d。

⑦施工步骤紧密衔接也是减少裂缝、保护补偿收缩混凝土良好效果的重要因素,因此及时进行附加防水层、保护层的施工和覆土是减少裂缝的重要后续步骤。

⑧防水混凝土结构内部设置各种钢筋或绑扎铁丝,不得接触模板。

(2)结构混凝土防渗漏、防开裂措施

①优化混凝土原材料,选用抗水性好、泌水性小、水化热低并具有一定抗侵蚀能力、质量稳定的普通硅酸盐水泥。选用级配良好的砂、石等集料。

②混凝土配合比设计应满足设计对混凝土抗渗和防腐的要求。

③钢筋应严格按有关规定及标准要求进行除锈。

④混凝土浇筑施工严格按照顺序进行,分层浇筑、振捣密实。

⑤模板应具有足够的强度和刚度,表面平顺、光洁,接缝严密、不漏浆。支撑应牢固、可靠,具有足够的稳定性。

⑥固定模板的螺栓不得穿过混凝土结构。固定模板的螺栓必须穿过混凝土结构时应有可靠的止水措施,以加止水钢环为宜。

⑦混凝土搅拌应均匀,入泵坍落度宜控制在(14 ± 2) cm,出厂坍落度与入模坍落度差值应小于 3 cm。拱顶部位钢筋密集部分,可适当加大。

⑧严禁混凝土在运输和浇筑过程中加水。

⑨严格控制混凝土的入模温度,入模温度宜控制在(30 ± 2) ℃。夏季高温季节施工时,应尽量利用夜间施工。混凝土的内外温差值应不大于 25 ℃。表面温度与大气温度差值均应不大于 20 ℃。

⑩正确地养护是减少混凝土开裂的一个重要因素,防水混凝土的养护时间应不少于 14 d。

8.3 质量管理与安全管理

8.3.1 质量管理

1. 质量管理目标

杜绝工程质量责任事故,项目工程质量达到国家、行业质量验收标准,符合设计文件和有关技术规范要求;单位工程一次验收合格率100%;争创成都市优质工程。

2. 质量保证体系

质量保证体系如图8.10所示。

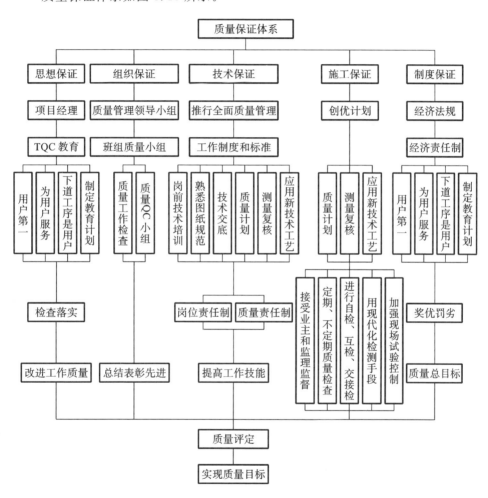

图8.10 质量保证体系框图

3. 工程质量问题处理

（1）工程质量问题原因分析

由于建筑工程工期较长,所用材料品种复杂,施工过程受社会环境和自然条件方面异常因素的影响,生产的工程质量问题表现形式千差万别,类型多种多样。这使得引起工程质量问题的成因也错综复杂,往往一项质量问题是由多种原因引起的。虽然每次发生质量问题的类型各不相同,但是通过对大量质量问题的调查与分析发现,其发生的原因有不少相同之处,归纳其基本因素主要有以下几个方面:违背建设程序;违反法规行为;地质勘察失真;设计差错;施工与管理不到位;不合格的原材料、制品及设备;自然环境因素;设备使用不当。

(2) 工程质量问题处理方案的确定

工程质量事故处理方案是指技术处理方案,其目的是消除质量隐患,以达到建筑物的安全可靠和正常使用各项功能及寿命要求,并保证施工的正常进行。其一般处理原则包括:正确确定事故性质;正确确定处理范围,除直接发生部位,还应检查处理事故相邻影响作用范围的结构部位或构件。其处理基本要求包括:满足设计要求和用户的期望;保证结构安全可靠,不留任何质量隐患;符合经济合理的原则。

①修补处理。

这是常用的一类处理方案。通常当工程的某个检验批、分项或分部的质量虽未达到规定的规范、标准或设计要求,存在一定缺陷,但通过修补或更换器具、设备后还可达到要求的标准,又不影响使用功能和外观要求,在此情况下,可以进行修补处理。属于修补处理的具体方案很多,诸如封闭保护、复位纠偏、结构补强、表面处理等,某些事故造成的结构混凝土表面裂缝,可根据其受力情况,仅做表面封闭保护。某些混凝土结构表面的蜂窝、麻面,经调查分析,可进行剔凿、抹灰等表面处理,一般不会影响其使用和外观。对较严重的问题,可能影响结构的安全性和使用功能,必须按一定的技术方案进行加固补强处理,这样往往会造成一些永久性缺陷,如改变结构外形尺寸,影响一些次要的使用功能等。

②返工处理。

当工程质量未达到规定的标准和要求,存在严重的质量问题,对结构的使用和安全构成重大影响,且又无法进行修补处理时,可对检验批、分项、分部甚至整个工程进行返工处理。对某些存在严重质量缺陷,且无法采用加固补强修补处理或修补处理费用比原工程造价还高的工程,应进行整体拆除,全面返工。

③不做处理。

某些工程质量问题虽然不符合规定的要求和标准构成质量事故,但视其严重情况,经过分析、论证、法定检测单位鉴定和设计等有关单位认可,对工程或结构使用及安全影响不大,也可不做专门处理。通常不用专门处理的情况有以下几种。

a. 不影响结构安全和正常使用。例如,有的工业建筑物出现放线定位偏差,且严重超过规范标准规定,若要纠正会造成重大经济损失,若经过分析、论证其偏差不影响产生工艺和正常使用,在外观上也无明显影响,可不做处理。又如,某些隐蔽部位结构混凝土表面裂缝,经检查分析,属于表面养护不够的干缩微裂,不影响使用及外观,也可不做处理。

b. 质量问题,通过后续工序可以弥补。例如,混凝土表面轻微麻面,可通过后续的抹灰、喷涂或刷白等工序弥补,可不做专门处理。

c. 法定检测单位鉴定合格。例如,某检验批混凝土试块强度值不满足规范要求,强度不足,在法定检测单位对混凝土实体采用非破损检验等方法测定其实际强度已达规范允许和设计要求值时,可不做处理。对经检测未达要求值,但相差不多,经分析论证,只要使用前经再次检测达到设计强度,也可不做处理,但应严格控制施工荷载。

d. 出现的质量问题,经检测鉴定达不到设计要求,但经原设计单位核算,仍能满足结构安全和使用功能。

8.3.2　安全管理

1. 安全保证体系

安全保证体系如图 8.11 所示。

2. 安全保证措施

(1) 临时用电安全保证措施

施工现场临时用电是工程施工较关键环节,必须按规范要求进行设置,确保用电安全。

项目部编制临时用电施工组织设计,由项目总工审核,并报公司有关部门及监理审批,核准后方可实施。

按临时用电施工组织设计进行设置,再由项目副经理同安全员、机管员等有关专业人员进行验收合格后方可使用。

施工现场用电设备、机具等必须由专人进行维护和管理。

特殊情况下需要带电操作时,必须配备必要的安全用具,采取可靠的安全隔离措施,并指定专业人员进行监护。

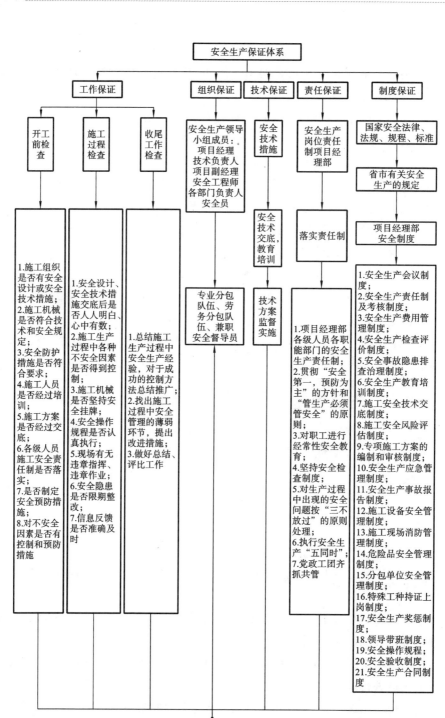

图 8.11 安全保证体系框图

配电箱的支架采用角钢焊制，架体表面粉刷间距 300 mm 红白相间油漆，配电箱周围不得有任何杂物，同时要有两人工作空间和通道；固定式配电箱、开关箱的中心点与地面的垂直距离应为 1.5 m，并且配电箱高度必须在同一水平面上，整齐顺直；移动式开关箱应装设在坚固、稳定的支架上，其中心点与地面的垂直距离应为 1.2 m；施工现场用电线路要套管埋地敷设，配电箱进线、出线套管用线卡固定顺直平整；车站、隧道内电源线路应沿墙壁敷设，用绝缘瓷瓶固定，架设高度不低于 2.5 m，照明灯具必须采用设有防护罩的灯具，支架刷黑色油漆。

配电箱（柜）应采用冷轧钢板或绝缘材料制作，总配电柜、分配电箱箱体钢板厚度不小于 1.5 mm，开关箱箱体钢板厚度不小于 1.2 mm。所有箱体内均贴电路系统图，箱体均要上锁，箱体右下角标明电箱名称、责任人、电话、编号，左边居中位置粘贴闪电标志。固定式分配电箱必须搭设防护围栏，围栏高度为 2 m，栏杆与挡脚板红白色间隔装饰，栏杆装饰宽度为 0.3 m，挡脚板装饰宽度为 0.15 m；在无障碍物一侧设一道尺寸为 1.0 m×1.8 m 的门，围栏悬挂标示牌、警示牌和责任制度牌。

（2）大型设备装拆作业安全保证措施

大型设备进场安装之前，必须向当地政府主管部门进行申报，按要求办理相关手续。

负责编制装、拆施工方案，认真进行施工前和施工进程中的技术措施交底，并监督实施。

对现场作业人员进行统一调度和统一指挥，检查、监督作业人员严格按照工艺程序和技术要求实施作业，制止违章作业。

作业区域设置警戒线和警示标志，作业过程中严守岗位，严禁无关人员进入作业区域。

（3）基坑开挖与支撑安全保证措施

①深基坑开挖安全技术措施。

开挖顺序按业主、监理批准的施工组织设计或施工方案进行，不得随意更改。

开挖过程中严格遵守"时空效应"理论，遵循"分层、分步、对称、平衡、限时"要点，遵守"竖向分层、纵向分区分段、先支后挖"的原则。

在开挖中遇到异常现象时，应立即停止挖掘，进行全面检查。

做好基坑排水，保持开挖过程中土体和基底的干燥。基坑四周截排水系统畅通，防止坑外水流入坑内。

出渣提升系统应做设计检算,其安全系数应符合有关安全技术规程的要求。

加强基坑稳定监测,及时反馈指导施工,确保安全。

②钢支撑安装安全措施。

钢支撑安装前技术部门要进行详细检算,应满足支撑围护结构的强度及刚度要求。对钢支撑安装的操作人员进行培训和技术交底。

设置钢腰梁处的护壁混凝土应凿除干净,使钢腰梁与桩体内壁面密贴,然后设置钢支撑,并施加一定预应力。

在钢支撑端头采取固定支托措施,防止钢支撑滑落。

在吊装钢支撑时,采用双机作业,现场专人指挥。

对地表变形、围护结构和钢支撑按设计进行监控,确保结构和人身安全。及时根据各项监测项目在各工序的变形量及变形速率的警戒指标,及时采取措施改进施工,控制变形。

(4) 降、排水安全技术保证措施

完善施工场地的排水系统,保证排水通畅,并采取良好的挡水措施,以阻止地面水流入基坑内。根据本工程的场地情况,在冠梁顶部砌 20 cm 厚的挡墙,挡墙高出地面 100 cm,防止雨水进入坑内,挡墙外砖砌 450 mm×400 mm 排水沟槽,排水沟汇入沉淀池,排至附近市政管网和凤溪河中。

雨期施工中应随时掌握气象变化情况,对于大暴雨要提前做好准备。及时查询天气情况,掌握 3~5 d 的天气变化趋势,对雨季施工的常用物资要配备齐全,对于大暴雨要做好应急预案。

准备充足的潜水泵,及时将现场存水排到场地以外。排水时防止雨水回灌,造成二次冲刷。

(5) 模板和脚手架施工安全保证措施

制定脚手架作业指导书和安全技术措施并落实。

脚手架其规格和质量必须符合有关技术规定和具有产品合格证。安装作业必须由训练有素的专业架子工负责完成。

搭设脚手架时避免在搭设过程中偏斜和倾倒。

严格控制使用荷载,确保有足够的安全储备。

必须有良好的防电、避雷装置。

登高作业人员必须配备安全设施。

(6) 矿山法区间施工安全保证措施

矿山法区间施工作业过程中,应遵守"隧道施工安全九条规定""有限空间安全作业五条规定";严格按照方案进行施工。

按照标准规范和设计要求编制安全专项方案,安全专项方案应按文件要求报公司审批、组织专家论证、监理审批,确保按方案组织实施,严禁擅自改变施工方法。

落实超前水文地质探测预报各项规定,监控量(探)测数据超标立即停工撤人,严禁冒险施工作业。

对有毒、有害气体进行监测监控,加强通风管理,严禁浓度超标施工作业。

严格控制现场作业人数,作业人员需通过门禁进入现场作业;掘进作业面应实施机械化作业,严禁超员组织施工作业。

按照规定制定应急预案、配备救援装备,严禁事故发生后违章指挥、冒险施救。

(7) 盾构下穿既有线安全保证措施

加强盾构施工管理,控制好盾构掘进参数,主要包括掘进速度、土压力设定、出土量、同步注浆量,合理掘进,严格控制地面沉降,确保建筑物安全。

在桥墩附近施工 $\phi 299$ 隔离桩,并进行袖阀管注浆。

在盾构到达桩基前 20 m 处,降低推进速度,加强土体的改良,严格控制盾构姿态,减少盾构施工对土体的扰动。

施工期间加强动态监控量测,包括对隧道、桥梁的监测,根据监测到的数据及设计反分析的反馈信息,及时调整盾构推进参数,确保盾构机的平稳穿越,保证施工影响范围内地层损失率不大于 5‰。

有针对性地设置刀盘结构和布置刀具,加强盾构施工期间设备管理,做好盾构设备的维护与保养,避免发生长时间停机。

加强管片密封条安装和拼装质量管理,防止密封条脱落或管片破裂及错台严重,出现漏水、渗水。

加强盾构施工时的密封管理,主要是盾尾油脂密封、刀盘中心内外周密封和螺旋输送机仓门密封。防止盾尾刷过早失效发生透水事故。

做好施工期间的应急预案,做到信息传递及时畅通。

(8) 盾构进出洞安全保证措施

根据降水计算及成都已施工地铁的经验,在盾构进出洞加固区域合理设置降水井的数量和间距,确保水位降低至隧道底以下 1 m。

严格控制盾构进出洞段土体的加固效果,盾构进出洞前对土体加固效果进行检测,检测结果不满足要求时采取补充注浆加固措施。

加强洞门帘布、盾尾的密封效果,确保不发生涌水、涌砂现象。

加强测量,调整盾构进出洞的姿态,确保盾构掘进偏差。

(9) 交通安全保证措施

由施工现场安全负责人与交管、路政部门密切配合,精心调配人员,同时在施工现场摆放安全标志,保障车辆正常通行,全力保证施工路段不发生责任事故。

在发生车辆故障、交通阻塞、事故、恶劣天气等紧急情况时,对过往车辆进行交通疏导,保证交通的畅通和过往车辆的行车安全。

当施工路段车辆发生车辆故障时,安全管理员应及时将车辆引导至安全地段,保证车辆通行,并立即通知路政大队、交警清障,在无法保障路面行驶时,进行交通预警,并立即解除封闭区域,设置通行车道。

看护人员在值班期间,须按规定穿着橘红色标志服,确保自身安全,在规定的施工控制区内巡逻值班,严禁在控制区嬉戏打闹、随意行走。

对参加施工的人员,必须接受安全技术教育培训,熟知和遵守本工种的各项安全技术操作规程,并定期进行安全技术考核,合格者方准上岗操作。

施工现场须设置足够的消防设备。施工人员应熟悉消防设备的性能和使用方法。

加强与气象、水文等部门的联系,及时掌握气温、雨雪、风暴和风情等预报,合理安排作业。

施工所用的各种机具设备和劳动保护用品,应定期进行检查和必要的检验,保证其经常处于完好的状态,不合格的机具设备和劳动保护用品严禁使用。

3. 职业健康安全隐患和事故处理

为及时消除违规违章行为和各类事故安全隐患,保障项目全体参建人员生命财产安全,增强和鼓励员工对安全生产的参与意识,根据《中华人民共和国安全生产法》和有关法律、法规的规定,特制定本制度。

对本项目办公生活和施工区域内存在的生产安全事故隐患及违章违规行为,任何人均有权举报,举报最好有影像资料。

项目部接到举报应立即进行核实处理,不得拖延和推诿。

安全生产事故隐患提倡实名举报,便于及时核实、查处和消除隐患。举报人要求保密的,项目部应为其保密。

生产安全事故隐患举报实行精神奖励和物质奖励相结合的原则,对举报的安全隐患和违规违章行为经核实查处后,对举报人给予 50～500 元的奖励。

生产安全事故隐患及违章举报由安检部具体负责实施。实行一事一评、一事一奖励,奖励资金由安全生产措施费用中列支。

安检部应建立生产安全事故隐患及违章举报和奖励台账。

举报必须实事求是,对恶意举报者将依据项目部"安全生产文明施工奖惩制度"进行处罚。

处理职业健康安全事故应遵循下列程序:紧急救护;事故现场保护;事故报告;事故调查;事故鉴定;事故处理;上报事故材料。

8.4　环境保护与文明施工

8.4.1　环境保护

遵照当地对环保、水保的要求和规定,在环保部门的指导和帮助下,严格按 ISO14000 环保体系采取防治扬尘、噪声、固体废物和废水排放等污染环境的有效措施,施工场地布局合理,环境优美。

1. 环境保护方针

严格遵守国家《中华人民共和国环境保护法》《中华人民共和国水土保持法》等有关规定,在当地环保水利部门和业主审批的范围内施工,贯彻"预防为主、保护优先、防治结合、强化管理"的方针,坚持"谁污染谁治理、谁保护谁恢复"的原则,实施 ISO14000 系列标准,做到预防污染、持续改进,环保水保与工程建设同步进行,营造绿色通道。

2. 环境保护目标

预防和消除施工造成的环境污染,控制排污、控制扬尘、降低噪声、减少大气污染、按指定位置堆放弃土弃浆、保护植被、塑造绿色工地,施工排污达标率 100%,保护文物,创环境保护达标工地。

3. 环境保护体系

本工程在施工的全过程中,将全面运行环境保护体系和职业健康安全体系,系统地采用和实施一系列环境保护管理手段,建立环境保护管理体系,制定目标和指标,确定各职能、各层次的职责,并把目标分解到各职能、各层次。制定环境保护制度,加强环境保护基础工作,加强监督检查,落实各项工作责任制,形成环境保护保证体系,将与当地政府联合协调,控制施工污染,减少污水、粉尘、空气及噪声污染,严格控制各项环保指标。结合周围实际环境状况,明确环境保护责任和义务,对项目可能对周围环境造成的影响提出可行的控制措施。环境保护体系如图8.12所示。

4. 环境保护措施

(1) 施工废水处理措施

①废水排放原则。

根据施工现场排放废水的水质情况,严格执行成都市建设工程文明施工管理的要求,对地面水的排放进行施工组织,采用以明沟、集水池为主的临时排放系统,按规划的排水去向排水,严防施工废水造成环境污染。

生活用水(食堂、浴室、洗手池等)较清洁,可直接排入市政污水管,主要布置在生活、办公区。

雨水、水中含泥量较少的废水,可直接排入市政污水管,但必须在出口端设置集水井,拦截水中垃圾。

含泥量较多的废水应流入布置在基坑、施工便道旁的沉淀池内,必须经过三次沉淀处理后排入市政污水管,严禁直接排入市政污水管。项目经理部定期对临时排水设置进行疏通工作。

②生活污水。

项目在现场建立厕所收集粪便污水;固定式厕所应设立化粪池,移动式厕所也应设置收集装置,同时派专人维护厕所的清洁,并定期消毒。

食堂、浴室的废水经废水处理池处理后排入排水系统。

③施工废水。

散料堆场四周应设置防冲墙,防止散料被雨水冲刷流失,而堵塞下水道或污染附近水体及土壤。

现场混凝土搅拌时,应采取适当的防止措施,避免搅拌活动中产生的污水未经处理,直接流入附近水体及土壤,形成污染。

施工污水经沉淀后方可排入市政排水设施或者河流,不得将施工污水泥浆溢流到施工现场及周边路面。

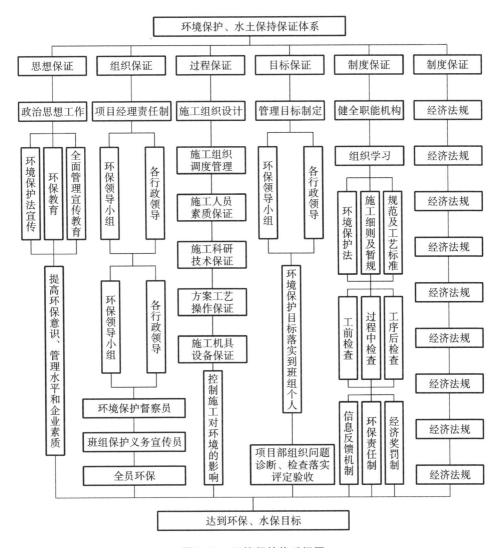

图 8.12 环境保护体系框图

各类土方、建筑材料运输车辆在离开施工现场时,为保持车容,应清洗车辆轮胎及车厢,清洗废水沉淀池沉淀后接入施工现场的临时排水系统,沉淀的泥土及时清理运至指定的弃土场。

(2) 大气污染防治措施

采取洒水防尘、夯实或硬化施工便道等办法,控制施工现场及道路扬尘,以减少粉尘污染。

运送散装含尘物料的车辆,要用篷布遮盖,以防物料飞扬。土、砂、石等运输不得超出车厢板高度,防止散落。

在施工现场设置洗车台,运输车辆在离开施工现场前均经过清洗方可离场。

根据项目施工特点,尽可能使用商品水泥及散装水泥,减少使用袋装水泥,以削减使用水泥带来的环境污染。

在散装水泥罐车下部出口处设置防尘袋,以防水泥散逸。

在水泥搅拌过程中,水泥添加作业应规范,搅拌设施应保持密闭,防止添加、搅拌过程中大量水泥扬尘外逸。

加强建筑材料的存放管理,各类建材及混凝土拌和处应定点定位,禁止水泥露天堆放,并采取防尘抑尘措施,如在大风天气对散料堆放采用水喷淋防尘。

每个施工区安排专人定期对施工场地洒水以减少扬尘的飞扬。运输车辆进出的主干道定期洒水清扫,保持车辆出入口路面清洁,以减少由于车辆行驶引起的地面扬尘污染。

装有建筑材料、渣土等易扬撒物资的车辆,车厢应用覆盖封闭起来,以避免运输过程中的扬撒、飘逸,污染运输沿线的环境。

各施工区设置1名专职管理人员,指导和管理施工现场的工程弃土、建筑垃圾、建筑材料的处置、清运、堆放,场地恢复和硬化,清除进出施工现场道路上的泥土、弃料以及轮胎上的泥土,防止二次扬尘污染。

施工产生的扬尘可能影响周围正常居民生活、道路交通安全的,应设置防护网,以减少扬尘及施工渣土的影响。如防护网发生破损,应及时对其进行修补。

实施地下结构作业时,如地下设施在施工过程或运行期间有可能产生有害气体而危害作业环境,损害作业人员安全与健康的,应按要求实施检测,记录监测结果,以及时发现问题并采取措施,加强地下设施的通风效率,保障作业人员健康。

(3)固体废弃物污染防治措施

教育施工人员养成良好的卫生习惯,不随地乱丢垃圾、杂物,保持工作和生活环境的整洁。

对于生产、生活各类垃圾要及时清挡、清运,不得随意倾倒,要求每班清挡,每日清运。

施工现场内无废弃砂浆和混凝土,运输道路和操作面落地料及时清挡,砂浆、混凝土倒运时必须采用防撒落措施。

装运建筑材料、土石方、建筑垃圾及工程渣土的车辆,采取有效措施,保证行驶途中不污染道路和环境。

(4)施工噪声污染防治措施

合理分布动力机械设备的工作场所,避免一个地方进行较多的动力机械设备施工。

对空压机、发电机等噪声超标的机械设备,采用装消声器、隔声材料、隔声内衬、隔声罩等措施,降低噪声,并尽量选用轻型施工机械,低噪声的机械设备。

对于行驶的机动车辆,装备排气消声壁,现场只允许按低音喇叭,场外行驶严禁鸣笛。

优化作业方案和运输方案,施工安排和场地布局,尽量减少施工对周围居民生活的影响,居民休息时间,不安排高噪声工序作业。

教育施工人员在居民区附近和夜间施工时不得高声喧哗,避免人为噪声。

(5)振动控制措施

施工振动对环境的影响按《城市区域环境振动标准》(GB 10070—1988)和市政府的有关要求控制。

加强对高噪声机械的监测,获取各有关数据,及时掌握因工程施工对周边产生扰动,对可能的危害采取及时有效的预防和补救措施。

将固定噪声、振动源相对集中布置,必要时增设隔、挡噪声的板、墙等装置;合理安排施工作业、重型运输车辆运行时间,减少或避开噪声敏感时间、地段;尽时在环境噪声值较高的时间内进行高噪声、高振动的施工作业。

(6)城市生态控制措施

临时占用绿地须报批,并要及时恢复,砍伐或迁移树木要报批,不得随意修剪树木;古树名木按要求进行特殊保护。砍伐、迁移的树木、花卉、绿地,尽量予以还建,以保持原环境。

落实门前三包环境保洁责任制,不在工地围栏外堆放材料、垃圾,严格按照批准占地的范围、占用期限使用临时占地。

工程完工后,按业主要求及时拆除所有施工围蔽,安全防护设施和其他临时设施,并将工地及周围环境清理干净,做到工完料清,场地干净。

认真做好施工期间施工段的交通疏解,确保城市交通畅通;弃土要从珍惜土地资源、保护环境出发,施工弃土临时堆砌坡脚宜设支挡物;大面积土石方施工尽量避开雨季,以免造成大量水土流失,污染地面水系。

8.4.2　文明施工

1. 文明施工保证体系

项目经理部成立以项目经理为组长,项目总工程师为副组长,项目部各部门领导组成的文明施工领导小组,严格按招标文件中文明施工管理规定中的要求执行。文明施工保证体系如图 8.13 所示。

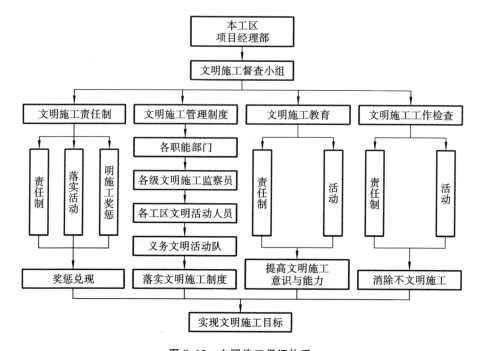

图 8.13 文明施工保证体系

2. 文明施工保证措施

(1)现场围挡

①围挡结构为方钢骨架(规格:100 mm×100 mm×1.2 mm)+喷绘亚光板(规格:1980 mm×275 mm×0.8 mm)。围挡地面至顶部高度 2.5 m,每幅围挡长 9.9 m,采用硬质一次成型板材印花喷涂绿草图案(油墨绿色小草,哑光型),现场模块化整体式拼装成型。取消原围挡的重力式混凝土基础和披挂绿毯。

②每幅围挡由 3 挡组成,每档由 12 张彩钢扣板组成,每张彩钢扣板尺寸为 1980 mm×275 mm。每档围挡设 2 根横梁(40 mm×40 mm 镀锌方管或角钢),用连接螺栓固定。

③围挡顶部每隔 9900 mm 设置一个方形灯箱,规格尺寸为(1200 mm×600 mm×120 mm),内设 4 根 LED 灯管,灯箱上喷涂成都轨道交通集团 logo。

④围挡灯箱下方设置公示牌(1200 mm×2000 mm),间距为 10900 mm,用螺栓固定在围挡上,喷字内容为"轨道交通 30 线 1 期工程"(字体格式及大小:思

源黑体 250 mm×250 mm)、"临港路站"(字体格式及大小:思源黑体 600 mm×600 mm),交替设置。围挡顶部两个灯箱中间设置一个红色太阳能警示灯。

⑤围挡下部设置黄黑相间图案警示挡浆板,高度为 500 mm,宽度为 60 mm,采用锚固螺栓与地面及围挡面板固定。挡浆板采用 0.5 mm 厚铁皮加工制作,单条黑黄图案宽 100 mm,与地面夹角为 45°。

⑥围挡大门区域设置人员进出门禁设备、视频监控设备和人员上下班打卡设备等智慧工地管理系统组件。

⑦城市主干道、交通繁忙区域围挡外可设置防撞措施,保证施工安全。

(2) 智慧工地

根据成都市城乡建设委员会下发的《成都市城乡建设委员会关于印发〈成都市建设工程文明施工标准化技术标准〉的通知》(成建委[2017]100 号)和《成都市城乡建设委员会关于进一步加快推进标准化工地建设的通知》(成建委[2017]214 号)文件要求,施工现场须安装项目及智慧工地模块,包括劳务实名制系统、视频在线监控、扬尘在线监测系统及运渣车系统,并连接住建局平台。

(3) "三区分离"

施工作业区、施工办公区、施工生活区必须严格按照集团公司要求进行"三区分离",每个区域内均按相关标准配置安全文明施工设施,定期对区域内设备进行维护,保证区域清洁、美观,做到文明施工、绿色施工。

(4) 安全警示语管理

本工程施工现场的办公区、生活区、各种操作加工区、主要道路以及建筑物上都布置悬挂了人性化警示标语和安全警示牌,满足了警示数量和警示要求,施工现场在主要通道处采用喷绘及宣传挂图等方式对工人进行了质量、安全的宣传,并在工程立面采用条幅形式及时宣传行政主管部门及公司的阶段性要求。

(5) 人本管理

在施工作业区设置工人茶水休息间、移动环卫厕所、取暖室,生活区设置标准化洗浴室、餐厅、阅览室、夫妻房等设施,充分体现"以人为本"的管理理念,科学化、人性化管理,为从业人员提供较为舒适的工作环境,缓解工作压力及疲劳感。

参 考 文 献

[1] 北京交通大学.地铁工程施工安全管理与技术[M].北京:中国建筑工业出版社,2012.
[2] 车轮飞.地铁暖通空调工程常见问题及分析[M].北京:中国建筑工业出版社,2015.
[3] 陈克济.地铁工程施工技术[M].北京:中国铁道出版社,2014.
[4] 崔玖江.隧道与地下工程修建技术[M].北京:科学出版社,2005.
[5] 上海申通地铁集团有限公司,上海隧道工程股份有限公司.地铁隧道工程盾构施工技术规范[EB/OL].[2022-08-02].www.jianbiaoku.com/webarbs/book/24626/762715.shtml.
[6] 傅鹤林.隧道安全施工技术手册[M].北京:人民交通出版社,2010.
[7] 关宝树.隧道工程施工要点集[M].2版.北京:人民交通出版社,2011.
[8] 何宇.地铁站基坑工程风险研究[M].昆明:昆明理工大学,2011.
[9] 姜晨光.地铁工程建造技术[M].北京:化学工业出版社,2010.
[10] 姜晨光.地铁建设简明技术手册[M].北京:化学工业出版社,2012.
[11] 梁波,洪开荣.城市地铁工程施工技术评价及工程应用[M].北京:中国铁道出版社,2011.
[12] 刘志义.地铁设计实践与探索[M].北京:中国铁道出版社,2009.
[13] 吕康成,崔凌秋.隧道防排水工程指南[M].北京:人民交通出版社,2005.
[14] 任泽春.地铁通风空调工程施工与监理[M].北京:中国建筑工业出版社,2010.
[15] 天津市市政工程设计研究院,轨道建筑分院.地铁轻轨线路设计[M].北京:中国建筑工业出版社,2007.
[16] 铁道第二勘察设计院.地铁工程设计指南[M].北京:中国铁道出版社,2002.
[17] 王江.地铁运营评估[M].北京:中国铁道出版社,2008.
[18] 魏锐.隧道施工地质灾害及其控制技术[M].昆明:昆明理工大学,2011.
[19] 吴波.隧道施工安全风险管理研究与实务[M].北京:中国铁道出版

社,2010.
- [20] 吴焕通,崔永军.隧道施工及组织管理指南[M].北京:人民交通出版社,2005.
- [21] 薛绍祖.地铁系统结构防水劣化与修缮[M].北京:科学出版社,2011.
- [22] 杨新安,黄宏伟.隧道病害与防治[M].上海:同济大学出版社,2003.
- [23] 叶英.隧道施工超前地质预报[M].北京:人民交通出版社,2011.
- [24] 张先锋.地铁工程测量技术指南[M].北京:人民交通出版社,2013.
- [25] 郑国华.地铁车站设备安装调试技术[M].北京:中国建筑工业出版社,2010.
- [26] 中华人民共和国住房和城乡建设部.地铁工程施工安全评价标准:GB 50715—2011[S].北京:中国计划出版社,2012.
- [27] 钟茂华,王金安,史聪灵.地铁施工围岩稳定性数值分析[M].北京:科学出版社,2006.
- [28] 周文波.盾构法隧道施工技术及应用[M].北京:中国建筑工业出版社,2004.

后　　记

　　地铁施工质量的好坏,与施工技术正确使用与否具有直接关系。因此,在进行地铁工程施工时,要根据工程的实际情况,选择与之相适应的施工技术,按照科学的施工方案组织地铁工程的施工,对于保证工程安全稳定具有十分重要的意义。同时,众所周知,隧道工程是一项涉及众多学科的系统工程,它高度复杂,具有涉及领域多、建设周期长、技术复杂程度高、项目投资大等特点。同时,在施工过程中的各种偶然性、突发性、综合性、复杂性的不确定因素和风险因素较多,直接影响隧道工程的施工安全问题。因此,施工单位必须秉持实事求是的工作原则,以具体情况为立足点搭建完善的安全管理方案,充分发挥安全管理责任机制。同时,强化技术指导力度,通过岗位培训及知识竞赛等方法提升管理人员综合素质水平,保证所有管理人员熟练操作风险预警软件,能够实现信息化安全监管的目标,大大提高总体施工效率,营造安全的施工条件及施工环境。